中国博士后基金项目（2011M500361）

中央民族大学青年学者文库
China Minzhu University Young Scholars' Series

◎沈　虹／著

协同与互动
网络营销创意传播服务模式研究

Negotiation and Interaction
The Study on Service and Business Model of Marketing Creative Communication

中央民族大学出版社
China Minzu University Press

图书在版编目（CIP）数据

协同与互动：网络营销创意传播服务模式研究/沈虹著.
—北京：中央民族大学出版社，2013.11
ISBN 978-7-5660-0550-2

Ⅰ. ①协… Ⅱ. ①沈… Ⅲ. ①网络营销—服务模式
②网络营销—营销模式 Ⅳ. ①F713.36

中国版本图书馆 CIP 数据核字（2013）第 271058 号

协同与互动：网络营销创意传播服务模式研究

作　　者　沈　虹
责任编辑　杨爱新
封面设计　布拉格
出 版 者　中央民族大学出版社
　　　　　北京市海淀区中关村南大街 27 号　邮编：100081
　　　　　电话：68472815（发行部）　传真：68932751（发行部）
　　　　　　　　68932218（总编室）　　　　68932447（办公室）
发 行 者　全国各地新华书店
印 刷 厂　北京宏伟双华印刷有限公司
开　　本　880×1230（毫米）　1/32　印张：9.125
字　　数　230 千字
版　　次　2013 年 11 月第 1 版　2013 年 11 月第 1 次印刷
书　　号　ISBN 978-7-5660-0550-2
定　　价　30.00 元

总 序

中央民族大学是我们党为解决民族问题、培养少数民族干部和高级专门人才而创办的高等学府。建校六十多年来，中央民族大学认真贯彻党的教育方针和民族政策，坚持社会主义办学方向，坚持为少数民族和民族地区发展服务的办学宗旨，培养了成千上万的优秀人才，取得了许多具有开创性意义的科研成果，创建和发展了一批民族类的重点学科，走出了一条民族高等教育又好又快发展的成功之路。

今天，荟萃了56个民族英才的中央民族大学，学科门类齐全、民族学科特色突出，跻身于国家“211工程”和“985工程”重点建设大学的行列。中央民族大学已经成为我国民族工作的人才摇篮，民族问题研究的学术重阵，民族理论政策的创新基地，民族文化保护和传承的重要阵地。

教师是学校的核心和灵魂。办好中央民族大学，关键是要有一支高素质的教师队伍。为建设一支能够为实现几代民大人孜孜以求的建成国际知名的、高水平的研究型大学提供坚实支撑的教师队伍，2012年4月，学校做出决定，从“985工程”队伍建设专项经费中拨出专款，设立“中央民族大学青年学者文库”基金，持续、择优支持新近来校工作的博士、博士后出站人员以及新近取得博士学位或博士后出站资格的在职教职工出版高水平的博士学位论文和博士后出站报告。希望通过实施这一学术成果出版支持计划，不断打造学术精品，促进学术探究，助推中央民族大学年轻教师成长，形成长江后浪推前浪、一代更比一代强的教师队伍蓬勃壮大的良好局面。

青年教师正值学术的少年期。诚如梁启超先生脍炙人口的名言所祈愿：少年智则国智，少年富则国富，少年强则国强，少年独立则国独立，少年自由则国自由，少年进步则国进步，少年胜于欧洲，则国胜于欧洲，少年雄于地球，则国雄于地球。希望在各方面的共同努力下，在广大青年教师的积极参与下，《中央民族大学青年学者文库》能够展示出我校年青教师的学术实力，坚定青年教师的学术自信，激发青年教师的学术热忱，激励广大青年教师向更高更远的学术目标攀登。唯有青年教师自强不息，中央民族大学的事业才能蒸蒸日上！

中央民族大学青年教师学术著作出版
编审委员会
2013 年 6 月 19 日

序　一

在目前社会的精神气质中，浮躁是其中的主要成分。静心研究和写作看起来很容易，实际上是很难的一件事；而许多因素又模糊化了学术标准，似乎读博士成了一种轻松的学术镀金。博士生培养质量的低劣化，是中国教育的毒瘤，是中国文化的悲哀。

沈虹的这篇博士论文是用心写的。在业界工作了十几年，忽然脱产全职攻读博士，沈虹对身份转换的快速适应超乎很多人的意料。即使校园，也充斥了各种喧嚣；如何摆脱干扰，安心读书思考，确实需要很大的毅力和定力；并且，从创意转向学术，又是一个更大的挑战。而这一切，沈虹都顺利地挺过来了。

创意传播管理是我提出的数字时代的营销传播模式，也是我给沈虹确定的博士论文方向。这个题目的难度是很大的。因为是探索性、建构性的，现成的资料基本上没有，而且，在 2009 年开始做论文的时候，国内的技术变化刚起步，微博这类社会化媒体刚刚兴起，既没有可用的相关研究，也没有非常合适的案例。

2009 年夏，整合营销创始人美国西北大学整合营销传播中心舒尔茨教授到京，我向他建议让沈虹到美国去跟他学习一个学期，研究整合营销传播与创意传播管理的关系。他老人家欣然同意。于是，在 2010 年春天，沈虹带着论文题目去了芝加哥的艾文斯通。这半年的时间，对沈虹博士论文的写作是非常关键的。

舒尔茨不愧是营销传播的智者，他对整个学科和行业变化的把握是极具洞察力的。其实在北京见面的时候，他很快就明白了我的研究目的，所以，在美国也很快地帮助沈虹找到了研究的感觉。无论是相关资料的方向引领，还是美国数字营销传播各领域人脉的介绍，都使得沈虹的研究迅速展开，资料的收集和访谈非常顺畅。

沈虹确实有她认真的特质，而且对问题具有很好的敏感性。她的行业经验、前期研究的积累，也使得她能够充分融入舒尔茨教授的研究团队，并提出有启发性的思考。对这一点，舒尔茨教授多次进行肯定。在2013年3月舒尔茨教授到访北京大学的时候，还专门对我说：能不能还有像沈虹那样的博士到美国来参与我的研究？

我想强调的是，尽管创意传播管理的题目是我确定的，我是沈虹的博士指导教师，但是，舒尔茨教授对这篇博士论文的贡献也是非常巨大的。

应该说，沈虹的这篇博士论文是富有创新性的。在我提出的创意传播管理理论框架的基础上，沈虹的研究对一些问题进行了深化。比如把协同的概念引入创意传播管理，以及在数字生活空间领域企业正在进行从营销到服务的变革等观点，在营销传播研究领域是具有开拓性的。而且，通过在美国的资料收集和研究，以及后来对韩国、日本的相关公司和专业人士的访谈，沈虹的工作为创意传播管理及相关研究提供了很好的基础。在2012年1月出版的《创意传播管理》中，沈虹博士论文中的很多资料和观点都已经融入其中。

由于时间和精力所限，沈虹博士论文某些部分的分析和阐释还是略显仓促。这次有机会出版，她对某些细节进行了打磨，使得成书比论文会更加完善。让一篇用心写就的博士论文，变成一本值得一读的书。

互联网的发展，正在以超乎想象的速度改变世界。学术研究必须面对变化，不断创新，以适应和推动行业的发展。祝愿沈虹在现有研究的基础上，继续努力，在学术领域不断拓展精进。

陈刚教授　博士生导师

北京大学新闻与传播学院副院长

序 二

初识沈虹老师，大约是十七八年前的事情。我俩同时被邀请出席央视的一个节目。那时的沈虹，是在4A公司里做创意。当时的具体情景已经记不得了，但印象深刻的是，她是一个创意高手，灵动而灵性。

搞创作的人，想法必须精灵古怪，才可能被称为高手。当年的沈虹，好像就属于这一类。那次以后，虽然不时也有她的消息，但没有再见过面。过了十多年，再次见到沈虹，她已经在北大边教书边读博士，做起了学问。这与她原先给我的印象有些差距。我一直觉得，她脱离了广告一线的广告创意工作，有些可惜。直到看到本书的内容。

早在两年前，我就拜读过本书的初稿，也就是沈虹的博士论文。我是沈虹老师博士答辩组的组长，不仅要仔细阅读论文，还要详细了解论文形成的过程和一些背景情况。

沈虹是下了工夫做了这篇论文的。或许是沈虹广告从业的经历所致，她对人感兴趣，她是通过深度研究广告相关各领域的人的变化去把握整个广告营销传播行业的变化的。对广告这样一个特殊行业来说，研究人会是件多么不容易的事。而对于完成一篇无论结构还是学理都要求极高的博士论文，选择深度访谈为基础的质化研究，从任何角度看去都可能是件吃力不讨好的事。沈虹花了近三年时间，走了中、美、日韩四个国家，进行了近90位广告相关人员的深度访问。她访问的那些人，除了10多位消费者，都是行业一线的资深人士，这些访问，对任何一位研究者而言都是极其丰富的一手资料。而她的质化研究的深度访谈过程，单从与被访问者的语言和文化差异上看，难度已经可想而知。我与她聊起研究过程的艰辛与收获，她淡淡地说起在国外做研究的确不易。用英文访谈毕竟不是母语，顾及与被访者的互动，就没有记录的精力，顾着记录要点却转眼新的观点出来，来不及抓住再追问可能就会影响访谈效果，常有捉襟见肘的感受。回头整理录音更加困难。但坚持下来了，完成了。留下的都是美好的记忆。说着她笑了起来，说到纽约去专访一家公司的创始人，老公带着孩子和几个朋友在时代广场等她，她步行了几十个街区。回来找老公和孩子的时候，发现他俩都睡着了。她的笑容，让我感到这个过程真的不容易。

在这个不易的过程中，最关键的，就是沈虹老师的创新和不将就。这也是本书的特点。研究广告业的变化，从广告客户、广告人、媒体人和消费者四类人出发，发现传播形态和品牌关系的变化，再到广告营销传播行业运作形态、服务内容和经营模式的变化，沈虹将其间的各种关系和逻辑梳理得清晰有序。最后以略带悲哀的态度宣布研究结论：以广告代理为象征的现代专业广告营销传播公司的经营模式必将走向终结，理想的以服务和管理为核心的创意传播模型即将逐渐形成。沈虹的研究，学理中带着感性。她是广告文案创意出身，其行文的风格也非一般博士论文那么难嚼，读她的文字，我总感觉有点创意人的痕迹。

所以，我想向读者朋友介绍说，沈虹老师的这部书，是在一个符合博士论文标准的基础上形成的，但又不同于一般的博士论文。

沈虹完成这篇论文后就从广告创意人变成了真正的沈虹老

师。看了沈老师的这部书，参加了沈老师近期组织的一些学术活动，听了沈老师对学术和教学的一些设想。我对沈老师离开业界加入学界不再遗憾。

丁俊杰教授　博导
中国传媒大学学术委员会副主任
国家广告研究中心主任

序　三

沈虹的博士论文即将公开出版，可喜可贺。据我所知，她对于广告营销传播的研究，由来已久。她至少花了近三年时间，对中国、美国、日本和韩国80多人进行深度访谈，其间工作量和研究难度都相当大。还有个小插曲，2010年春季，北京大学拟派沈虹去美国西北大学访学，她正想借此机会完成博士论文的国际化访谈，同时也收集相关资料，我也有幸为她写了推荐函。数年打磨，其研究终成一篇博士学位论文。有机缘的是，我又参加了她的博士论文答辩，而且还做了答辩委员会的主席。大家对沈虹这篇博士论文的理论意义和学术价值都做了充分肯定，也对这篇论文能够早日公开出版有所期盼。现在这份愿景变成了现实，沈虹又投入很多心血，其认真、执著，是值得赞赏的。

这个时代，唯一不变的就是变化。沈虹的研究成果，就是从广告营销传播的各种变化中，寻找变化的路径和规律，在广告理论研究和实践指导方面，敢于突破，具有一定的创新性。其价值至少体现在以下方面：

第一，她选取了一个全方位的研究角度，从广告主、广告人、互动媒体人和消费者的多重变化，讨论、分析和研究网络环境的广告营销传播的发展。正是从不同层面的传播参与者的变化入手，发现网络传播环境所带来的诸要素的相关连锁反应：媒体环境的改变让消费者的受众角色发生了彻底改变；广告主的品牌营销传播需求发生了巨大改变；广告营销传播公司顺应客户需求，必然调整自身的服务内容和服务方式；服务模式的改变直接导致广告行业人才结构的改变和广告公司经营模式的改变；而服务模式和经营模式的同时改变，势必撼动现代广告营销传播上百年的行业历史规范和基本运作方式。“传统广告必将消亡”可谓是一个大胆的结论，但有理有据。

第二，作者试图将研究视野追溯到现代广告历史的发展进程，将互动营销传播带来的诸多变化，置于一种历史过程中进行研究，发现其中的联系和必然改变的缘由。在广告营销传播的品牌建构和产品促销的主要目标保持不变的情况下，营销传播在大众传播环境下体现的是以“传播”为主导，而在网络传播环境下，面对海量信息和复杂的传播环境，营销传播更多地表现为如何对数字平台进行更加有效的传播“管理”，而创意也超越了大众传播的狭义的媒体广告创意，而转化为实现品牌建构、达到产品促销和解决营销问题的创意传播手段，创意是确立传播管理策略、实现创意传播的任何环节都不可或缺的重要内容。

第三，消费者在网络平台上的主动传播是打破传统大众传播信息传播模式的标志，也是消费者参与品牌建构、实现品牌—消费者“协同创意”的具体表现。作者对历史上相关营销传播理论以及互动网络营销传播理论研究现状进行回顾之外，还深入追寻了广告营销传播研究中，关于消费者参与品牌创建的理论，从而为传播“管理”作为品牌“协同创意”的关键找到了佐证。

令人感慨的是，沈虹论文成文时正值国家积极推动“三网融合”之际，还记得她在论文答辩时将多网融合的前景作为未来营销传播良性发展的基础，并期待“三网融合”之后的互动网络传播平台的最终形成，必将更大程度地、全方位地改变人们的社会生活，同时势必对广告营销传播产生联动作用。现回首，

"三网融合"依旧是一个营销传播界的集体梦想。沈虹的研究成果出版，算是对多网融合的理想化营销传播平台的前瞻性基础研究作出贡献和一种理论推动吧。

乐为之序。

倪宁教授 博士生导师
中国人民大学新闻学院　执行院长

自　序

两年前成文的博士论文，如今要整理出版，真是怀揣五味瓶。时代和媒体环境巨变，两年前完成的研究对现实广告营销传播行业是否具有参考价值？结论是否局限而受到现实的反诘？笔者在反省中修缮整理这些或许已经过时的文字，同时也鞭打着自己的内心，不断地责问自己，这篇的确是花了很多心血的论文，如今出版是否有意义？

令人欣慰的是，笔者从研究背景、研究方法和研究结论三个方面都获得了肯定的答案。首先，大背景“互联网平台的日趋成熟、移动网络平台的突飞猛进，以及 IP 电视的指日可待，中国迎来了真正的互动网络时代”没有改变。这是笔者的博士论文开篇写下的研究背景。现在看来，这个背景依然存在和成立。其次，缘于笔者广告营销传播实战的 20 年经验，本书尝试将广告营销传播过程中涉及的各种相关要素：企业、广告公司、媒体和目标人群相对应的人作为研究对象，即广告主、广告人、媒体人和消费者，并采用历史/比较分析法、深度访问与文献研究法相结合的研究方法。笔者用两年半的时间，对中国、日本、韩国和美国四个国家 87 人进行了访谈，同时，笔者对现代广告发展过程中的重要理论进行了全面梳理，并且从现代广告实践领域的历史阶段出发，分析比对各阶段广告营销传播公司的服务模式和经营模式。最后，本书的基本结论正在逐渐被广告营销传播行业践行。“在广告营销传播行业未来的发展进程中，创意传播主导型的公司必然逐渐形成以‘传播’转向‘管理’为服务中心，形成以创意传播管理为核心的服务模式，协同创意将成为品牌传播活动中的关键，营销者如何把握‘沟通元’，将其作为品牌传播的原点，调动消费者参与品牌建构的协同创意，这是未来创意传播管理的重要课题，最终实现以传播效果为依据，实现与客户共担风险的效果经营模式。”我们看到，越来越多的公司以自身的特点，立足与消费者的协同与互动，与客户建立起一种新型的服务体系，共同摸索新的创意传播策略，共担风险，共享成功。

本书付印之际，正值《哈佛商业评论》2013 年第三期出版之时。醒目的“传统广告已死”的主标题牵动着整个行业的思索。在后续的研究中，笔者深切地意识到，协同创意必将是数字营销传播时代的品牌建构的关键。在理论研究和实践的双向通道上，笔者深信，协同创意带来的全新的营销传播模式，让传播、管理和技术在未来的广告营销传播中共同作用，在营销传播中至关重要。与读者共同期待笔者的下一本书：《协同创意——数字传播时代的品牌建构》。

目　录

第一章　导　论 ………………………………………… (1)
第一节　研究背景和创新点 ………………………………… (1)
一、从新媒体到互动网络平台 ……………………………… (1)
二、消费者在变
——80后的主流化和90后的全面崛起 ………… (3)
三、本研究的创新点 ………………………………………… (6)
第二节　选题依据、意义及基本概念说明 ………………… (7)
一、研究选题的由来 ………………………………………… (7)
二、广告传播理论与实践需要知行合一 ………………… (9)
三、产业振兴的现实意义 ………………………………… (10)
四、"三网融合"的发展机遇 ……………………………… (11)
五、从广告到营销创意传播的概念说明 ………………… (13)
第二章　文献综述 ………………………………………… (16)
第一节　广告营销传播模式的相关理论梳理 …………… (16)
一、从大众传播模式到营销传播模式 …………………… (16)
二、现代广告营销传播理论的发展路径 ………………… (20)
三、广告营销传播效果模式的变迁 ……………………… (30)
第二节　互动网络环境下营销传播的研究现状 ………… (33)
一、互动网络营销传播策略研究 ………………………… (33)
二、互动网络营销传播实践研究 ………………………… (36)
三、互动网络的消费者研究 ……………………………… (42)

四、互动网络营销形式和执行研究 …………………… (44)
第三节 营销传播研究中消费者参与品牌创建理论 …… (51)
一、以消费者为中心衍生产品的共同设计创意 ……… (51)
二、品牌价值在消费者体验中的共同创意 …………… (53)
三、从服务主导模式到共同创意的管理 ……………… (57)
第三章 研究方法 ……………………………………… (64)
第一节 历史/比较分析法 …………………………… (64)
一、为何选用历史/比较分析法 ……………………… (64)
二、历史/比较分析法的资源 ………………………… (66)
第二节 定性资料收集——抽样及访谈 ……………… (68)
一、抽样方法——非概率抽样 ……………………… (68)
二、定性访谈——深度访问法 ……………………… (71)
第四章 广告营销传播活动中各要素的变化 ………… (74)
第一节 广告主在互动营销中的角色 ………………… (74)
一、"全程"参与与随时反应 ………………………… (74)
二、广告主主导地位的"丧失"和技术"恐惧" ……… (80)
三、广告营销传播目的的统一 ……………………… (84)
第二节 互动营销中广告人与品牌传播 ……………… (87)
一、正在"消失"的专业广告人 ……………………… (87)
二、从制定和执行传播策略到创意传播管理 ……… (91)
三、寻找"大创意"与内容创意 ……………………… (94)
第三节 互动媒体与互动营销传播 …………………… (99)
一、传统的大众媒体正在转型 ……………………… (99)
二、视而不见的媒体发布 …………………………… (102)
三、管理消费者自主传播平台 ……………………… (105)
第四节 搜索和分享 ………………………………… (108)
一、消费者也是传播者 ……………………………… (108)
二、主动搜索在互动营销传播中的意义 …………… (112)

三、细分消费者与精准营销 …………………… (114)
第五章 创意传播管理的服务模式 …………………… (118)
第一节 传播管理是品牌建构的核心 …………………… (118)
一、互动网络就是现实生活 …………………… (119)
二、挖掘品牌的营销传播问题 …………………… (121)
三、品牌传播的关键在于管理 …………………… (124)
第二节 营销传播的主导策略来自互动网络 ………… (127)
一、品牌建构与品牌理念 …………………… (127)
二、传播策略服务的差异 …………………… (130)
三、品牌传播策略的源头 …………………… (133)
第三节 互动网络平台上的媒体创新运动 ………… (137)
一、媒体策划与媒体购买系统的瓦解 …………………… (137)
二、自媒体时代的媒体传播管理 …………………… (141)
三、互动网络平台上的品牌建构 …………………… (144)
第四节 消费者与品牌协同创意 …………………… (149)
一、品牌"雕塑"到品牌"活体" …………………… (149)
二、管理沟通元 …………………… (152)
三、协同创意——品牌建构的归属 …………………… (157)
第六章 互动网络环境下营销传播经营模式研究 ……… (161)
第一节 广告营销传播的服务模式和经营模式回顾 … (161)
一、广告代理专业公司的形成 …………………… (162)
二、广告营销传播的集团化 …………………… (165)
三、创意传播管理时代的来临 …………………… (169)
第二节 新型营销传播公司的类型 …………………… (172)
一、全服务公司体系 …………………… (172)
二、In－house 广告公司的再次悄然兴起…………………… (177)
三、细分化服务公司 …………………… (179)
第三节 创意传播效果与新经营模式的形成 ………… (183)

一、立体多元化的创意传播管理 …………………………(184)
二、营销创意传播的效果评估的可能性探讨 …………(186)
三、理想化经营模式格局 ………………………………(191)
第七章　结论和展望 ……………………………………(194)
一、管理无处不在 ………………………………………(194)
二、创意决定成败 ………………………………………(195)
三、协同时代来临 ………………………………………(197)
四、技术举足轻重 ………………………………………(198)
五、效果经营模式 ………………………………………(200)
六、研究思考 ……………………………………………(201)
参考文献 …………………………………………………(204)
附　录 ……………………………………………………(215)
后　记 ……………………………………………………(266)

第一章　导　论

本书围绕“互动网络环境下”的“营销创意传播”展开研究，讨论新传播环境下现实的营销传播活动中各参与要素的诸多变化，这些变化导致传统的广告公司的服务模式和经营模式也随之改变。同时，广告营销传播环境随网络技术的发展日新月异，新媒体呈不断涌现状态，消费者则以80后成为主流消费人群和90后的崛起成为另一个引人关注的营销传播问题。理论对于传播现状的深入反思和探究往往落后于营销创意传播实践领域，学术界对于互动网络传播平台上营销创意传播服务模式和经营模式的研究并不多见。

第一节　研究背景和创新点

一、从新媒体到互动网络平台

新世纪的这十年，广告营销传播领域发生了翻天覆地的变化，究其原因，主要是由于传播技术的不断更新引发“新媒体”层出不穷。“新媒体”（New Media）的概念于1967年由美国哥伦比亚广播电视网（CBS）技术研究所所长戈尔德马克（P. Goldmark）率先提出，并迅速被全世界接受。对于“新媒体”的概念，学术界和广告营销传播业界人士众说纷纭，没有定论。但普遍认为“新媒体”是与大众传播形态相对的概念，它远远超越了大众媒体传播的形式，是新技术支撑下出现的“超媒体”形态，如数字杂志、数字报纸、数字广播、手机短信、移动电视、网络、桌面视窗、数字电视、数字电影、触摸媒体等。“新媒体”集传统的“四大媒体”——报纸、杂志、广播、电视的传播优势于一身。“新媒体是相对于传统媒体而言的，是报刊、广播、电视等传统媒体以后发展起来的新的媒体形态，是利用数字技术、网络技术、移动技术，通过互联网、无线通信网、卫星等渠道以及电脑、手机、数字电视机等终端，向用户提供信息和娱乐服务的传播形态和媒体形态。”① “以互联网为基础的新媒体，是依托数字技术，对人类日常生活中的各种信息传播和交流活动进行的虚拟的还原。日常生活中的各种信息传播形式，都已被包容进了这类新媒体所构建的新的传播平台之中。自我传播、人际传播（包括各种商业交易形式）、组织传播、大众媒体传播都可以在这个平台上找到自己的位置。”② 互联网不是媒体，而是人类动态的日常生活的鲜活体现，是一个互动的网络传播平台。传统广告营销传播中的受众从被动向主动转变，寻找自己需要的信息、分享自己感兴趣的广告、传播自己认为有价值的品牌。事实上人人都可以在这个平台上创造媒体，创造传播方式。

数字化传播技术使得互动网络传播平台走向整合，不同传播终端间实现完美结合。以电信网、广播电视网和互联网融合发展的“三网融合”的互动网络传播平台正在形成。这不仅极大地提高了人们的生活质量，改变着人们的生活方式，更直接导致了

① 石磊著，《新媒体概论》，中国传媒大学出版社，2009 年，第 1 页。
② 陈刚，《创意传播管理》，《广告大观（综合版）》，2008 年第 5 期。

广告营销传播旧有模式的土崩瓦解。

互动网络平台发展进程如此迅猛。中国网民数量在2010年已经达到了4.2亿。手机用户超过5亿，其中手机上网人数过半。IP电视正以时不我待的积极态度快速发展，预计三年之内达到3千万家庭用户。这些数字从另一个侧面说明，广告营销传播也随之进入了真正的立体化互动网络之中。互联网、电信网、IP电视网等以新传播技术为依托的新的互动传播形式将全面占据广告营销传播的主流市场。在不同的网络终端，消费者根据自己的需求随时随地接受、分享和发布相关产品和品牌信息，并可以实现最终的购买。至此，被议论了数十年的“新媒体”概念，在“三网融合”的互动网络平台形成之际，应该有一个清晰而明确的定论了。本书所指的互动网络平台就是电信网、广播电视网和互联网之间的融合带来的无可限量的互动网络传播环境，也是“新媒体”的核心所在。

二、消费者在变
——80后的主流化和90后的全面崛起

目前，越来越多的品牌将自己产品的主流消费人群锁定在被称作“80后”的群体上，这一群体是伴随着互联网时代的发展而成长的一代人。这批80年代出生的跨世纪人才比以往任何一代人都更具有开放的全球化视野。他们从小接受具有全球化视角的教育，网络让他们的视野遍布全球，他们可以获得的所关注事物的信息的广度和深度超越了任何一个时代。在互动网络平台的发展进程中，他们踊跃地投入网络技术和各种媒体应用的学习中，成为最为熟悉互动网络平台的一群人。作为网络使用者，他们中的一部分人本身就是新技术的开发者。他们探索互动网络平台的每一个角落，他们在思考和实践中将互动网络开发建设成为在该技术发展之初未曾料想的面貌，他们将互动网络融入了日常生活，或者说他们将自己的生活投入了互动网络。而他们在互联网上的行为和发言，不断地规范着并且促进着这个包罗万象、变化多端、有着无限潜力的网络的发展。随着年龄的增长，“新锐”、“另类”的80后进入了主流社会，担任起主要的社会角色，对社会发展的进程的推动作用越来越重要，成为当今社会主流的消费人群。他们具有成熟的思想和充实的社会生活，而他们几乎无时无刻不在互动网络中。

80后是一些重大的网络事件的主力参与者，以网络论坛为例，上海世博会期间针对盲目追星不顾一切的所谓“脑残粉”的“圣战”，其间所发起的“拟人”论战，不同观点在网络使用者手中模拟幻化成不同的品牌人物所持有的观点，其中与实体之间的微妙联系和契合，为营销创意传播留下值得深思的线索和广阔的实践空间。而这代人的宽容和社会融合性也可在其后观得，当他们追逐喜爱的某人某物时，会幽默地自嘲自称为“脑残粉”，他们也是众多网络流行语言的始创者。

李宁运动品牌的90后营销创意传播战略“让改变发生”体现着90后的群体崛起。这不是简单的又一代人的成长，而是真正互动一族的全面接管。他们的成长和正在成为不可或缺意味着互动网络文化和营销传播形式内容的全面改变。更加个性自我的一代人，正在理性地寻找真正属于自己的东西，他们会明确地告诉我们“你为我指明的路，总是让我迷路”。① 了解90后的需求、洞察他们的心理、制订符合他们的营销传播方案，将是今后几年乃至更长时间内，营销传播人最为棘手的课题。

90后更在意圈群和同好会这类网络群体的意见，而这不是传统的营销传播对消费者细分的用语，但在互动网络时代的今

---

① 引自李宁的“90后”广告战役。

天，不重视这些变化就意味着不能真正了解目标消费者的需求。网络传播形成的虚拟“小群体”在某种意义上比现实的消费者细分来得更为聚焦和纯粹，对品牌传播的直达非常有利。

从文化角度看90后人群，他们是融古达今的一代人。他们的视野是以往任何时代都无法望其项背的。全球化和网络让他们成为天生的“世界公民”，而他们中的大多数对于传统文化也推崇之至。网络的多形态交流让90后学会判断自己真正想要的，立场鲜明，他们会为自己的信念和理想坚持到底。

而近年来互联网社区论坛规模高速增长与营销传播规模不成正比，也就是说互联网社区营销传播经营的增长远低于社区人群增长。据DCCI资料，2008年年底中国互联网社区论坛受众规模为1.83亿人，而到2009年年底这一数字大幅增加至2.45亿人，净增6200万人，增幅达33.9%，较中国网民规模增幅（26.1%）高7.8个百分点，成为中国互联网各网络媒体领域受众规模增幅最快的领域之一。而网络社区广告经营收入规模增速只有18.2%。因此，如何更好地利用圈群和同好会为90后人群作深度的精准营销，将成为有待营销传播人开发和挖掘的极有价值的区域。

80后、90后与互动网络传播平台有着同样的新生代气质，因此，他们更容易接受互动网络的诸多新传播形态。如果没有80后、90后的深度参与，微博在2010年的井喷式发展、搜索成为一种生活方式、网购全球商品、消费者创造网络内容成为主流，或许都将成为难以企及的IT梦想。而在营销传播领域，2010的“凡客体”盛行，“我不是什么旗手，不是谁的代言”，“我只代表我自己”。试问恶搞“凡客体”的全民营销传播“神马最给力”，谁又能说这不是一次80后、90后群体的小游戏呢！

三、本研究的创新点

第一，本研究选取了一个崭新的研究角度，从广告主、广告人、互动媒体人和消费者多重角度，讨论、分析和研究互动网络环境的营销创意传播。从不同层面的传播参与者的变化入手，发现互动传播平台自身的变化所带来的诸要素的相关连锁反应。新的互动网络环境下，广告主的品牌营销传播需求产生了巨大改变；广告营销传播公司顺应客户需求，必然调整自身的服务内容和服务方式；服务模式的改变直接导致广告行业人才结构的改变和广告公司经营模式的改变；而服务模式和经营模式的同时改变，势必撼动现代广告营销传播上百年的行业历史规范和基本运作方式。

第二，本研究试图将研究视野拓展到现代广告历史的发展进程中，将互动营销传播带来的诸多变化，置身于一种历史过程中进行研究，发现其中的联系和必然的改变缘由。广告营销传播品牌建构和产品促销在主要目标保持不变的情况下，营销传播在大众传播环境下体现的是"传播"主导，而在互动网络传播环境下，面对海量信息和复杂的传播环境，营销传播更多地表现为如何对互动传播平台进行更加有效的传播"管理"，而创意也超越了大众传播的狭义的媒体广告创意，而转化为实现品牌建构、达到产品促销和解决营销问题的创意传播手段，创意是确立传播管理策略、实现创意传播的任何环节都不可或缺的重要内容。

第三，消费者在互动网络平台上的主动传播是打破传统大众传播的信息传播模式的标志，也是消费者参与品牌建构、实现品牌—消费者"协同创意"的具体表现。这方面的研究，在中国的理论界，至今没有受到重视。本书在"创意传播管理"（CCM）的营销传播理论体系指导下，对历史上相关营销传播理论以及互动网络营销传播理论研究现状进行回顾，深入追寻了广告营销传播研究中，关于消费者参与品牌创建的理论。从理论上为传播“管理”作为品牌“协同创意”的关键找到了佐证。

第四，本次研究的访谈样本涉及中国、日本、韩国和美国四个国家的87位广告主、广告人、互动媒体人和消费者，笔者对其中55位进行了深度访问。从研究的深度和广度来看都超出了笔者最初的设计规模，中国之外的研究无疑为本次研究带来了国际化的视野和研究参照，研究结论也具有一定的国际适用性。

第五，本次研究从确立选题到大纲结构完成，正值国家积极推动“三网融合”之际，本书立足的互动网络平台正是将多种网络融合使用作为基础，“三网融合”预示着互动网络传播平台的最终形成。互动网络正在全方位地改变着人们的社会生活，成为越来越多的主流人群的生活方式，这种生活方式势必对广告营销传播产生联动作用。本研究是一个开始，期待为“三网融合”环境的营销创意传播研究作一基础铺垫。

第二节 选题依据、意义及基本概念说明

一、研究选题的由来

对于一个学术问题的追究，必然来自于主观兴趣和客观需求两个方面的缘由。本书在这两个方面达到了高度统一。本书的主要问题最终落定在互动网络平台营销创意传播服务模式与经营模式的探究上，主题经过了三次变化，即从创意研究到整合营销传播研究，再到营销创意传播管理研究；研究角度也经过了三个不同层面的变化，即创意理念和创意形式的研究到营销传播体系研

究，再到服务模式和经营模式的研究。

截取广告创意中创意理念和创意形式的研究角度，对笔者而言极为顺理成章。笔者在近二十年的广告营销传播活动中，大部分时间和精力用于大众传播的广告创意发展和执行的实践，而近几年不断涉及新媒体的营销创意传播实践，将两者结合进行研究便成为兴趣所致，也是主观优势。攻读博士学位期间，笔者通过此专项研究，联合发表题为“互联网广告创意传播研究——从互联网广告创意人和网络使用者双重角度看互联网广告创意传播的现状”[①] 的论文，因此，对营销创意传播的创意问题做深入研究是本书研究的前提和基础。

用整合营销传播理论探讨营销传播体系是笔者的学术机缘。笔者与整合营销传播（IMC – Integrated Marketing Communication）创始人美国西北大学唐·舒尔茨（Don E. Schultz）教授一起工作学习的一段经历，成就了笔者对整合营销传播之于大众传播媒体的影响的理性探讨，并将之与以互联网为代表的新互动传播平台诞生的新兴营销传播理论——陈刚教授的创意传播管理（CCM – Creative Communication Management）进行比较研究，发表题为《创意传播管理（CCM）与整合营销传播（IMC）的比较研究——跨越文化的视角》[②] 的论文，对 IMC 与 CCM 进行比较研究，为本书奠定了理论基础。

在互联网创意研究和营销创意传播管理的研究过程中，涉及大量的业内人士和消费者的深度访问和营销传播案例的整理分析。笔者对互联网传播环境下广告创意理念变化的理论假设在研

---

① 沈虹、万丽慧、郭嘉，《互联网广告创意研究——从互联网广告创意人和网络使用者双重角度看互联网广告创意传播的现状》，《广告研究》，2009 年第 2 期。

② 沈虹，《创意传播管理（CCM）与整合营销传播（IMC）的比较研究——跨越文化的视角》，《广告研究》2010 年第 5 期。

究中并没有获得明证，但发现由于传播环境和消费者的多种变化，广告营销传播公司的服务内容和模式产生了巨大变化。于是，笔者决定对这片未知作深入的研究。在陈刚教授的支持下，笔者最终将研究重心指向互动网络平台中广告服务模式和经营模式的变迁研究。

二、广告传播理论与实践需要知行合一

广告理论落后于广告实践是一种现实。广告实务的行动需要广告理论的指导，但种种原因使得广告传播理论和实践的知行常常很难合一。本书希望通过对广告传播活动的参与者在互动网络传播平台中的变化进行研究，寻找广告服务模式变化的根源，探讨服务模式的改变必然带来经营模式改变的缘由。

在改变正在发生的互动网络传播环境下，传统的大众传播模式已经彻底改变。大众传播时代广告营销传播奉为经典的传播模式，如拉斯韦尔的5W 模式和受众中心模式等都受到了前所未有的挑战。广告传播过程的参与者——广告主、广告公司、互动媒体和消费者都发生了巨大变化。本书从对广告传播过程的参与者的研究入手，以期获得新的传播环境下，消费者与营销传播、品牌关系、创意传播接触等方面的真实的现状，探寻广告服务模式随之改变的现实需求，为服务模式和经营模式的重建提供一手研究资源。

对于互动网络环境下的营销创意传播研究，迄今仍是国内外学术界的弱项。围绕着互动网络传播这个大主题，学术界的研究角度大多指向互联网等互动网络平台的广告新形式，或是泛泛地主观论述互联网广告的是是非非。从消费者参与角度分析互动网络广告传播的研究论著论文甚少；从广告主、广告公司、互动媒体和消费者多重角度全面深入研究互动网络营销传播的变化，探

讨新的广告服务模式和经营模式，更是少之又少。变化极速但理论欠缺成为互动网络营销传播实践的一大遗憾。许多时候，广告业界还来不及深入思考，又陷入新的变化。作为研究者，有必要也有责任将这种不断变化的动态传播状态记录下来，做深入研究。消费者在变、产品在变、传播平台在变、传播形式和手段也在变。在互动网络环境下，品牌建构和广告营销传播的各个环节都在改变，“改变”似乎已经成为一个不变量。

正是这个不变的“改变”，更加呼唤广告传播理论与实践的知行合一。陈刚教授2008年提出的创意传播管理（CCM）模式，就是力图探索和建立适应变化中的市场环境和传播环境的营销传播行业的新型服务模式。本书将以创意传播管理（CCM）作为基本理论指导，并将不同环节的传播参与者作为研究对象，期待对互动网络环境下营销传播服务模式和经营模式进行深入探究，为整个广告营销传播行业的发展实践找寻理论依据。

三、产业振兴的现实意义

2009年7月，酝酿已久的《文化产业振兴规划》终于发布。这是继钢铁、汽车、纺织、装备制造、船舶、电子信息等十大产业规划之后，国家新一轮产业规划中的第一个产业振兴规划，标志着文化产业真正作为一种产业而得到国家前所未有的重视，文化产业面临着历史性的发展机遇。广告被列入了重点文化产业第一梯队。然而，中国广告业的现状让人难以乐观。在恶劣的行业竞争环境里，广告业越来越沦落为劳动密集型的服务业，离文化似乎越来越远。

21世纪的前十年，是营销创意传播在探索中艰难前行的十年。原本处于急剧惨烈的竞争状态中的广告传播行业由于互联网等新媒体出现，传播环境发生了革命性的变化，整个行业陷入新旧交织、破旧立新、重整河山的特殊发展时期。广告业服务模式正在经历的革命性转型，是营销创意传播行业走向成熟的未来发展必经之痛。如何对已经沦落为服务业的广告业进行提升，使之在文化产业的大框架下有更好更快的发展？这不仅是广告实战急需解决的问题，更是整个行业和理论研究所要解决的重大问题。

在政策措施层面，国家对于文化产业的振兴规划，从发展格局到资金投入都给予了充分的宽松政策，其中降低准入门槛、加大政府投入、落实税收政策、加大金融支持、设立中国文化产业投资基金等宏观政策对文化产业中的广告传播业的发展极其有利。然而，即便宏观政策如此给力，广告传播行业解决不了自身的发展问题，绝佳机遇也可能成为一纸空文。只有促使行业自身可持续发展进入良性循环，广告业才能真正直面和融入中国文化发展的大环境。毋庸置疑，尽快梳理出当前广告业服务模式的变化和经营模式的未来走向，等于为广告传播行业的产业振兴之路增添一块有利的基石。

四、“三网融合”的发展机遇

所谓“三网融合”，就是指电信网、广播电视网和计算机通信网的相互渗透、互相兼容并逐步整合成为全世界统一的信息通信网络。“三网融合（最早称三网合一）指电信网、广播电视网和互联网之间的相互融合发展，实现三网互联互通、资源共享，在同一个网络上实现语音、数据和图像的传输。对用户而言，就是指只用一条线路就可以实现打电话、看电视、上网等多种功能。”① “三网融合”是为了实现网络资源的共享，避免低水平的重复建设，形成适应性广、容易维护、费用低的高速宽带的多媒

① 贾凤兰，《三网融合》，《求是》，2010 年第 5 期。

体基础平台。其表现为技术上趋向一致，网络层面上可以实现互联互通，形成无缝覆盖，业务层面上互相渗透和交叉，应用层面上趋向使用统一的 IP 协议，在经营上互相竞争、互相合作，在向使用者提供多样化、多媒体化、个性化服务的目标上逐渐交汇在一起，行业管制和政策方面也逐渐趋向统一。

世界上许多发达国家诸如美国、英国、法国、日本等已经实现或基本实现三网融合。中国的起步相对比较晚。1997 年，周宏仁在《计算机世界》报撰文，第一次系统地向国内介绍了“迎接电脑、电视与电话合一的新时代”这一国际领先理念，是国内最早的对“三网融合”的全面论述。其后漫长的十三年里，“三网融合”一直成为相关行业不断研讨的中心课题，而百姓则拭目以待“三网融合”将要带来的神奇改变。2010 年 1 月 13 日，时任国务院总理温家宝主持召开国务院常务会议，决定加快推进电信网、广播电视网和互联网三网融合，会议上明确了三网融合的时间表，2015 年，中国将实现电信网、广播电视网和互联网三网的全面融合。随着国务院的一声令下，国内已探讨多年的“三网融合”终于由研究方案进入了实质性操作阶段。2010 年 6 月底，三网融合 12 个试点城市名单和试点方案正式公布，三网融合终于进入实质性推进阶段。2010 年，可谓是中国三网融合元年。

“三网融合”成就了互动网络传播平台的最终形成，仅此一点，“三网融合”对营销创意传播的未来发展便意义非凡。这意味着广告能够与目标消费者实现随时随地的、真正的点对点的互动交流。当然，“三网融合”必将全方位带动人们社会生活的改变，也将再次改变广告传播活动的各个环节，最终必将促成营销创意传播服务模式和经营模式的“先破后立”。因此，“三网融合”从论证阶段走向实质性执行阶段，凸显了广告传播业新服务模式和经营模式形成的迫切性，同时也进一步强化了本书研究主题的现实意义。

五、从广告到营销创意传播的概念说明

现代广告的发展得益于市场经济的全球化和大众传播的兴旺发达，广告的定义也深深烙下商业传播的印迹。广为接受的美国营销协会定义委员会的广告定义——“广告是由可确认的广告主，以任何方式付款，对其观念、商品或服务所作的非人员性的陈述和推广”，表明了广告由广告主付费实现产品或服务的信息传播的商业特征，这一定义伴随着广告在大众传播时代所创造的辉煌。随着市场经济的发展，广告在品牌建构和产品的营销与销售中的意义发生了变化，以“陈述和推广”产品信息为目标的广告越来越需要站在整个品牌的营销推广角度，为品牌和产品解决市场问题。在20世纪90年代中旬，“广告”这个词便开始被“营销传播”或“市场传播”等新词取代了，“整合营销传播”也就是在探索广告的新发展中诞生的。广告常常变成广告传播形式的代名词。互动网络传播平台的出现更使得原本井然有序的大众传播时代推演下的广告定义受到了严峻挑战。

互动网络传播平台打破了大众传播的模式，新的传播平台引发了营销传播全方位的革命，广告营销传播模式受到了前所未有的挑战，甚至有人提出传统的大众传播行将结束，广告自身必须重新定位。广告营销传播活动从内涵到外延都产生了剧变，原来狭义的广告服务被更广阔的富有创意的营销传播活动所取代，因此广告公司必须探索新的服务和经营模式、找寻新传播环境下的品牌传播规律、研究新的媒体契机和品牌沟通机遇，同时不断创造新的合作渠道和客户关系，为品牌实现超越广告的营销创意传播管理服务。一方面，“营销创意传播”越来越被广泛认同为广告应该扩展到的内涵时，“广告”一词依然被广泛使用，而它独

立使用时更多地指向广告形式。另一方面，广告常常与营销传播相关的界定词语同时使用，比如“广告传播”、“广告营销”或“广告营销传播”，等等，这些词的意义往往没有本质上的区别，都是指运用广告手段进行营销传播活动的过程和体系。

互动网络传播平台的形成将广告营销传播推向另一必由之路，即创意的飞跃。传统大众传播的广告创意特指具体媒体形式的广告创作和执行，比如创作一条30秒的电视广告、一系列平面广告或一条60秒的广播广告，创意形式指向明确，在广告公司内部分工也同样明确，由创意部的文案创意人员和美术设计共同完成。即便是“整合传播”，也是指各种媒体在同一创意理念下，执行不同的广告创意。然而，互动网络平台上的广告营销传播，创意则被提升至整个营销传播过程无处不在的地位，创意不再是具体广告形式的创作和执行，而是沟通目标消费者的创新理念和让消费者能够积极参与和主动分享的创新内容。媒体本身也是创意的产物，人人都可以在互动网络平台上创造媒体。当媒体不再如大众传播媒体一样稀缺，媒体唾手可得、比比皆是之时，创意便成为营销传播成败的关键。“Media anything，creative everything.”①

在此需要说明的是，本书使用的营销创意传播概念，是基于互动网络传播环境，广告营销传播公司为品牌提供的调动消费者积极参与品牌建构的富有创造性和管理性的营销传播服务，是更为广义的为品牌解决市场问题的营销传播运作，而不再是狭义的传统大众传播媒体的广告信息传播形式。本书所涉及其他相关概念，诸如“广告”、“营销传播”或“营销创意传播”等概念大多数情况用于指代不同时期和广泛意义的广告营销传播环境和形态。比如“广告”指向以广告代理为主体的广告时代，“营销传

① 引Iris国际广告传播集团的广告语。

播”或“广告营销传播”主要用于整合营销传播时代来临之后，“营销创意传播”则特指互动网络环境的创新营销传播管理系统和传播服务。同样，创意也不再特指大众传播媒体形式的广告创作，创意传播指向采用创新的传播理念和手段，为品牌营销传播解决市场问题。

第二章　文献综述

本书的研究范围跨越现代广告营销传播的传统模式和互动网络平台的传播现状，涉及理论和文献的梳理任务比较庞杂。在研究过程中，为了参阅的便利和研究进程的清晰化，本书将理论和文献综述分为三个部分。第一节从历史发展的角度，着重梳理现代广告营销传播理论各发展阶段的主要理论，以获得互动网络传播环境下营销传播的理论基础；第二节对国内外的互动网络营销传播研究动态作一个简要的文献综述，作为本书的研究扩展的起点；第三节对本书提出的一个重要观点作重点的研究追溯，即对营销传播中消费者参与品牌创建理论的文献综述。

第一节　广告营销传播模式的相关理论梳理

一、从大众传播模式到营销传播模式

1. 拉斯韦尔模式，即5W模式

1948年，美国政治学家、传播学家哈罗德·D. 拉斯韦尔（Harold D. Lasswell）在一篇论文里，提出了一个也许是至今传播学研究中最著名的命题，那就是经典的“5W”模式，也被称为拉斯韦尔模式。拉斯韦尔认为，传播流程通常分五个部分，即

"5W"，谁（who），说什么（says what），通过什么渠道（in which channel），对谁（to whom），取得了什么效果（with what effect），而且，这五个部分从功能到结果，是顺序排列的，呈现出一个线性流程（如图1）。

图1　拉斯维尔的5W模式

这一模式也因恰好对应着广告营销传播中不同的研究主题而受到广告营销传播界青睐，被奉为经典中的经典模式。5W将广告主研究、广告创意和策略研究、传播媒体研究、消费者研究和传播效果研究集于一身，成为现代广告的科学化操作的理论导航。谁，即营销传播中的传播者，主要指广告信息的发出者，即广告主；说了什么，在营销传播中指的是广告以创意的形式传达给消费者的各种信息内容；通过什么渠道，在现代营销传播中，就是媒体，即传播渠道，它既指向一般大众传播媒体，如电视、报纸、杂志、广播等，也指向新兴的广告传播渠道和一些特殊的媒体；对谁，在营销传播中是指广告信息的接收者，就是目标消费者；取得什么效果，就是反馈，在营销传播中指消费者对接收到的品牌信息的反应和回应。

拉斯韦尔模式给大众传播时代的广告营销传播带来了丰厚的理论基础和实战启迪。在了解传播各个环节的基础之上，全球广告人以此为研究广告传播流程和策略的依据，进而获得品牌传播战略的重要线索，再进一步进行广告创意的发想和创作。

2. 受众中心模式

在20世纪60年代、70年代，受众已经被传播学界当作一个主体来研究了。1959年，美国社会学者卡茨（E. Katz）首次提出了“使用与满足研究”的方法，他认为，将大众传播视为“说明研究”的领域正在消亡，因为当时大部分的传播研究皆致力于调查这样的问题：媒体对人们做了些什么？（what do media do to people?）卡茨建议，如果这个领域将研究的问题改成人们用媒体做了什么（what do people do with the media?），就可以解救自己，走出研究的困境。其基本模式为（如图 2）：

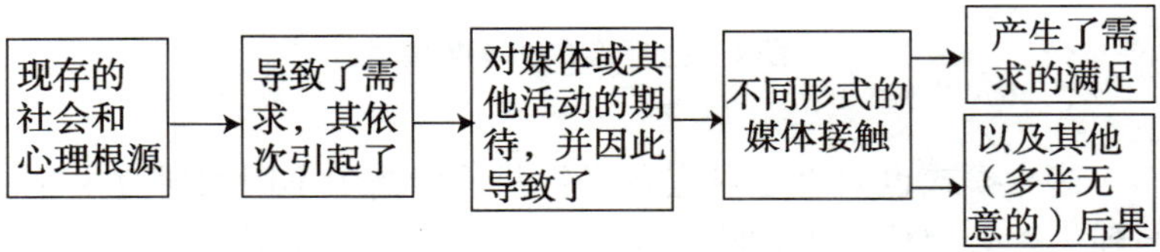

图 2　卡茨的受众中心模式

1974 年，卡茨、布卢姆勒、古列维奇等人的论文《个人对大众传播的使用》总结了当时受众领域的研究，指出“这些研究涉及：（1）社会和心理根源导致了（2）需求，从而引起了（3）期望于（4）大众传播媒体和其他信息来源，因而导致了（5）不同形式的接触媒体（或从事其他活动），以致产生了（6）需求的满足和（7）其他大多数或许是无意的后果”①。卡茨和布卢姆勒认为，对传媒使用和满足的研究已经进入了它发展的第三阶段：一种即将到来的阶段。这个第三阶段就是指在研究了人们的动机、期望以及传媒作用下的人们的行为后，开始重点解释它们之间的关系。他们已经感觉到，经过长期的对传媒使用和人们的动机的考察，20 世纪 70 年代以来，“使用与满足”研

① ［英］丹尼斯·麦奎尔（Denis McQuail）、斯文·温德尔（Sven Windahl）著，祝建华译，《大众传播模式论》（第二版），上海译文出版社，2008 年，第 117 页。

究的重点已经转向对理论的研究，比如寻求满足和实际所得满足这两者的关系；使用传媒的社会和心理根源；满意程度以及媒体带来的效果。换句话说，“使用与满足研究”不仅要考察受众“从媒体中获得满足以后行为的反馈作用，而且考虑到使用者的需要、价值观和信念的社会和心理根源，这些形成了人们行为的动机”。①

卡茨的使用与满足基本模式，后来被从不同层面展开并深化，有“罗森格伦的需求模式”、“价值模式”和“文化满足模式”等。

受众中心传播模式为现代广告营销传播确立消费者中心论提供了理论支柱，也为深入探究目标消费者洞察打开了无限空间。

3. 营销传播模式

由于营销传播在社会传播活动中占有越来越重要的位置，营销传播也不仅仅应用于商业营销。科特勒（Kotler，P.）和阿姆斯特朗（Armstrong，G.）在1989年在其《市场营销导论》中将“社会营销”定义为“旨在为在目标群体中普及某类社会观念、运动或做法而设计、执行和控制的计划”②。

在广告营销传播中，产品、价格、传播场合、推广和定位是几个最为重要的元素。丹尼斯·麦奎尔（Denis McQuail）和斯文·温德尔（Sven Windahl）在《大众传播模式论》（1993年，第二版）中，将包含这些元素的营销策略描绘成一个一系列涉及决策步骤和传播效果反馈的过程，而这些步骤由营销传播过程中不同的参与者主导，包括营销传播发起人（广告主和广告人）

① 常昌福编选，刘铁花译，《大众传播学：影响研究范式》，中国社会科学出版社，2000年，第265页。

② ［英］丹尼斯·麦奎尔（Denis McQuail）、斯文·温德尔（Sven Windahl）著，祝建华译，《大众传播模式论》（第二版），上海译文出版社，2008年，第174页。

需要对品牌定位、价格、推广方案和传播渠道作出决策；还包括营销环节特殊的把关人，可以是零售商、专业人士、组织和家庭开支决策者等；当然也包括最终的消费者，他们在不一定有把关人的情况下作出决定，同样能直接接触到营销活动。对于营销者来说，获得把关人和消费者的反馈信息至关重要。麦奎尔营销传播模式的提出，其实是对已经被广泛应用的营销传播实践作出了理论总结。（如图 3）

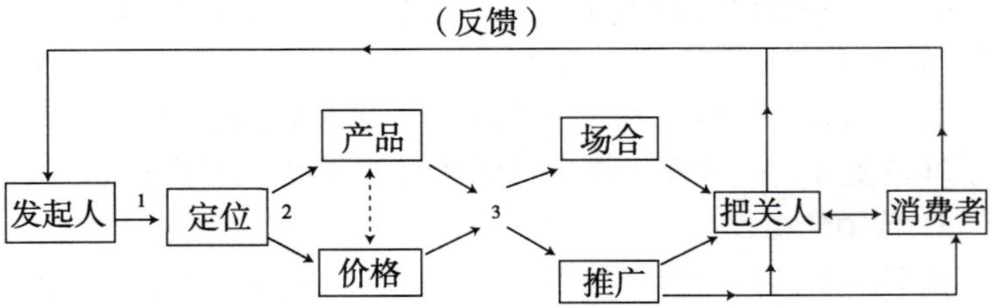

图 3　麦奎尔的营销传播模式

二、现代广告营销传播理论的发展路径

1. 广告即促销

从现代广告的鼻祖克劳德·霍普金斯开始就将广告的价值定义为促进销售："广告的唯一目的是实现销售。广告是否盈利，取决于广告引起的实际销售。"① 奥美广告迄今仍将其著作《科学的广告》列为员工必读七本书之首，大卫·奥格威认为霍普金斯改变了他的一生。将"广告"界定为"促销"的科学广告观念成就了现代广告的专业化之路，世界上众多专业的广告代理

① ［美］克劳德·霍普金斯著，邱凯生译，《我的广告生涯·科学的广告》，中国人民大学出版社，2008 年，第 156 页。

公司正是得益于将自身定位于促进销售而取得成功的。

正是基于这种科学广告的价值观，在现代营销理论中，促销几乎一度成为广告的代名词。E. 杰里米·麦卡锡（E. Jeremy. McCarthy）于20世纪60年代提出的著名的4P营销组合理论，其要素为产品（Product）、渠道（Place）、价格（Price）和促销（Promotion），广告是其中的促销组合的主要构成，担当促进销售的主角。这一营销传播的重要理论，是现代广告在20世纪高速发展的理论基础，迄今在营销传播实践中仍具有深远影响。

2. 建立品牌形象

从售卖产品到建立品牌，广告行业历经了一次质的飞跃。大卫·奥格威将广告传播之于品牌形象建立的至关重要首先推向广告实践领域。广告传播的服务价值在于为客户创建经久不衰的品牌形象，广告传播这一核心价值迅速被整个行业所接受，并争相为品牌形象的建构添加有效的品牌管理和理论工具。一时间，与品牌相关的概念及理论在实践领域百花齐放，“360度品牌管家”、“品牌信仰”、“品牌个性”、“全方位建立品牌”、“至爱品牌”，等等，各家公司在自身创建的品牌管理体系下，为客户提供超越了促销的品牌资产管理、营销传播策略和广告创意执行服务。

在理论研究领域，大卫·艾克（David A. Aaker）被公认为品牌资产的鼻祖。他在20世纪90年代先后出版了三本关于品牌的论著，1991年的《品牌资产管理》（Managing Brand Equity）、1995年的《建立强势品牌》（Building Strong Brands）以及1998年的《品牌领导》（Brand Leadership）被誉为“品牌三部曲”。艾克在《品牌资产管理》中定义的“品牌资产是与品牌名称和符号相联系的附加在产品或服务上的品牌财产”为全球营销传播界接受，而从“品牌知名度、被认可的品质、品牌联想度和品牌忠诚度”这四个完全由消费者主导的方面划分品牌财产的构成，已经成为“消费者为中心”的营销传播的理论依据，“消费者拥有品牌，企业拥有品牌资产”成为一种流行而公认的解读。在《品牌领导》中，艾克开始关注互联网对品牌创建的重要性，认为品牌网站是品牌创建的重要组成部分，“网站应该成为品牌忠诚用户的家，让那些用户参与产品活动，并保持对品牌的忠诚态度……忠诚顾客因为自己与产品或品牌的联系可以成为品牌的推广大使”①。

大卫·艾克的品牌理论体系对全球的营销传播乃至企业管理产生了广泛而深远的影响，为品牌建设的广泛实践提供了众多成功案例和理论指导。

3. 整合营销传播（IMC）

1990年，美国学者罗伯特·E. 劳特朋（Robert. F. Lauteborn）教授发表于《广告时代》杂志上的文章《4P退休，4C登场》，提出了以消费者为中心展开的与4P相对应的4C理论，即消费者（Consumer），消费者愿意付出的成本（Cost），购买商品的便利性（Convenience）和传播（Communication），广告的促销价值受到了全面挑战。劳特朋明确提出，我们应该“忘掉促销，90年代以后的正确新词汇应该是传播”。4C理论的提出引发了营销传播界及工商界的极大反响，也成为整合营销理论的起点。

整合营销传播（IMC – Integrated Marketing Communications）自20世纪90年代诞生，走过了近20年的从大众传播到互联网营销传播的时代巨变。从舒尔茨教授的第一部整合营销传播论著“Integrated Marketing Communications：Putting It Together and Making It Work（《整合营销传播——把它们放在一起，并让他们起

① ［美］大卫·艾克，爱里克·乔瑟米赛勒著，曾晶译，《品牌领导》，新华出版社，2001年，第296页。

作用》)”①至今，广告营销传播从形式到内容到目标消费者都难以同日而语。在《整合营销传播》出版10年的2003年，舒尔茨教授所著《IMC——新一代整合营销传播》一书，对《整合营销传播》进行了全面的修正，但坚持了原来《整合营销传播》中对IMC概念的定义：“整合营销传播是一个战略性的业务流程，用来规划、发展、执行和评估具有配合的、可测量的、有说服力的营销传播项目，向消费者、客户、潜在客户、员工和其他目标，相关的外部和内部的受众进行长期传播。我们的目标是产生短期财务回报，并建立长期的品牌和股东价值。”② 舒尔茨教授将IMC从战术的执行层面提升到企业发展品牌建造的战略高度。本书的理论架构以修正后的新一代IMC理论为研究主体。以下从三个方面加以概括说明。

(1) 消费者中心论

在《整合营销传播》中，IMC已经明确摒弃了传统的以产品为导向的4P营销经典理论，倡导以消费者为中心的4C营销传播理论，在《IMC——整合营销传播的未来》中，消费者成为一切营销传播的出发点和中心，IMC将品牌建构完全指向消费者主导。在论及IMC的八大指导原则时，消费者中心被列为企业执行IMC的首要原则：“一个组织如果要贯彻IMC，必须以客户为主导（或客户为中心），建立一个将产品的最终购买者或消费者作为传播的第一、最重要和自始至终的要素的组织。”③目前，

---

① Don E. Schultz, Stanley I. Tannenbaum, and Robert F. Lauterborn, Integrated Marketing Communications: Putting It Together and Making It Work, NTC Business Books, Lincolnwood, IL, 1993.

② Schultz, Don and Schultz, Heidi, IMC, The Next Generation, 2003, McGraw－Hill Professional, P21.

③ Schultz, Don and Schultz, Heidi, IMC, The Next Generation, 2003, McGraw－Hill Professional, P50.

针对多变的营销传播环境，舒尔茨教授更是极力推广消费者中心论，在近期的演讲中，他提出消费者中心的营销传播必须关注4个因素：解决方案（Solutions）、信息（Information）、价值（Values）和通路（Access），简称为SIVA，这4个消费者相关问题是IMC执行的首要问题。

（2）IMC的4个进化阶段

从《整合营销传播》到《IMC——整合营销传播的未来》，IMC历经了从战术到战略的重大转型，这一升华过程分为四个进化阶段（如图4）。第一阶段为战术配合。在这个层面，由企业内部营销传播组织负责统筹，而不是广告代理公司操作，需要跨部门沟通人员协调各相关部门，寻求所有传播媒体和渠道的一个形象、一种声音的传播执行；第二阶段为重新界定营销传播范围。这一阶段需要寻求消费者接触品牌的所有接触点，设定超越传统的沟通方式，启动跨职能团队，专注于消费者，在内外传播两个方面放宽新思路，将整合的理念内外结合；第三阶段，应用信息技术。充分利用客户数据库了解购买行为，定义“最佳”或“最有价值”的客户，根据特殊需求做消费者细分，广泛搜集不同数据，做到不同来源的数据整合，实现“对客户的全面了解”，在整个企业或组织内实现数据库整合；第四阶段，财务和战略整合。营销传播人员在企业的战略规划和新产品开发中应该起突出作用，用财务指标分析评估营销传播的短期和长期效果，执行补偿和奖励制度，让营销目标得以实现，鼓励“正确”的行为，管理层必须站在围绕和满足客户需求的理念层面调整和整合整个组织。

图 4　整合营销传播的 4 个进化阶段

（3）IMC 的 5 个步骤

早在《整合营销传播》中，便有关于 IMC 循环系统的重要性的论述，指出那是企业贯彻 IMC 的基本要义。“整合营销传播的真正价值在于其本身的循环本质”，[①] 在《IMC——整合营销传播的未来》中，IMC 的循环执行过程被提炼为 5 个步骤，并作为此书的 5 个中心章节，分别进行细论，可见 IMC 的这 5 个步骤的重要性。这 5 个步骤分别是：①用消费行为数据界定客户；②客户价值评估/预测；③创意、传递信息，激发；④评估顾客投资回报；⑤费用、分配、评估，以及再循环（如图 5）。

4. 创意传播管理（CCM – Creative Communication Management）

陈刚教授于 2008 年发表的《创意传播管理（CCM）——新传播环境与营销传播革命》[②] 是一篇开创性的重要的互联网营销传播论文，在学术界第一次提出“CCM”的理论与实践。创意传播管理不是传统意义上的变革，而是一种根本性的研究范式的

① ［美］唐·E·舒尔茨等著，吴仪国等译，《整合行销传播》，中国物价出版社，2002 年，第 82 页。

② 陈刚，《创意传播管理（CCM）——新传播环境与营销传播革命》，《广告大观》（综合版），2008 年第 5 期。

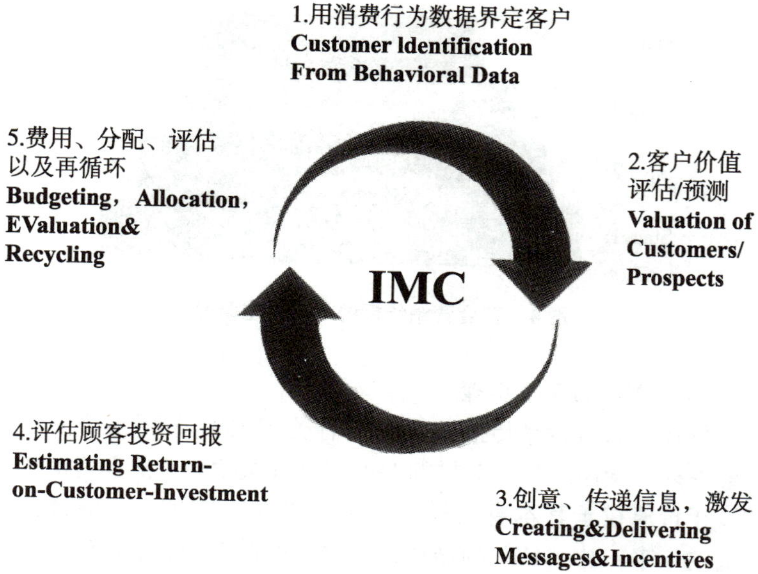

图 5　整合营销传播的 5 个步骤

转换，它颠覆了很多传统的概念和观念，突破了狭义的营销和传播学的研究框架。针对不断变化的传播环境，CCM 不仅仅停留在一个概念和理论的层面，而是旨在解决行业面临的现实问题，寻求可操作性的方案；帮助企业洞察正在发生的变化，在变化是永恒不变的环境里如何解决问题；帮助营销传播行业把握变化的核心动向，随时调整传播策略；帮助互联网经营者在动态中随时调整经营，适应千变万化的市场需求。CCM 确定了一个新的框架，互联网营销传播可以利用它寻找新的价值。CCM 是对新的营销传播理念、新的产业结构和运营模式的思考，是对目前营销传播服务行业如何适应新的传播环境、重新创建传播模式的思考。

CCM描述和诠释了以互联网为主的新媒体环境下的营销传播模式，其基本立足点在于反对唯媒体论，认为互联网不是媒体，而是一种复合型、全员型、固时型、无边界的传播。因此，全新的传播环境将品牌的营销传播置于复杂分散的多元化、海量的甚至透明化的信息传播背景中，企业和品牌由此面临新的传播问题，诸如传播信息难以把控、过量信息难有实质影响以及目标消费者接触等主要挑战。品牌要在营销传播上具有导向性作用，必须进行创意传播管理。

笔者是北京大学创意传播管理研究所的研究员，对创意传播管理的最新理论研究现状非常了解。本书除了参照陈刚教授的重要论文《创意传播管理（CCM）——新传播环境与营销传播革命》[①] 和2008年5月陈刚教授在第三届中国广告趋势论坛的演讲《后广告时代，创意传播管理革命》以及祝帅的《解读陈刚教授“创意传播管理CCM”理论》[②] 之外，其中有部分理论为最新研究成果，特此说明。

（1）CCM创意传播管理循环模式

CCM是新媒体环境下企业利用互联网等新型传播平台对品牌进行随时随地的营销传播监测和管理的创意传播管理系统。它分为传播管理和创意传播两个部分，或者说两个步骤。传播管理是创意传播管理的第一步骤，也是首要基础。它指企业利用先进的信息搜集理念和技术，对与企业有关的传播信息进行收集、整理、分析，以为制定出符合企业目前舆论环境的传播策略提供支持。在传播管理的定义中提到的传播策略就是创意传播所要完成

① 陈刚，《创意传播管理（CCM）——新传播环境与营销传播革命》，《广告大观》（综合版），2008年第5期。

② 祝帅，《解读陈刚教授“创意传播管理CCM”理论》，《广告大观》（综合版），2008年第6期。

的内容，同时创意传播还肩负着策略执行的任务。传播管理和创意传播之间可以用一个循环模型来表示（如图6），创意传播管理就是在这种不断循环往复中，找到品牌传播问题、制定传播策略、执行创意传播、评估传播结果，再找到新的品牌传播问题，再解决问题，最终实现品牌传播资产的不断积累。

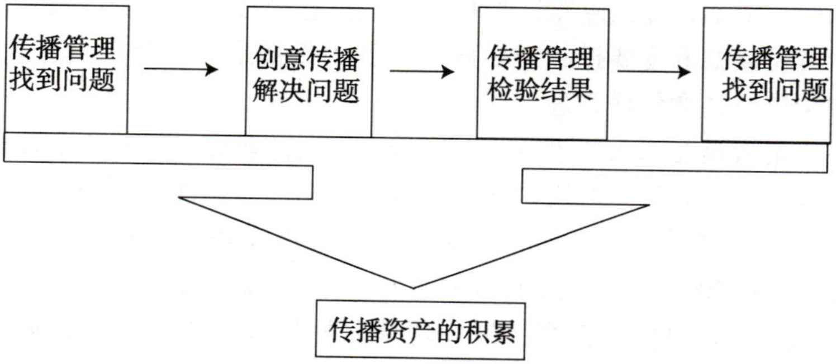

图6　创意传播管理的循环模型

（2）网誉报告

在CCM的第一步骤——传播管理发现问题阶段，采用特定的监测与分析技术方法，随时采集互联网上所有关于企业的信息，对这些信息进行综合的内容分析，通过内容分析进行受众态度的判别，将内容分析结果与企业现状进行对比，找到企业目前存在的问题，这种分析过程所获得的结果就是网誉报告，而整个过程是动态的，采集与分析每一分每一秒都在进行，企业正是在结果中不断发现自身面临的问题。网誉报告是传播管理的一个成果，是信息搜集整理与分析的有效结果，是整个传播管理操作过程最后的产物和结晶。它指出了企业在互联网环境下的传播中存在的传播问题，为企业高层管理者提供决策的支持工具，帮助他们更好地做出管理决策。网誉报告的基本基础是互联网上的海量信息，在搜集海量信息的基础上，加上专业的搜索与分析软件、专业的品牌研究人员以及精准的搜集分析流程，最后形成关于企业目前网络声誉现状的最佳描述。网誉报告并不是传播管理的终点，而只是传播管理的开始。

网誉报告的目的是为企业提供更好的决策建议，而企业优化传播策略则是为了进行下一步的创意传播。总结出企业面临的传播问题，为企业进行创意传播提供依据，为创意传播提供基础是网誉报告的最终目标。传播管理的一大重要意义就是使企业对信息的变化保持高敏感度，敏锐地发现新的舆论导向，正确地判断舆论形式，从而采取及时且正确的应对措施。

（3）沟通元（Meme）

沟通元是创意传播管理的另一重要环节、创意传播的核心要素，是品牌进行创意传播的一个重要概念和执行要素。沟通元（Meme）借用了牛津大学生物学家理查德道金斯（Richard Dawkins）对复制基因的命名 meme，沟通元是一种文化传播单位或模仿单位的概念。

沟通元主要是指基于传播内容的文化单元，它凝聚了消费者最感兴趣的内容和最容易引起讨论和关注的话题，一旦投入互联网平台，就会迅速引起大规模的关注，激发网络使用者中目标消费者的热烈讨论和参与。因此，品牌的沟通元是由传播者和目标消费者通过一次次累积的积极互动共同塑造的，相比传统的创意理念，沟通元具有极强的参与性和附加的延展空间，能够被延展为各种形式的信息与内容，同时具有强大的可复制性，一旦推出，就能够在受众中进行飞快的复制，形成连绵不断的传播浪潮。沟通元在传播中总是在被消费者不断深化。在一次次的再塑造中，沟通元中消费者最感兴趣的内容被放大，同时围绕着一个中心，更多消费者关心的内容被添加进来。因此，沟通元不是企业或者广告公司创造的，而是企业品牌与消费者在多次沟通中共同认同的，而其中消费者对沟通元的重塑和延展作用不可小视。品牌建构是在企业与消费者通过沟通元不断“协商”，在彼此平等的条件下商议、沟通和磨合并最终达成统一形象的反反复复过程中成就的，这其中或许存在消费者个体认同的差异，消费者理解上的差异也是对创意传播的挑战，在相对的个体差异中寻求品牌核心价值的统一。本书把这种异同的创造过程称为品牌“协同”，这也是新媒体平台的创意传播不同于大众传播时代广告创意的魅力所在。在这个时代，一切都需要“协同”。

三、广告营销传播效果模式的变迁

从广告营销传播角度看，研究传播效果，也就是研究消费者行为。传播效果模式就是消费者行为模式。消费者的行为模式与每个时代的传播媒体有很大关系。AIDMA 模式是大众传播时代最为经典的消费者行为模式，自 1898 年由美国广告人 E. S. 刘易斯最先提出后，至今仍然被广泛运用于分析目标消费者的行为实践。AIDMA 模式的含义为：A（Attention）引起注意；I（Interest）产生兴趣；D（Desire）激发欲望；M（Memory）形成记忆；A（Action）促成行动。

在大众传播的广告营销传播中，所谓 AIDMA 模式，是指在消费者从看到广告到发生购物行为之间，动态式地引导其心理过程，并将其顺序模式化的一种法则。

其过程是：首先，消费者注意到（attention）该广告，其次，消费者感到兴趣（interest）而阅读下去，再次，消费者产生想买来试一试的欲望（desire），最后记住（memory）该广告的内容并最终产生购买行为（action）（如图 7）。广告创意通过传播发生功效，同时引导消费者产生心理上的变化，有一系列心理过程参与，包括认知、评价、记忆等等。

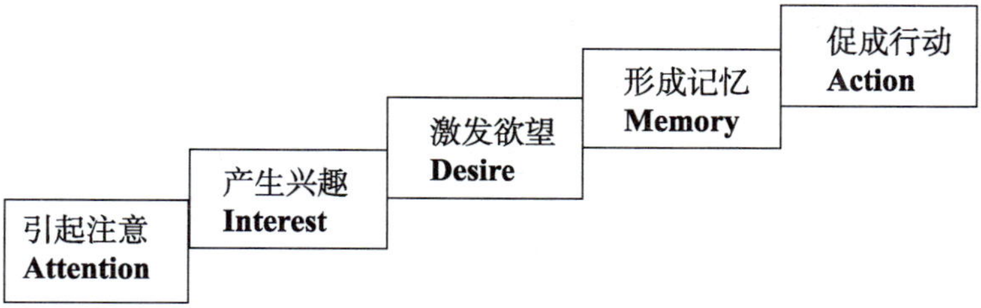

图 7 AIDMA 模式

互联网时代的到来，为广告营销带来前所未有的广阔空间。随着互联网创意传播的发展，消费者越来越多地主动搜索自己所需的品牌信息，并且主动传播自己认定的有趣的或有意义的品牌信息。显然经典的 AIDMA 已经无法满足互联网传播的需求，顺应新的传播环境需求产生的新的消费者行为模式是历史的必然。事实上，国内外的营销传播界已经有很多人正在致力于这方面的研究和实践。电通公司提出了 AISAS（Attention 注意 Interest 兴趣 Search 搜索 Action 行动 Share 分享）模式，重在重构消费者行为模式。他们的研究发现，在消费者理解商品及比较探讨和决定购买的阶段，除了亲临店头之外，网络及口碑相传是其主要信息来源与决策依据。

三网融合后的互动网络传播平台，将消费者主动搜索品牌信息扩展到更广泛的时间和终端，随时随地找寻自己感兴趣的内容不再遥不可及，随时随地分享信息也是“一触即发”，甚至实现直接购买行动也完全没有障碍。

从传统的 AIDMA 模式逐渐向 AISAS 模式的最大转变，就是突出了网络传播的特点。在 AISAS 模式中，两个具备网络特质的“S”——Search（搜索）、Share（分享）的出现，指出了互联网营销传播中的搜索和分享的重要性，而不是一味地向消费者进行单向的理念灌输，充分体现了互联网对于人们生活方式和消费行为的影响与改变（如图8）。

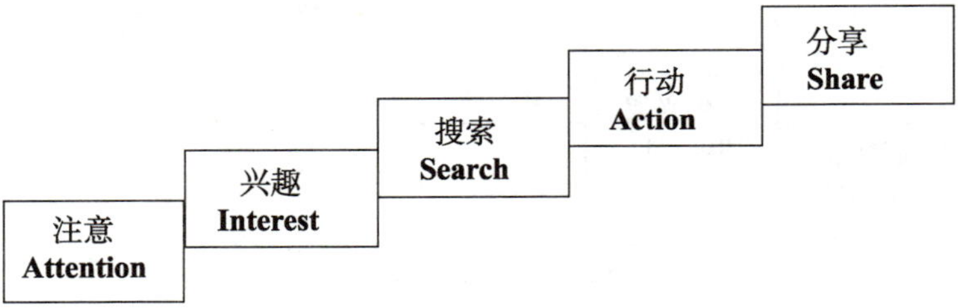

图8 AISAS模式

AIEAS模式是由传漾科技针对互联网受众的行为轨迹和触点，为高效触及目标受众而提出的行为分析模型。在AIEAS（Attention注意 Interest兴趣 Explore探索 Action行动 Share分享）（如图9）中，从Search搜索到Explore探索，更能反映WEB2.0时代的互动特质，WEB1.0时代，搜索是一个大的应用飞跃；WEB2.0时代，更突出的是互动、去中心化，用户生产内容（GUC）：以Blog、TAG、SNS、RSS、WIKI等应用为核心。网络使用者的行为轨迹越来越细分化、互动化，长尾理论的应用更凸显其商业价值。

这里需要强调的是关于Explore：探索。沟通的艺术就是巧妙地与消费者（受众）形成良性互动。通过互动培养受众对品牌的认可和好感并进而形成记忆，从而深入影响受众的情感，使之产生占有的价值和欲望。除了在搜索上做好搜索优化，还必须在Blog、Tag、SNS、RSS、WIKI等WEB2.0应用上吸引受众去了解和感知品牌，讲述品牌故事，使之与品牌产生积极的互动。尤其要关注GUC触点的应用效应，让品牌的阐述达到“随风潜入夜”的境界。Action，Share：行动、分享，行动（购买）在互联网营销上不是结局而只是一个探索和分享的开始，分享在互联网上是非常需要关注的触点。互联网媒体带来了传统媒体无法取代的以消费者为主体的传播，消费者不仅可以通过网络主动获取信息，还可以作为发布信息的主体，与更多的消费者分享信息。潜移默化地促进消费者分享愉快的品牌体验，使之成为一个新的探索触点，引领和聚合相同品牌喜好的消费者，使之成为品牌传播推波助澜的源泉，以达成“润物细无声”的营销目标。

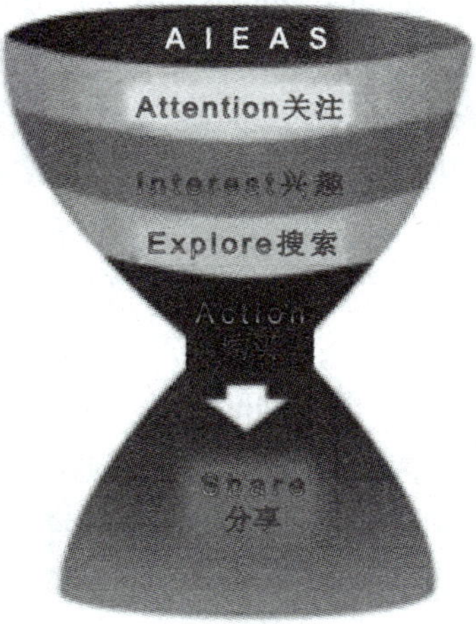

图 9　AIEAS 模式

第二节　互动网络环境下营销传播的研究现状

一、互动网络营销传播策略研究

从全球范围看，在互联网发展初期，企业的互联网化和品牌互联网管理常常被混为一谈，做一个漂亮的网站、拥有先进的操作软件、实现网络化办公等等，就被认为是品牌具备了互联网管理。美国学者 Adrian J. Slywotzky 和 David J. Morrison 在2000 年出版的“How Digital is your Business?”（《数字化你的生意》）在互联网市场营销传播领域具有划时代的意义。他们首次提出品牌应该利用互联网做“数字区隔化”（the digital difference），从品牌的“数字化设计”（digital business design）开始，寻找品牌能够为消费者提供的真正的“创造独一无二的品牌价值主张”（creating unique value propositions）。[①]无疑，他们已经开始涉及品牌创意传播的管理理论思考，但他们将研究指向了企业如何创新和捕捉互联网的盈利方式，并未将品牌创意传播管理的理论体系化。

从互联网传播角度关注品牌的建构和发展，是互动网络营销传播的一次飞跃。2002 年，Meyers，Herbert M. Gerstman，Richard 出版了“Branding @ the Digital Age”（《数字化时代的品牌建构》），首次将品牌建构与网络传播直接连接，从品牌设计、消费者、广告传播等不同角度，将 e－branding，e－retailing 和 e－business 预测为新千年的经济增长中心，而网络为21 世纪的品牌建构提供了“一种完美的解决方案”（the perfect solution）。[②]网络营销传播从此走向寻求更为具体和实际的理论策略指导与实战结合阶段。

2007 年，美国人网络分析家 Avinnash Kaushik 在他的著作《精通 Web Analytics——来自专家的最佳 Web 分析策略》[③] 中，

---

① Adrian J. Slywotzky& David J. Morrison, *How Digital is your Business?* 2000 , Crown Business, New York, PP. 7－8.

② Meyers, Herbert M. Gerstman, Richard, *Branding @ the Digital Age*, 2002, Palgrave Macmillan, P2.

③ ［美］Avinnash Kaushik 著，杨艳、王春楠译，《精通 Web Analytics——来自专家的最佳 Web 分析策略》，清华大学出版社，2008 年。

由浅入深地道出了如何优化企业的互联网营销传播和企业网站的经营。在以客户为中心的理念下，系统地分析了互联网多种形态和渠道的营销传播策略与操作，被赞誉为“最佳网络营销著作”（the best book in web marketing）。诚然，Kaushik 对优化网络营销的策略和执行都作出了重要贡献，但其研究和分析依然侧重技术和操作层面而未能形成理论。

中国国内学者对品牌互联网传播策略和管理的关注和研究，开始于 Web2.0 时代之后，观点和角度比较分散，大多未能形成一定的理论架构，而且主要零散见于一些学术论文里。2003 年张信和的《网络广告传播的互动策略》认为，“互动是网络广告深度发展的核心动力。应该采取以网民为中心，定制和定向发布广告的个性化策略”①。

国内外学者在互联网发展早期从关注这一“新媒体”的发展状态的角度入手，继而走向对互动网络与整体传播策略的关注。2003 年 Ronald Bishop 将其称为“世界上最美妙的增长”，② William P. Eveland 则从复杂的归因研究媒体影响和新的传播技术。③ 2007 年薛媛的《基于整合营销传播理论的网络广告创意策略》④ 将整合营销传播视为互联网营销创意传播的策略基础；徐

① 张信和，《网络广告传播的互动策略》，《学术交流》，2003 年第 7 期。

② Ronald Bishop, The World's Nicest Grown - up: A Fantasy Theme Analysis of News Media Coverage of Fred Rogers, Journal of Communication, March 2003, Vol. 53, No. 1.

③ William P. Eveland, A 'Mix of Attributes' Approach to the Study of Media Effects and New Communication Technologies, Journal of Communication, September 2003, vol. 53, No. 3.

④ 薛媛，《基于整合营销传播理论的网络广告创意策略》，《传媒观察》（Media Observer），2007 年第 9 期。

光翔的《互联网平台上的媒体创新与广告价值研究》[①] 则将Web2.0时代的互联网媒体视为实现精准营销的可能平台。2007年舒咏平的《基于网络的品牌传播“长尾化”》[②] 认为，消费者的细分导致的“碎片化”因互联网得以重新聚合，形成“长尾化”现象，而品牌网站则是永远的“头部”，长尾中的任何信息需求都可以随时回到头部。另外，2007年于潇的[③]和孟凡东的《互动广告的创意策略研究》[④] 也只是从具体的营销案例分析中试图获得互联网广告营销策略的反向推导。

2009年整合营销传播创始人唐·舒尔茨参著的新书“Media Generations – Media Allocation in a Consumer – Controlled Marketplace”，从整合营销传播的视角研究消费者主导时代的媒体组合，互联网被自然而然地作为一种消费者常用媒体纳入整合传播的媒体组合。毋庸置疑，这依然是一个整合营销传播“当道”的时代。从整合营销传播的视角看互动网络营销传播似乎是一个名正言顺的角度，将互联网作为整合营销传播大家族的一员也似乎并没有轻视互联网传播。

二、互动网络营销传播实践研究

互动网络营销传播的兴起和发展伴随着互联网的发展，其基本路径是由实践走向理论研究。互联网发展早期的互动网络营销传播研究以如何发掘互联网平台的广告传播创新形式为主。无论

---

① 徐光翔，《互联网平台上的媒体创新与广告价值研究》[D]，南京师范大学，2007年。

② 舒咏平，《基于网络的品牌传播“长尾化”》，《国际新闻界》，2007年第6期。

③ 于潇，《网络广告的口碑传播策略分析》，《新闻界》，2007年第3期。

④ 孟凡东，《互动广告的创意策略研究》，《电影评介》，2007年第7期。

是理论和实践领域都着眼于以互联网为特殊传播媒体，实现跨越大众传播媒体的多种传播组合，不断创造出新的传播形式。从最初大多以网页为主要载体的 Web 站点、横幅、按钮、赞助、插播广告和分类广告等形式扩展为增加了多种媒体的传播平台。2004 年网络技术全面更新，宣告 Web2.0 时代的到来，给博客（Blog）营销、社会网络（SNS）营销、即时通讯（IM，如 MSN/QQ）营销、论坛营销、游戏植入式营销、E－mail 营销、搜索引擎营销带来了无限可能。从这个层面上看，互动网络不是一种媒体而是一个可以不断创造媒体的传播平台，互联网广告的变化是媒体的变化，而非传播形式自身的变化。Web2.0 不仅是技术上的升级换代，更是传播方式和传播理念的彻底改变。大众传播时代的媒体主导传播以及 Web1.0 时代由少数资源控制者集中传播的传播形态，转变为互联网用户参与内容建构的用户主导传播形态。而 3G 移动网络的发展和“微时代”的来临，在技术和实践上为真正一对一的营销传播成为可能提供了双项基础。在这一过程中对各种媒体形态的研究关注成为互动网络营销传播不断前进和理论总结的强大动态支持。

早在 2002 年，Jan Zimmerman 所著的“Marketing on the Internet：Your Seven Step Plan for Succeeding in e－Business Now That the Hype is Over”从操作层面把互联网营销分为七步：第一步，研究网站（Observe the Web）；第二步，懂得你的生意（Know Your Business），第三步，写一个在线商业计划书（Write an Online Business Plan）；第四步，创意和发布的信息工具（Create and Distribute Info－Tools）；第五步，策划并创建一个有效的网站（Plan and Create an Effective Web Site）；第六步，维护并监测你的网站（Maintain and Monitor Your Site）；第七步，营销传播网站（Market Your Internet Presence）。Jan Zimmerman 不仅首次将企业网站定义为自有媒体和品牌营销传播阵地，而且以一项

2000年6月由《商业周刊》（Business Week）发表的调查数据为依据，指出网络使用者获取互联网信息的四大手段依次为：搜索引擎（45.8%）、口碑营销（20.3%）、任意浏览（19.9%）、杂志（4.4%），[①] 首次将搜索引擎认定为制定网络营销传播策略的决定因素，开创了搜索引擎营销（SEM，Search Engine Marketing）的先河。

自20世纪末始，随着搜索引擎技术的开发和广泛应用，搜索引擎优化（SEO，Search Engine Optimization）被逐渐应用到传播中，国际上以Google的搜索霸主的确立标志搜索引擎时代的到来。Google的创办人谢尔盖·布林（Sergey Brin）说过，“完美的搜索引擎可以加工和理解世界上的一切信息。这正是Google前进的目标”。[②] 而中国由于语言的特征，搜索引擎营销有着自身的特点。占中国搜索引擎市场份额80%左右的百度搜索以中文特有的方式，探索并完善着中国特色的搜索引擎营销。百度董事长兼首席执行官李彦宏表达了对搜索引擎发展的信心：“人们每一次搜索都表达了一种需求，反映了一种关注，当每天有几亿人通过搜索表达需求时，我们就能从中发现超越个人的集体意识，或者说是时代精神。百度正在深刻感受着当代中国政治经济、社会文化的时代脉搏。通过搜索引擎，每一个人不仅能了解世界，表达自我，更能把握当今世界趋势，洞察时代发展潮流。”[③] 百度将自己的营销传播定位为“简单”，并以《简单》和《搜索赢销》为名发行专门研究搜索引擎营销的刊物，联合广告营销业界深入研究搜索引擎营销的发展战略和策略，从技术

① 参考 Jan Zimmerman, Marketing on the Internet: Your Seven Step Plan for Succeeding in e－Business Now That the Hype is Over, 2002, Maximum Press, P21.

② ［美］戴维·怀斯等著，张岩等译，《撬动地球的力量》，中信出版社，2006年，第56页。

③ 中华人民共和国年鉴社编，《搜索2009》，新华出版社，2009年，扉页。

和实践的双重角度，为搜索引擎营销的理论探讨提供丰富的研究蓝本。

搜索引擎优化已经成为搜索引擎营销的必修课。2008 年，Jerri L. Ledford 所著“SEO：Search Engine Optimization Bible ”① 系统介绍了搜索引擎优化的发展历史，强调品牌必须围绕搜索引擎建立自己的营销传播体系和门户网站。Kristopher B. Jones 所著“Search Engine Optimization ：Your Visual Blueprint to Effective Internet Marketing”② 一书中详细解释了搜索引擎优化的应用，强调关键词对于搜索引擎优化的重要作用。搜索引擎逐渐成为消费者自觉的媒体形式，他们积极主动地应用此媒体，发起搜索行为，寻找感兴趣的品牌信息作为自己的消费参考，同时分享传播他们认为有趣或重要的信息。与传统的大众传播媒体相比，这个新型媒体具有超常的目标使用群（是使用者而不是受众）。而搜索引擎营销在其诞生之时，便幸运地成为不被消费者排斥的精准、有效的品牌信息传播形式，不难预见，它正在成为玩转消费者自觉媒体的走向成熟的品牌营销手段。

2005 年以后，随着 Web2. 0 技术的全面应用，在互动网络传播平台上除了搜索引擎营销之外，其他新型互动传播媒体在营销传播的实践应用方面也获得了长足发展，对于实践应用的总结和探索在全球范围内展开。Jeremy Wright 在 2005 年发表了“Blog Marketing”，将博客定位为一种以内容风格为本的传播媒体。“博客的本质在于媒体。博客也在于内容风格。”③内容创意被提到了重要位置。

---

① Jerri L. Ledford，SEO：Search Engine Optimization Bible，2008，John Wiley & Sons.

② Kristopher B. Jones，Search Engine Optimization ：Your Visual Blueprint to Effective Internet Marketing，2008，Visual.

③ Jeremy Wright，Blog Marketing，2005，The McGraw – Hill Companies，P3.

2007 年，Susan Sweeney 等编著的“3G Marketing on the Internet ：Third Generation Internet Marketing Strategies for Online Success”一书提出，互联网已经成为一种生活方式。越来越多的人在网络上以自己认同的方式寻找所需信息，消费者可以随时关闭不喜欢的广告信息，强行售卖的广告形式受到抵制。品牌传播必须考虑长期的营销策略，广告的各种传播形式必须相互关联，形成网络化的传播系统。而其中营销传播人对消费者的理解已经不再是单纯的接受者，消费者成为网络传播平台的主导。“营销人必须完全了解消费者希望成为主控，他们不愿成为被营销者。营销人了解到营销必须是非常具有吸引力，从而使消费者愿意将其融入自己的生活之中。”①

2007 年，Mary Christensen 和 Wayne Christensen 所著的“Be a Network Marketing Superstar ：The One Book You Need to Make More Money Than You Ever Thought Possible”② 一书在实践层面提供了一套操作系统，详细描述了网络营销所必须关注的细节。

从严格意义上讲，国际上这些关于互动网络营销传播实践的研究基本属于指导操作和执行的经验总结，没有上升到学理高度，但在广告营销实战中起到了重要的指导作用，为我们进行互动网络营销传播的理论研究奠定了基础。

2009 年，中国网络营销传播的实战派推出了两本网络营销传播的实战真经。一本是肯特·沃泰姆（Kent Wertime）、伊恩·芬威克（Ian Fenwick）的《奥美的数字营销观点》，另一本

① Susan Sweeney, Andy MacLellan, Dorey (ed), 3G Marketing on the Internet : Third Generation Internet Marketing Strategies for Online Success, 2007, Maximum Press, P43.

② Mary Christensen, Wayne Christensen, Be a Network Marketing Superstar: The One Book You Need to Make More Money Than You Ever Thought Possible, 2007, AMACOM.

是昝辉（Zac）的《网络营销实战密码》。

《奥美的数字营销观点》被奥美拥为“数字营销指南针”，数字营销不仅是整个营销策划中具有利基的一部分，还是营销的长远未来。在营销人销售产品和品牌建构的主流中，数字营销将占有一席之地。在大多数传统的营销传播公司还在搜肠刮肚地寻求将互联网广告作为其媒体传播组合中的一个部分时，他们已经在思考将数字媒体变成一种常态；思考如何将所有传播变得可寻址，借助可寻址的特性进行个性化信息和内容的传递，并加以分析。他们认为“数字营销的内容在传递机制、媒体单位限制及具体的界线上将会越来越自由。所有的数字营销人都必须要专注于创造出关联性强的优质内容，以便参与者能产生持续性的兴趣”；“消费者将发动并主导更多的‘营销人角色互换’（Marketer Interchange），并创造绝大部分内容。当消费者创造的内容和品牌有关联时，营销人将扮演鼓励和提供奖赏的角色”。[①] 互联网营销传播将传统的营销策略主导模式和创意传播模式彻底打破了。肯特·沃泰姆凭借着丰富的市场营销和数字传播经验，不仅总结了新媒体实战营销传播的原则和媒体发展趋势，还为互联网创意传播理论的深入思考提供了空前的实践性佐证。

昝辉（Zac）在《网络营销实战密码》的前言中自诩“只专注于实战，不谈理论和思辨”，[②] 作者期待分享的是最新的网络营销策略、技巧、案例等实际操作体验。从网上创业建议、产品价格策略、如何设计网站到电子邮件营销、搜索引擎优化、博客营销，再到网络营销效果监控评测，面面俱到，无一不实战。实

① ［美］肯特·沃泰姆（Kent Wertime）、伊恩·芬威克（Ian Fenwick）著，台湾奥美互动营销公司译，《奥美的数字营销观点》，中信出版社，2009年。第31—33页。

② 昝辉（Zac），《网络营销实战密码》，电子工业出版社，2009年。

战领先也是让此书成为4个月加印3次的畅销书的主要原因。这个时代，人人都想成为“网络财富英雄”。虽然《网络营销实战密码》长于实战而忽视理论，却给我们提供了大量可以深入研究探讨的网络营销的关键要素。

三、互动网络的消费者研究

广告自诞生以来便面临着被排斥和被拒绝的尴尬，消费者一边享受广告带来的信息获取的便利性，一边怀疑和抨击广告的欺骗性和侵略性。大众传播时代的商业广告带着自身历史发展的不平衡和缺陷，走进了互动网络传播时代。

就像传统媒体的广告不受欢迎一样，网络使用者也不喜欢看广告。网络作为消费者的自主媒体，其使用者可以自主选择看广告或关掉广告，大多数时候他们决然选择关掉广告窗口。对于网络使用者中消费者的研究，从开始便奠定了如何回避广告传播的直接广告传播形式中基调。2004年Chang – Hoan Cho and Hongsik John Cheon的“Why Do People Avoid Advertising on the Internet?”[①]一文深入探讨了人们为什么在认知上、情感上和行为上都是回避互联网广告的。由此，互联网广告需要逃脱传统的广告传播形式，创造网络使用者乐于接受和参与的“非广告形式”，比如“口碑营销”。2007年，于潇的《网络广告的口碑传播策略分析》提出，“广告专业人士应深入了解网络口碑传播的特点，利用口碑传播策略提升网络广告价值”。[②]口碑传播这一古老的人际传播形式在网络时代焕发了新的生命力，成为全球范围内备

---

① Chang – Hoan Cho and Hongsik John Cheon, Why Do People Avoid Advertising on the Internet? Journal of Advertising, vol. 33, no. 4 (Winter 2004).

② 于潇，《网络广告的口碑传播策略分析》，《新闻界》，2007年第3期。

受青睐的营销传播武器。

2006 年，Andy Sernovitz 在“Word of Mouth Marketing：How Smart Companies Get People Talking”中认为，口碑营销的最终结果是 C to C 的，而营销传播人所要做的是将信息传递给其中的一部分消费者，再由消费者传播出去，所以这一传播过程是 B to C to C 的。传统广告效果降低的原因之一是消费者信任程度降低，而口碑营销更多的是建立在信任的基础上，消费者自觉自愿为品牌做宣传。口碑营销的再次兴起使营销传播变得更为诚实。“口碑营销以让消费者说话的形式保护消费者，它给消费者一个强大的平台——让营销传播者倾听。它授权消费者无论在网络还是现实世界参与营销传播的整个过程。”① 口碑营销是品牌与消费者的一种对话。口碑营销的消费者参与是消费者以口碑传播的形式参与品牌创意，是消费者协同建构品牌价值及协同创意的开端和初级形式。随着互动网络营销传播的发展，口碑营销越来越被认为是品牌与消费者实现直接对话的最重要形式。

“口碑营销是下一个大事情。（Word－of－mouth marketing is the Next Big Thing.）”②这是 2007 年 Lois Kelly 在“Beyond Buzz：The Next Generation of Word－of－Mouth Marketing”中对口碑营销地位的肯定。Lois Kelly 认为，“虽然新的广告策略依然可以开拓新的传播渠道，而令人兴奋，但新的大创意不再是策略的创新。大创意是关于如何与消费者进行对话，吸引消费者通过新的或是传统的渠道进行有趣的讨论。技术可能正在成为营销传播的

① Andy Sernovitz，Word of Mouth Marketing：How Smart Companies Get People Talking，Dearborn Trade，2006，A Kaplan Professional Company，P51.

② Lois Kelly，Beyond Buzz：The Next Generation of Word－of－Mouth Marketing，2007，AMACOM，P5.

心脏，对话则是灵魂”。[①]

自从广告营销出现以来，作为人际传播的口碑营销的传播效果一向受到肯定，但在大众传播时代，由于口碑营销是发生在消费者之间的口头传播，从传播策略和执行上都难以掌控，所以明知效果显著但无法纳入可执行的营销策略。而互动网络传播平台为消费者提供了无限宽广的人际传播平台，可以预期，口碑营销在互动网络传播平台上将大有作为。社会化网络媒体的发展让品牌有机会在更为真实的传播环境下与更广泛的消费者对话，在更大范围内建立一种良性的口碑营销系统。同时，由于社会化网络媒体的多层面立体化结构要求，营销传播对消费者及消费者参与的研究更为深入。这无论对营销传播实践还是理论研究都是一个长期且重要的话题。

在互动网络平台上，新的传播形式的不断创造使得品牌与消费者进行对话的渠道越来越多，消费者参与营销传播的方式也会越来越主动。消费者完全摆脱了单纯的“受众”角色，成为营销传播的真正主导者。

四、互动网络营销形式和执行研究

在大众传播时代，品牌是以广告创意形式的不同形式最终接触消费者的，诸如电视广告、报纸广告、广播广告等。互动网络营销传播以互联网的发展为起点，而互联网营销传播的发展初期是以一种新型的媒体形式进入营销传播的，自然而然的，互联网广告的创意形式成为最早受关注的互动网络营销传播研究话题。在互动网络传播发展初期的互联网 Web1.0 时代，广告创意形式

① Lois Kelly, Beyond Buzz : The Next Generation of Word - of - Mouth Marketing, 2007, AMACOM, PP5 -6.

主要是基于网络页面以及后台链接的传播形式发展的。广告创意表现和执行也是基于大众传播广告创意形态演变而来的。

由此，互联网广告的创意形式研究成为互动网络营销传播研究的开端。早在 2001 年，陈培爱的《多媒体时代的广告创意思考》便将互联网创意作为“一种新兴的、具有巨大潜力的媒体特别做出分析”[①]。

互动网络营销传播发展至互联网 Web2. 0 时代，营销传播形式也发生了质的变化——网络使用者参与内容创意，营销传播开始了真正的互动。2005 年以后，全球范围内学界逐渐对互动网络传播形态进行更为广泛和深入的理论探讨。2005 年，薛媛的《以“互动”为核心取向的网络广告创意策略分析》[②] 和褚伶利、卢宝岩的《创意的网络广告给促销带来的影响》[③] 从网络广告创意的互动性和促销功能出发研究互联网营销创意对品牌传播的影响。2007 年，李华强的《数字化时代的创意新概念》[④] 认为主动传播是互联网广告传播的创意核心所在；同年，薛媛的《从受众接受心理谈网络广告形式创意》则“从网络广告形式研究入手，提出受众接受心理机制是网络广告形式创意的基础，网络广告形式创意具有多媒体和精准性两大特点”。[⑤] 2008 年，Idil Yaveroglu 和 Naveen Donthu 的“Advertising Repetition and Place-

---

① 陈培爱，《多媒体时代的广告创意思考》，《新闻大学》，2001 年第 1 期。

② 薛媛，《以“互动”为核心取向的网络广告创意策略分析》，《广告大观》（理论版），2005 年第 5 期。

③ 褚伶利、卢宝岩，《创意的网络广告给促销带来的影响》，《商业研究》，2005 年第 18 期。

④ 李华强，《数字化时代的创意新概念》，《新闻大学》，2007 年第 4 期。

⑤ 薛媛，《从受众接受心理谈网络广告形式创意》，《当代传播》，2007 年第 6 期。

ment Issues in On – line Environments”① 探讨了在线广告传播环境对于广告重复和呈现的影响。2009 年，曾静平和申卉的《网络广告的形式变化与创意空间》② 重申千变万化的互联网传播空间创意形式层出不穷。2009 年出版的 Steve Krug 的专著《点石成金：访客至上的网页设计秘笈（Don't Make Me Think）》③ 专注于网站设计技巧，“别让我思考”不仅是一种设计理念，更成为一种互联网创意传播的法则。“互联网既非小说亦非交响乐。没有人来写出开头、中间或结尾。”④ 互联网的创意空间无可限量，互联网营销传播的空间同样也无可限量。2008 年，吕静的《文化创意产业背景下的互联网创新途径》⑤ 从发展和融合的视角探讨了互联网创新的途径。

互动网络平台技术的发展是支撑和改变营销传播形式的关键。实践中的营销传播人灵敏的市场嗅觉让日新月异的网络技术成为创新的营销传播媒体的源泉。近年来，视频网站飞速发展，以国际的 You tube 和国内的优酷、土豆网、酷 6 网、PPTV 等为代表，成为新一代的品牌营销传播的影视广告传播阵地，网络视频已经超越了互联网平台，初步走向电信网、广播电视网和互联网的融合，在“三网融合”的互动网络传播平台建设中，迈出了关键的一步。而对于网络视频在营销传播实践和执行中意义的

---

① Idil Yaveroglu and Naveen Donthu, Advertising Repetiton and Placement Issues in On – line Environments, Journal of Advertising, vol. 37, no. 2 (Summer 2008).

② 曾静平、申卉，《网络广告的形式变化与创意空间》，《现代传播》（中国传媒大学学报），2009 年第 1 期。

③ [美] Steve Krug 著，De Dream' 译，《点石成金：访客至上的网页设计秘笈（Don't Make Me Think）》，机械工业出版社，2009 年。

④ [澳] 约翰·哈特利（John Hartley）编著，曹书乐等译，《创意产业读本》（Creative Industries），清华大学出版社，2007 年，第 47 页。

⑤ 吕静，《文化创意产业背景下的互联网创新途径》[D]，西南政法大学，2008 年。

探索，无疑成为创新营销传播的主要话题。

网络视频营销的关键在于搜索与分享，而且其效果往往是搜索引擎营销和病毒营销的叠加。内容创意成为网络视频营销的关键。2009 年 Greg Jarboe 在 "YouTube and Video Marketing : An Hour a Day" 一书中详尽阐述了视频营销成功的关键，并引用了 Suzie Reider 于 2008 年 9 月 19 日在波士顿广告俱乐部的广告提案中发表的演讲，名为《利用视频营销》，将网络视频营销的成功实施归纳为六点。1. 将广告创意融合为内容创意（Create ads that work as content）；2. 关键在于对话（It's all about the dialogue/conversation）；3. 点子无处不在（Ideas come from everywhere）；4. 连接关键点（Connect the dots）；5. 厚脸皮——坦然面对公众反馈（Have a thick skin…Feedback is public）；6. 操作平台选择（Metrics matter）。[①] 显然，以亲和的对话方式，将创意内容巧妙地融入品牌广告吸引消费者主动分享品牌信息的模式，已经成为网络视频营销追求的目标。在互动网络平台上，视频广告承担着向消费者播撒参与传播品牌信息种子的任务，为品牌信息的不断传播提供了原始沟通元。

从广告主角度看，在互动网络营销平台上逐渐形成了三种不同的媒体，即自有媒体（Owned Media），付费媒体（Paid Media）和可占有媒体（Earned Media）。自有媒体指企业的品牌网站和促销宣传网站。付费媒体，指大量的需要付费的承载广告营销信息的各种媒体或广告传播形式。可占有媒体，指那些免费的可以被发掘利用的互动网络传播形式，比如电子邮件营销，如今更多的是利用社会化网络媒体营销，比如国外的 Facebook、Twitter，国内的人人网、微博。社会化网络媒体，其理论基础源于六度分隔理论（Six Degrees of Separation）和 150 法则（Rule

① Greg Jarboe, YouTube and Video Marketing: An Hour a Day, 2009, Sybex, P43.

Of 150)。六度分隔理论是哈佛大学的心理学教授 Stanley Milgram 于 1967 年创立的。简单地说："你和任何一个陌生人之间所间隔的人不会超过六个，也就是说，最多通过六个人你就能够认识任何一个陌生人。"按照六度分隔理论，每个个体的社交圈都不断被放大，最后成为一个大型网络。把人群控制在 150 人以下似乎是管理人群的一个最佳和最有效的方式。150 法则认为，150 是人们普遍公认的我们可以与之保持社交关系的人数的最大值。从营销传播角度看，六度分隔理论契合寻找潜在市场理论，而 150 法则契合目标消费者细分理论，更为可贵的是，社会化网络媒体主要是以实名注册为基础的，将网络的虚拟向现实大大地推进了一步。尽管社会化网络媒体发展的时间并不长，但实名制以及互联网与手机 3G 移动平台的同时应用使得社会化网络媒体从诞生起就受到了重视并逐步成为互动网络营销传播最为重要的传播形式之一。于是，社会化网络媒体以独特的新媒体姿态，在互联网营销传播领域异军突起。

社会化网络媒体营销传播的实践总结论著当推 2010 年 Chris Brogan 撰写的"Social Media 101：Tactics and Tips to Develop Your Business Online"。病毒营销传播再次被社会化网络媒体作为营销的关键手段之一，而实名制带来的可信度提高，使得传播效果超越了以往任何互动传播形式。社会化网络媒体营销传播的关键是参与，消费者在一个自由创造、灵活应用分享传播品牌信息。共同创意（Creative Commons）让消费者可以在合理合法的宽松环境中，共享创意的乐趣、创造的氛围。"创意文化受到社会化网络媒体的极大鼓励，而共同创意使得我们的媒体传播平台更为多姿多彩。"①

① Chris Brogan, Social Media 101：Tactics and Tips to Develop Your Business Online, 2010, Wiley, PP46 -47.

社会化网络媒体的新形式“微博客”（Micro - Blogging，简称微博）诞生，因国外 Twitter 的走红，微博的概念迅速被认知。国内于 2006 年之后先后出现一些微博客网站，但直至 2009 年新浪微博诞生，才正式代表中国微博客时代到来。2010 年可以称为中国的微博元年，年内发生的所有大事小事，微博无一缺席，始终活跃在传播的第一线。而微博传播让参与其中的每一个人拥有自己的媒体，拥有自己的互动传播平台。微博又被称为“大众麦克风时代”，实现了让信息保持在正在发生的状态。生活正在发生，互动正在发生，营销传播也正在发生。

关于微博营销传播的形式国内外都有深入探讨。2010 年，Hollis Thomases 在“Twitter Marketing：An Hour a Day”全面阐述了微博营销的易操作性和无限潜力，并从反面为微博做了一个界定。“微博不只有网络接口，可以通过手机和其他移动设备接入；微博不是新型的 E - mail 或网络电话，微博无意取代现有的传播工具，而只想成为传播大家族的另一个工具；微博不是一种即时通信，虽然微博与即时通信有着同样的及时性，但其目的和功能截然不同；微博不是微化你的博客，虽然微博可以做发布博客的宣传链接，但这样使用微博只能被认为是一种浪费，微博需要独特的原创内容，否则谁会愿意读它呢；微博与隐私毫无关系，除非你关掉微博，否则你必须有思想准备被全然陌生的人阅读、反馈、转发；微博不是 Facebook、博客或其他社会化网络媒体的替代品，尽管微博可以毫不逊色地作为一个社会化网络媒体进行营销传播运作，它仍是一个有区别化的独立的工具；微博不是一种竞争，跟随者越多并不代表越权威、越专业、越有影响力，因为许多不同类型的人带着个人的目的寻找不同的信息，不要陷入人气竞争。”① 然而微博在营销传播上的应用却比其他社

① Hollis Thomases, Twitter Marketing: An Hour a Day, 2010, Sybex, PP9 - 10.

会化网络媒体走得更远，人气竞争也成为品牌利用微博进行互动网络营销传播的标志之一。这也从一个侧面说明互动网络营销传播的创新媒体应用和实践与理论以及预期的距离。正因为如此，才需要业界和学界不断地共同探索。

中国的微博的发展晚于欧美，2010 年被互动网络界认定为“微博元年”，微博在营销传播的应用方面深入广泛。学者刘东明为微博营销总结了十大操作模型，1. 品牌及产品曝光；2. 互动营销活动；3. 微柜台，电子商务及售后管理；4. 在线客户服务；5. CRM 顾客/用户关系管理；6. 硬广形式；7. 搜索引擎优化；8. 植入式营销；9. 舆情监测；10. 危机公关。[①] 从微博营销所涵盖的内容和形式看，某种意义上，微博营销是一种整合了多种互动网络营销传播形式的多层面立体化传播。微博已经成为品牌在互动网络平台上的营销传播新阵地。

3G 移动网络的姗姗来迟，让中国手机网络平台的应用一步到位。互联网的营销传播形态几乎一夜之间平移至手机终端。手机互动平台营销传播的研究重点则从关注移动传播平台的特殊性展开，许波的《3G 时代手机视频广告发展初探》[②]、黄建远的《3G 时代手机报的机遇与挑战》[③]、张向东的《手机：大互联网时代的核心终端》[④]、吴红晓的《手机媒体改变的移动新世界》[⑤]是中国业界和学界有代表性的研究论文。三大移动通信运营商

---

① 刘东明，《微博营销十大操作模型》，《广告大观》（综合版），2011 年第 1 期。第 86—87 页。

② 许波，《3G 时代手机视频广告发展初探》，《新闻爱好者》，2010 年第 12 期（下半月）。

③ 黄建远，《3G 时代手机报的机遇与挑战》，《当代传播》，2010 年第 6 期。

④ 张向东，《手机：大互联网时代的核心终端》，《传媒 Media》，2010 年第 12 期。

⑤ 吴红晓，《手机媒体改变的移动新世界》，《传媒 Media》，2010 年第 12 期。

3G 业务的全面启动，为互动网络营销传播的跨网络广告战役提供可能。

第三节　营销传播研究中消费者参与品牌创建理论

一、以消费者为中心衍生产品的共同设计创意

在商品社会，从厂家生产商品，到消费者购买并使用产品，获取产品的使用经验，并再次购买产品，构成“生产—购买—使用—再购买”的不断循环。生产厂家通过不同的渠道获得消费者反馈的使用体验，从而促进产品设计的更新换代，生产出更适合消费者使用需求的产品。在现代商品社会，这种以消费者为设计中心的生产理念越来越受到重视。消费者参与产品的设计，既是商家的愿望也是消费者的梦想，不断有厂家出于种种考虑以不同方式邀请消费者深入了解产品的生产设计过程并且参与到产品设计更新的过程中。然而在大众传播时代，无论是厂家获得消费者对产品的使用反馈意见和改进建议，还是消费者试图参与产品设计都缺乏有效的传播途径。

互联网的诞生彻底扫清了听取消费者意见帮助提高产品和服务的障碍。消费者可以轻易地深度参与产品的研发和设计的再创造过程。从他们对产品的使用体验出发，改进产品的缺陷以更贴近其自身需求。消费者能够参与产品的设计，从而产生一种与生产厂家共同创意的价值。从营销传播角度，消费者参与产品的设计不仅具有产品更新不断贴近市场需求的意义，同时更为消费者

忠诚于品牌奠定了基础。早在 1999 年，Ajit Kambil，G. Bruce Friesen and Arul Sundaram 就发表了题为“Co – creation：A new source of value”的文章，首次关注到消费者与品牌共同创意的价值。“以吸引消费者直接参与生产或销售为基础的共同创意，为生产—消费关系增加了全新的动力。换句话说，消费者能够参与到生产价值链的任意环节，某种意义上，生产者把消费者变成了‘雇员’。因此生产者必须学会如何激发消费者的共同创意价值的动力，同时也要学会管理整个过程得以成功实现的技术。”①这种共同创意被他们认定为品牌培养忠实用户和创造价值的重要手段。因为在互动网络时代，消费者受到多重诱惑，因而忠诚度受到全面挑战，消费者的忠诚度变成一个脆弱的概念。

Ajit Kambil 对于共同创意的定义基本上立足于产品设计和推广的物理过程，并且对实施共同创意过程中可能面临的困难，诸如隐私、法律、品牌、目标分歧等问题，做出了预期和分析，但其目标也仅停留在如何把共同创意的产品概念合理合法地实现出来。在 20 世纪末，Ajit Kambil 等能够提出共同创意的理念，虽然仅涉及产品层面的共同设计，但在倡导以消费者为中心的营销传播体系发展中具有开创性的意义。

到了 2003 年，有两个德国实战家 Christoph Berger 和 Frank T. Piller 站在实践的角度，发表的“Customers As Co – designers”一文把共同创意的理念应用到了 Adidas 产品设计创意层面，他们将这种消费者参与产品设计的个性化定制过程称为大众个性化定制（Mass Customisation）而区别于批量生产（Mass Production）。消费者可以根据自己的喜好最终实现产品的网上定制。

Adidas 在产品设计的共同创意方面走在了生产商的前列。

---

① Ajit Kambil，G. Bruce Friesen and Arul Sundaram，Co – creation：A new source of value，Outlook 1999，No. 2，P38.

"消费者一旦选择个性化的功能和舒适度，他们在最终设计之前可以试鞋。然后消费者自己设计色彩元素和选用自己喜欢的材料。客户可以创造一个特别的刺绣的字母组合在自创的鞋上。所有这些步骤，在一个设计框架下，消费者个人通过个人电脑的配置，实现个性化设计。该系统连接可视的设计结果，最终实现销售。"① 现在看来，通过互动网络平台实现产品的共同设计创意并实现销售并非难事，但在当时显然是一个创举。

二、品牌价值在消费者体验中的共同创意

广告营销传播的目的从促进产品销售到建立品牌经历了漫长的发展历程。品牌形象的建构在于可以与目标消费者建立长期而稳定的关系，其中品牌价值的认同是消费者认同品牌的关键因素。这是营销传播从以产品为中心的4P走向以消费者为中心的4C的标志。品牌核心价值是企业发展的远景，是品牌的"灵魂"，代表品牌的核心意义和承诺。大众传播时代的广告营销传播是通过广告策略，执行品牌长期的创意理念，并贯彻品牌核心价值。营销传播通过广告创意将品牌核心价值源源不断地传递给消费者。品牌的价值观有时能产生一种类似宗教的精神力量，吸引目标消费者的心灵依归。品牌核心价值因个性的突显而充满象征意味，聚合着一群生活理念和文化价值趋同的人。消费这一品牌就代表着精神上的共鸣和趣味上的相投。很多时候，认同和拥有某一品牌本身就蕴喻着一种精神或生活态度。品牌核心价值永恒地讲述着品牌与其忠诚的消费者之间关系的故事：它来源于品牌，与消费者的需求及生活息息相关；在消费者心目中，它独一

---

① Christoph Berger, Frank T. Piller, Customers As Co – designers, IEE Manufacturing Engineer, August/September 2003, P44.

无二的特征和绝对的竞争力，是一个生活中不可替代的角色；品牌核心价值不仅属于品牌现在，也指向未来，是一个恒久的概念；对于忠实的消费者，品牌价值就是自我价值，品牌个性就是自己的个性，失去它，生活就像是少了什么。

让消费者完全认同品牌价值，是以消费者为中心的营销传播的核心任务。传播者充分意识到消费者对于品牌各种层面的体验尤为重要。但在大众传播时代，无论是消费者关系管理还是让消费者体验品牌的核心价值都极其困难。企业与消费者沟通的思路与消费者真实的想法存在相当大的距离。从品牌角度，企业往往考虑的是客户关系管理、电话服务中心、企业网络、产品多样化、生产价格、技术、科学、设计和传播平台等，而消费者所关注的角度永远是与自身有关的，希望、梦想、启发、心灵的宁静、家庭、工作方式、生活方式、让步、需求、生活阶段、活动、社区、口碑等。当品牌和消费者无法在同一层面进行对话时，品牌价值与消费者价值就无法获得统一，消费者与品牌就无法建立起长期的情感上的忠诚关系。

互联网时代带来的不仅是产品层面的消费者参与产品的共同设计创意，更重要的是为品牌提供了一个企业和消费者真正实现对话的沟通平台。企业可以在品牌价值层面与目标消费者在品牌体验中实现共同创意。美国学者 C. K. Prahalad 和 Venkatram Ramaswamy 从 2002 年开始对消费者在品牌价值层面参与共同创意进行研究，在“The Co－creation Connection”一文中将从管理消费者体验到共同创意作为一种品牌管理的重要因素提出。他们站在营销传播主导的角度，提出建立一个品牌与消费者共同创意的模式，为品牌价值共建的大厦添砖加瓦。“我们认为共同创意价值的建构有四个组成部分。对话（Dialogue）确保价值链的每一步不仅停留在鼓励分享，更重要的是加强加深企业与消费者的理解，它同样给消费者提供更多的机会为共同创意的过程注入自身的价值观。通路（Access），简单地说就是，打破消费者只能通过拥有产品才能体验品牌的这样的唯一途径。除了拥有产品，还可以多种渠道接触消费者的方式来实现价值的分享。企业可以将自己的商业经营观点用来创造良好的消费者体验。降低风险（Risk Reduction），即假设消费者与企业共同创意价值，消费者必须要求获取更多的企业信息，这会带来商品和服务的风险，但企业必须承担并管理这些风险。透明度（Transparency），信息的透明度是企业和消费者个人之间建立信任的必要条件。”①C. K. Prahalad 和 Venkatram Ramaswamy 从理论层面预测，这四点的共同作用是构建消费者和品牌共同创意品牌价值的合力，缺一不可。对于企业管理者，要学会从效率管理向消费者体验管理转变，要懂得在与消费者交换价值的过程中掌握共同创意的艺术。

C. K. Prahalad 和 Venkatram Ramaswamy 对于从品牌角度如何实现与消费者共同创意的理论研究，为品牌价值共建的实践提供了理论基础。而其后他们对于品牌价值创造的进一步研究则依据互动网络平台可以实现的特征，诸如更为广义的信息接入口、国际视野、网络化社区操作以及消费者可以实验性地参与共同创意，为消费者参与品牌价值的共同创意提供了框架构想（如图10）②。

---

① C. K. Prahalad, Venkatram Ramaswamy, The Co – creation Connection, Strategy + Business Issue 27, 2002, P9.

② C. K. Prahalad, Venkatram Ramaswamy, Co – creating Unique Value with Customers, Strategy & Leadership, Vol32 No. 3, 2004, P5.

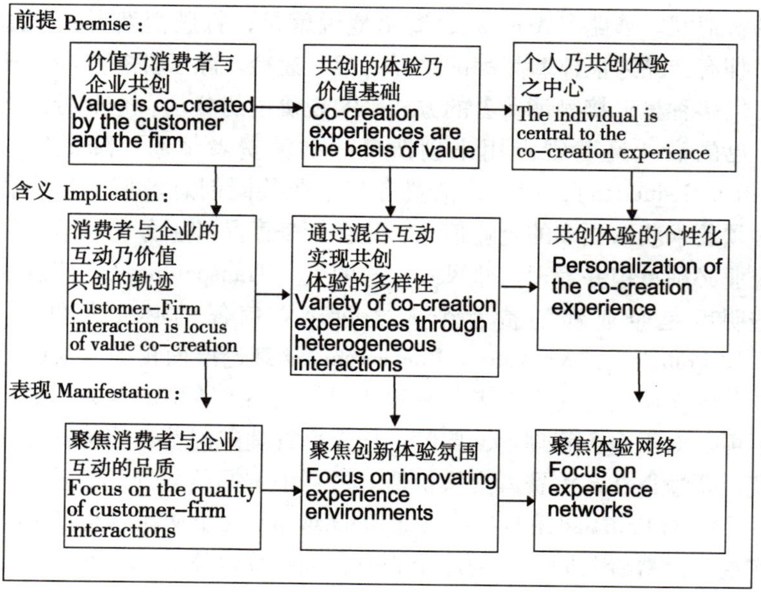

图 10　价值创意的新架构

这一框架的提出不仅从理论上为消费者参与品牌共同创意提供了进一步的依据，而且在实践应用上提供了可执行的构想。基于两年前其在“The Co－creation Connection”一文中提出的共同创意价值的建构有四个基本组成部分——对话、通路、降低风险和透明度，C. K. Prahalad 和 Venkatram Ramaswamy 进行了重新组合，在应用层面更好地实现与消费者共同创意品牌的独特价值。这种组合可以分为四种：“通路和透明度，合并此两项因素可强化对已知信息的选择性……对话与风险评估，合并此两项因素可强化品牌和消费者双方对所面临的公共或隐私政策的甄辨能力……通路和对话，合并此两项因素可强化发展和维护主题社区的能力……透明度和风险评估，合并此两项因素可强化共同发展的信任度的能力。”[①] C. K. Prahalad 和 Venkatram Ramaswamy 给出了消费者与品牌共创品牌的核心价值的执行框架和建构关键，而且从技术上在互动网络平台上可以完全执行，但由于消费者与品牌共创品牌的核心价值彻底改变了传统的企业和消费者的关系，这一理论在实际操作时遇到观念上的很多障碍，因此，真正地实现与消费者共创品牌核心价值路漫漫其修远兮。

三、从服务主导模式到共同创意的管理

服务营销理论的引进为消费者与品牌的共同创意注入了更加理性的血液。服务营销是以通过获得客户满意度和忠诚度来最终实现营销传播的目标和实现企业品牌资产的增值的。其中对于消费者忠诚度的关注是服务营销的核心理念。现如今凭借立体化的多元传播平台，企业可以通过多种营销传播形式建立品牌与消费者之间的忠诚度机制。Christopher Lovelock 和 Jochen Wirtz 在“Services Marketing - People, Technology, Strategy”中将企业与消费者关系的营销传播分为交易营销（Transactional Marketing）、关系营销（Relationship Marketing）、数据库营销（Database Marketing）、互动营销（Interaction Marketing）、网络营销（Network Marketing）。[②] 企业需要在整个服务过程中建立系统的与消费者沟通的机制。

在现代服务营销中，消费者与企业的关系因多种原因变得更为紧密，“现代顾客不仅需要了解信息、接触人员，常常还要作

① C. K. Prahalad, Venkatram Ramaswamy, *Co - creating Unique Value with Customers*, Strategy & Leadership, Vol32 No. 3, 2004, P8.

② Christopher Lovelock, Jochen Wirtz, *Services Marketing - People, Technology, Strategy*, Seventh Edition, 2010, Prentice Hall, PP320 - 322.

为整个营销过程中的一个积极主动因素去参与产品的设计、制造、运送等活动，这一点充分体现了现代顾客个性化服务双向互动的特性。顾客了解的产品信息越详细，他们对自己需要什么样的产品也就越清楚。公司要实现个性化的顾客服务，应将它的主要顾客的需求，作为产品定位的依据纳入产品的设计、制造和改进的过程。"① 互动网络传播平台的建立和完善让品牌与消费者的多渠道全面接触变得轻而易举。

服务的概念也在不断地被赋予新的内涵，美国得克萨斯大学营销管理学教授、美国营销协会主席 Robert F. Lusch 和马里兰大学营销管理学教授 Stephen L. Vargo 于 2004 年首次提出了服务主导模式（The Service – Dominant Logic，简称 SDL），② 打破了营销传播的传统的商品主导模式，认为只有服务主导模式才能真正地实现现代营销传播所倡导的消费者中心论，以一种全新的以服务为主导的理念贯穿整个营销传播体系。服务主导模式的提出在全球营销学界引起了很大反响，相关研究不断跟进。2006 年，Robert F. Lusch 和 Stephen L. Vargo 编著的"The Service – Dominant Logic of Marketing"③ 收集了 30 多篇论文，其中从共同生产、共同创意、共同协作等层面论述的有 6 篇，服务主导模式不仅将品牌的共同创意作为营销传播的重要组成部分，还利用服务主导模式理论对传统营销传播组合进行了逐个反思（如表 1）④。

---

① 叶万春主编，《服务营销学》，高等教育出版社，2001 年，第 313 页。

② Stephen L. Vargo, Robert F. Lusch, *Evolving to a New Dominant Logic for Marketing*, The Journal of Marketing, Vol. 68, No. 1 (Jan., 2004), PP1 – 17.

③ Robert F. Lusch, Stephen L. Vargo (ed), *The Service – Dominant Logic of Marketing*, 2006, M. E. Sharpe, Inc.

④ Robert F. Lusch, Stephen L. Vargo (ed), The Service – Dominant Logic of Marketing, 2006, M. E. Sharpe, Inc, P408.

表1　传统营销传播组合与服务主导模式对比

传统营销组合（重战术）	服务主导模式（重战略）
产品	共创服务
价格	共创主题价值
促销	共创对话
渠道推广（地点）	共创价值体系和网络

共同创意成为营销传播各个环节的主题词。而其中互动网络平台则成为研究共同创意的技术基础，“在讨论管理共同创意价值的同时，也有利于讨论网络的创意本质价值”①。

在跟进的研究中，Robert F. Lusch 和 Stephen L. Vargo 走得更远。他们从体系化角度重新定义了服务，并将服务主导模式泛化为一般性的理论概念，推广到社会生活的各个领域。“一个服务体系代表任何价值共创结构中的人、技术、与内外部服务体系相关联的价值议题以及信息分享（诸如语言、法律和措施）。最小的服务体系就是个人，在于人与人之间的交往；最庞大的服务体系包括全球经济。城市、城市部门，企业、企业部门，国家和国家机构也是服务体系。”②在 Robert F. Lusch 和 Stephen L. Vargo 的研究中，服务主导模式变成了服务生态系统，他们于 2010 年 1 月在瑞士召开的服务前沿论坛上发表了“The Service Ecosystem”的演讲，针对互动网络平台的 Web2.0 时代，对消费者参与共同

① Stephen L. Vargo & Robert F. Lusch, Service – dominant logic: continuing the evolution, J. of the Acad. Mark. Sci.（2008）36：1 – 10，P3.

② Stephen L. Vargo & Robert F. Lusch, Service – dominant logic: continuing the evolution, J. of the Acad. Mark. Sci.（2008）36：1 – 10，P5.

创意、资源整合等变化的互动传播平台，与 Web1.0 时代营销传播对比分析做出了以下结论（如表 2）①。

表 2 Web1.0 与 Web2.0 的营销传播对比

Web1.0	Web2.0
对消费者说	与消费者对话
消费者是被动的	消费者正在体验
消费者定位内容	为消费者提供服务
发布信息	消费者主动参与
标准化的大众信息制造	定制的及相关的信息交换
销售者控制	生态系统控制

在研究中，Robert F. Lusch 和 Stephen L. Vargo 引用物理学中的相变理论，把互动网络传播平台的共同创意现象最终演绎为从相变到生态系统的过程。对企业来说，原来以产品为中心的推动营销传播转变为以服务为中心的拉动营销传播（如表 3）②。

① Robert F. Lusch, Stephen L. Vargo, The Service Ecosystem, 19th Annual Frontiers in Service Conference, Karlstad, Sweden, June 11 - 13, 2010.

② Robert F. Lusch, Stephen L. Vargo, The Service Ecosystem, 19th Annual Frontiers in Service Conference, Karlstad, Sweden, June 11 - 13, 2010.

表 3　企业在品牌共创中的角色转变

从相变到生态系统：企业的角色转变	
推动营销传播	拉动营销传播
官僚式	学习式
厂家生产	共同创意平台
研发实验室	创新平台
营销渠道	整合平台

关于品牌价值共同创意的管理研究为品牌共创的真正实施提供了框架，Adrian F. Payne、Kaj Stobacks 和 Pennie Frow 在 2008 年发表的题为"Managing the Co – creation of Value"的论文从管理层面对消费者参与品牌共同创意进行了探讨，提出品牌价值共创的概念框架包括三个部分：除了消费者价值创造过程和企业自身品牌价值创造过程之外，还应该包括消费者与企业对话互动的过程，他们称之为"相遇过程"（Encounter processes）。这种过程和实践互动以及交流发生在消费者与企业之间的合作关系中，而这种关系需要管理，才能为共同创意提供更多的机会。他们把消费者—品牌价值共创的概念框架归纳为一种动态的、交互的循环系统（如图 11）①。而其中"相遇过程"的空间和可能发生的交互关系是具有管理弹性的。最终共同创意的结果取决于企业管理者对"相遇过程"的把控，这便是管理共同创意的关键。

① Adrian F. Payne, Kaj Stobacks and Pennie Frow, Managing the Co – creation of Value, J. of the Acad. Mark. Sci (2008) 36: 83 – 96, P86.

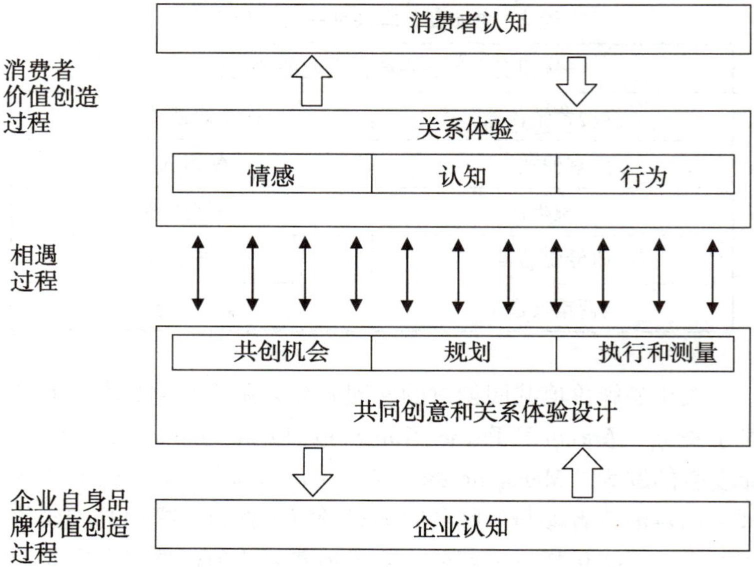

图 11　企业与消费者品牌共创的“相遇过程”

美国约克大学的三位教授 Detlev Zwick、Samuel K. Bonsu 和 Aron Darmody 将共同创意与新型的“营销传播治理”相提并论。他们在“Putting Consumers to Work：‘Co – Creation’ and New Marketing Govern – mentality”中指出，如何调动消费者的积极性和参与度是管理品牌价值共同创意的关键。他们认为开发消费者劳动的创意和价值形态是共同创意这一概念最有价值之处。而对于企业而言，这完全是超于营销传播的管理技术，与品牌管理有异曲同工之妙。“消费者共创价值的范式作为一种价值生产和消费者管理，类似于生产和品牌管理，从而代表一种融合了社会传播和社会生产的重要例证。”[①]他们运用新马克思主义的经济学理论来评价消费者价值共创过程，实际上是品牌利用了消费者因对品牌的热爱和忠诚而引发的参与品牌共同创意的兴趣，剥削了无偿的消费者劳动。

由消费者提供内容的这些 Web2.0 时代的典型产品，诸如视频网站、社会化网络媒体、博客，都是对消费者劳动的剥削。“现如今最聪明的市场营销传播者，通过企业授权管理那些恭谦地邀请来的免费的来自消费者的共同创意者，在两厢情愿的和谐状态下，他们通过数字营销传播平台，全球化地统治着营销传播价值。”[②]从资本社会的经济学角度，共同创造或许是一种对消费者劳动的剥削，但消费者参与品牌共同创意所可能获得的乐趣和创意的自由却是数字时代的特征性产物。

---

① Detlev Zwick, Samuel K. Bonsu, Aron Darmody, Putting Consumers to Work: ‘Co – Creation’ and New Marketing Govern – mentality, Forthcoming 2008 in the Journal of Consumer Culture, 8 (2), P20.

② Detlev Zwick, Samuel K. Bonsu, Aron Darmody, Putting Consumers to Work: ‘Co – Creation’ and New Marketing Govern – mentality, Forthcoming 2008 in the Journal of Consumer Culture, 8 (2), PP30 – 31.

第三章 研究方法

本书的文献梳理为研究的深入开展奠定了基础。现代广告的历史并不很长，全球范围内以第一次世界大战后作为起点，第二次世界大战后得以成熟发展；中国由于特殊历史原因，导致我们的现代广告迅猛发展在1979年之后的三十多年。研究方向确定后，笔者意识到，对于互动网络平台的研究，无论是传播要素的改变、服务模式的改变，还是经营模式的改变都必须站在历史的发展进程中，对各种因素进行对比分析。因此，对广告营销传播领域涉及的各要素——广告主、广告人、媒体人和消费者的定性研究也必须站在历史和比较的高度。这就决定了本研究必然将历史/比较分析法作为贯穿整个研究的重要方法。本章对历史/比较分析法和定性研究的方法进行阐释。

第一节 历史/比较分析法

一、为何选用历史/比较分析法

简而言之，历史/比较分析法就是“研究社会（或者其他社会单位）的历时变化，并对不同的社会进行比较的方法"①。许多社会学家、政治学家及其他社会科学家都对该方法有所应用。社会学的奠基人孔德视这门新学科（历史/比较分析法）为思想发展史的最后阶段。"在他用宏大的笔法描绘的进化图景中，人们是从对宗教的信任转到形而上学再到科学阶段的。而科学则是从生物学及其他自然科学出发，发展到心理学，最后才发展到科学社会学。"② 许多后来的社会科学家也将注意力放在广泛的历史过程上，"很多人考察社会形式的历史发展，从最简单的到最复杂的，从乡村（农业社会）到都市（工业社会）"③。比如马克思就用该方法考察了经济系统的历史性进步，从原始到封建再到资本主义，提出了经济决定论的观点。

要对一个社会单位或现象进行分析，首先把它的来龙去脉了解清楚，然后把其各个历史时期的发展状况还原到它所处的社会历史环境中进行考量，再把不同时期的变化加以分析得出结论。这在笔者看来亦是一种非常重要且科学的研究社会问题的方法，唯有这样才能得出完善和相对正确的结论。当笔者开始研究互动网络环境下营销创意传播这一问题的时候，就注意运用历史/比较分析法来指导自己的研究。归根结底，本书要探索的是互动网络传播平台中广告服务模式和经营模式的变迁，首先，毋庸置疑，广告产业是一个社会单位，其次，必须梳理历史才能比较，才有变迁可谈。

"营销创意传播"这一概念是随着现代广告的发展而发展起

---

① ［美］艾尔·巴比著，邱泽奇译，《社会研究方法》，华夏出版社，2005 年 6 月第 1 版，第 330 页。

② ［美］艾尔·巴比著，邱泽奇译，《社会研究方法》，华夏出版社，2005 年 6 月第 1 版，第 325 页。

③ ［美］艾尔·巴比著，邱泽奇译，《社会研究方法》，华夏出版社，2005 年 6 月第 1 版，第 325 页。

来的，现代意义上的广告公司经历了从广告代理公司、广告传播集团到互动网络传播公司和创意传播管理公司这样一个发展变化过程（需要注意的是他们之间不是后者替代前者关系，而是随着时间的发展呈现出更加多样化的趋势），其服务模式和经营模式也处于不断的发展变化中。本研究要做的就是从历史的角度梳理这一系列变化，找寻其发展趋势。

二、历史/比较分析法的资源

“可供历史研究使用的资料是无穷的”①，本研究运用了文献法、深度访问法等研究方法来获取研究所需资料。

在确定了研究方向之后，笔者就利用北京大学图书馆和美国西北大学图书馆的图书资源阅读了大量国内外研究广告产业的服务模式与经营模式、互动网络、创意传播管理、品牌共同创意和传播效果的书籍和论文；同时开始有针对性地通过互联网搜集介绍各国互动网络发展现状的资料，为本研究收集、整理了大量的文献和理论资料。

笔者针对此次研究的主题进行了大量相关文献的阅读，本书从历史发展的角度，梳理了现代广告营销传播模式从大众传播模式发展而来的脉络，重点梳理了现代广告营销传播的理论发展阶段及主要理论，同时梳理了广告效果模式的变迁；继而对互动网络传播环境下营销传播的理论研究现状作了比较全面的梳理，作为本书研究的起点。其中，本书对研究中提出的一个重要观点“协同创意”作了重点的研究追溯。广告营销传播的最终目标是

① ［美］艾尔·巴比著，邱泽奇译，《社会研究方法》，华夏出版社，2005 年 6 月第 1 版，第 326 页。

建立品牌忠诚度，达到“至爱品牌”① 的境界，在互动网络传播环境下，消费者对品牌表现出的忠诚可能转化为参与品牌建构的互动共创活动，“共同创意”（co - creation）在互动网络营销传播中占据越来越重要的地位，而传播管理正在逐渐成为广告公司的日常工作。

笔者用以上文献研究的结论作为定性访谈的主要观察角度，研究在互动网络营销传播环境中广告服务模式和经营模式的变化。其中，“人”是建立一切认识的核心，广告主对互动网络平台的态度、广告从业人员对互动网络平台的运用及其人员整体结构的变化、传播平台的特点导致互动媒体人在营销传播中的参与变化，以及消费者在广告营销传播过程中从被动接受到主动参与等都是笔者需要深入了解的。因此，笔者有针对性地选取了一些广告主、广告人、互动媒体人和消费者进行深度访问，以期得到第一手的资料，建立更全面深刻的认识。笔者将在下一节重点介绍定性深访的方法及访问提纲。

巴比在谈到历史/比较分析法的分析技术时指出：“韦伯使用了‘理解’来指涉一种以质为本的社会研究法。他指出研究者必须能设身处地地思考被研究者的观点和感觉，以便能适当地解释他们的行动。”② 对此笔者深有体会。由于笔者有着近二十年的广告从业经历，对现代广告最近二十年来的发展有身临其境的体会，对广告公司、广告主和广告媒体的特殊行业用语都非常熟悉，因此访谈进行得相对顺利，看问题也相对清楚。

巴比在其《社会研究方法》一书中提到：“历史/比较研究

① ［美］凯文·罗伯茨（Kevin Roberts）著，丁俊杰等译，《至爱品牌》，中国人民大学出版社，2005 年。

② ［美］艾尔·巴比著，邱泽奇译，《社会研究方法》，华夏出版社，2005 年 6 月第 1 版，第 328 页。

者必须从大量详细描述研究议题的作品中发现模式。通常我们用韦伯称之为‘理想型’（ideal type）——即由社会现象的本质特征所组成的概念模型——的形式来称呼它。”① 笔者通过大量的资料分析、访谈也得出了互动网络平台中广告产业的服务模式和经营模式的理想型。

第二节　定性资料收集——抽样及访谈

本研究首先采取非概率性抽样中的“判断式抽样法”和“滚雪球抽样法”结合来确定受访对象，然后采用定性研究的深度访问法对受访对象进行访谈以获得相关资料。

一、抽样方法——非概率抽样

巴比在其《社会研究方法》一书中提出：“在社会研究中当遇到无法选择概率样本……即便有可能进行概率抽样，有时却也并不恰当。在这种情形下，就该采用非概率抽样了。”② 本书的研究目的是探索互动网络传播营销平台中广告服务模式和经营模式的变迁，笔者将广告主、广告人、媒体人和消费者这四个广告营销传播相关领域的核心要素作为研究对象，面对的访谈对象是大规模无规律可循的。因此笔者采取了“判断式抽样法”和“滚雪球抽样”相结合的方法来确定受访对象。判断式抽样“选

① ［美］艾尔·巴比著，邱泽奇译，《社会研究方法》，华夏出版社，2005 年 6 月第 1 版，第 329 页。

② ［美］艾尔·巴比著，邱泽奇译，《社会研究方法》，华夏出版社，2005 年 6 月第 1 版，第 177 页。

择对象的方式是以个人的判断（对象是否最有效或者最有代表性）为基础的"[①]，"滚雪球抽样"即"每个被访问的人都可能被要求介绍其他的人来参与访谈"[②]。

笔者在访谈前期做了较为充分的准备，阅读了相关的文献资料：对广告主、广告公司、互动网络平台和网络使用者的发展及现状有了较为清晰的认识，并对现代广告发展过程中经历的服务模式和经营模式做了完整梳理。再加上笔者有着近二十年的广告从业经历，对广告领域有着较为深刻的认识，因此，能较好地判断出最有代表性和最有效的访谈对象。另外，为了获取更加全面的访谈对象，笔者还配合使用了"滚雪球抽样"的研究方法，在对每一个人进行访谈的时候基本都要求他介绍其他的人来参与访谈。笔者再在受访者建议的名单中进行进一步谨慎的筛选和确定。笔者用了两年半的时间对中国、美国、日本和韩国四个国家的 87 人进行了访谈，其中重点的深访对象有 55 人，包括广告主 9 人，广告人 26 人，互动媒体人 8 人，消费者 12 人，收获颇丰。

1. 针对广告人

笔者共选择了来自不同背景的广告营销传播行业专业公司的 36 位（国内 19 人，国外 17 人）广告人进行了访谈，他们都是横跨了传统广告产业和互动网络营销产业具有代表性的有着丰富的营销传播实战经验的广告人。这些访谈对象来自中国、日本、韩国和美国，他们的工作领域覆盖了国际全服务广告营销传播公司、国内全服务广告营销传播公司、国际专业互动网络营销创意

① ［美］艾尔·巴比著，邱泽奇译，《社会研究方法》，华夏出版社，2005 年 6 月第 1 版，第 178 页。

② ［美］艾尔·巴比著，邱泽奇译，《社会研究方法》，华夏出版社，2005 年 6 月第 1 版，第 178 页。

传播公司、国内专业互动网络营销创意传播公司和其他专项营销创意传播服务公司，他们是首席运营官、执行总裁、副总裁、策略总监、客户总监和创意总监等资深广告人。

被访者至少拥有三年以上互动网络广告传播经验，其中九成以上的广告人拥有十年或十年以上广告传播经验，四成以上拥有近十年互动网络营销传播的经验，可以说他们是与互动网络营销传播平台共同成长的广告人。虽然这些人可能无法代表互动营销传播时代所有广告从业人员的想法，但应该可以满足一般性比较的需要。

2. 针对广告主

笔者共选择了16位（国内8人，国外8人）拥有互动网络平台传播经验的企业市场营销专业人员作为受访对象。国内的8位访谈对象是来自不同行业、不同背景的企业市场部门的资深市场人，同时具有传统营销传播和互联网营销传播运作经验，覆盖到中外合资公司、国内大型企业以及国内民营企业；国外的8位访谈对象是来自日本、韩国和美国的不同行业、不同背景的企业市场部门的资深市场人，同时具有传统营销传播和互联网营销传播运作经验，覆盖到跨国公司、本国大型企业以及中型区域性企业；被访者至少拥有五年以上市场营销经验和三年以上互联网营销传播经验，属于走在市场前列的实际作战的市场营销人。虽然这些人可能无法代表所有企业对互动网络营销传播的态度，但应该可以满足一般性比较的需要。

3. 针对互动媒体人

笔者共选择了15位（国内9人，国外6人）互动网络媒体营销传播经营人员作为访谈对象。这15位访谈对象具有丰富的互动网络营销传播运作经验，他们来自不同性质和不同规模的互动网络平台，包括搜索引擎、门户网站以及专项服务网站。被访者至少拥有三年以上互动网络媒体营销传播经验，是走在互动网络媒体传播风口浪尖的实际作战的媒体营销人。虽然这些人可能无法代表所有互动网络媒体营销传播媒体人的思路，但应该可以满足一般性比较的需要。

4. 针对消费者

笔者共选择了20位（国内12人，国外8人）消费者作为访谈对象。笔者依据受教育程度、职业、收入、性别、年龄、婚姻状况等选择出具有代表性的、经常上网的20位消费者作为访谈对象。其中有2/3是面访，另外的1/3由于时间和地点的关系，笔者利用即时通讯工具对他们进行了在线访谈，让消费者不设限地自由发表他们对互动网络营销传播的态度。虽然这些人可能无法代表在互动网络营销传播时代所有消费者对广告营销传播的看法，但应该可以满足一般消费者对于互动网络广告传播的基本描述。

由于这种方法产生的样本代表性可疑，它通常用于探索性研究，这和笔者的研究目的是吻合的。同样的，因为抽样方法的限制，这部分的研究结果显然不能进行过度的推论，但却可以让笔者在有限的时间内，对互动营销传播环境中品牌、广告公司、互动媒体和消费者的状况有基本的把握。

二、定性访谈——深度访问法

笔者采用了无结构式访问中的深度访问法，以面访、电话访问和网络访问等形式对挑选出来的受访者进行了访谈。无结构式访问又称非标准化访问，“它事先不制定统一的问卷、表格和访问程序，而是只给访问者一个题目，由访问者和被访问者就这个题目自由交谈”①。根据研究目的的需要，深度访问可以设置为半结构式访问，“深度访问又称临床式访问，它是为搜寻特定经验及其行为动机的主观资料所做的访问……要有重点地提出问题，是一种半结构式访问。深度访问松散而随意，调查者可以随时随地进行插话，探索问题的原因”②。

由于笔者在研究中针对不同背景的被访者有着不同的研究重点，而且访谈重在探索其态度、意见、感情和动机，本研究有着很明确的研究目的，笔者不希望被访者漫无目的地发挥，希望不同问题得到不同层面的回答，因此本研究事先设立了访谈提纲，使本次定性访谈研究以半结构式访问的深度访问法执行深度访问，这种方法最适合对某一问题进行深入发掘，“这个问题一般不会轻易暴露，或者不被一般大众所知，就应该用这种方法进行深挖和了解”。③

根据以上抽样，针对广告主、广告人、互动媒体人和消费者，笔者进行了历时两年半的深度访问和分析研究，获得了较为丰富、直接的研究和对比资料。

笔者的访谈原则是：不预设立场、不限制受访者的发言，期待能发现更多的观察角度。访谈提纲并非采用一问一答或依序询问方式，仅供笔者理清思路，提问时做到有的放矢。在实际访问的过程中笔者会依据实际状况，调整问题次序或扩大问题效度，以尽可能多地获得符合本研究所需的资料。

---

① 刘德寰主编，《现代市场研究》，高等教育出版社，2005 年 6 月第一版，第 118 页。

② 刘德寰主编，《现代市场研究》，高等教育出版社，2005 年 6 月第一版，第 119页。

③ 刘德寰主编，《现代市场研究》，高等教育出版社，2005 年 6 月第一版，第 121页。

事实上，在访谈过程中，接受笔者深度访问的每一位被访者对访谈大纲所涉及问题都有不同的回答，因此，笔者追问的方向也各有不同，这在以下的研究分析中将有所体现。

第四章　广告营销传播活动中各要素的变化

随着互动网络平台的发展，广告营销传播总体也发生了深远的有目共睹的变化。本书从对广告主、广告人、媒体人和消费者——即构成广告营销传播的四个主要元素的深度访问入手进行研究，这四个元素无论是在大众传播时代还是在互动营销传播时代都是营销传播的主要构成。研究发现，首先发生变化的是人。在互动网络营销传播时代，他们各自参与广告营销传播的方式较之大众传播时代发生了巨大变化。因此本章将选取构成广告营销传播的四大要素来进行研究，分别对四者在互动营销传播中的变化和状态进行阐述和分析。

第一节　广告主在互动营销中的角色

一、“全程”参与与随时反应

现代广告是大众传播发展的产物，广告主是信息的发布者和传递者，在整个广告运作流程中，广告主通过广告公司向消费者发布并传递品牌信息。广告主既是信息的发送主体（最终是广告主决定向受众传递什么信息），同时也是信息传递的监督者

(广告主要监督广告公司是否把信息传达给了目标消费者并关注其传播效果)。也就是说在大众传播时代，广告主的作用在于：决定传递信息的内容，监督广告代理公司贯彻执行信息传递任务并通过第三方调研审查广告传播效果。而在互动网络传播时代，广告主的作用发生了很大变化，他们除了决定广告策略和广告信息的内容，还必须“全程”参与广告传播的执行，必须对互动网络传播平台的信息反馈做出实时的反应，具体体现在以下几点：

1. 在互动网络营销传播时代，广告主必须承担更多的责任

本次作为研究访谈对象的国内外来自广告主的市场营销人员共 17 人，涉及日用品、食品、餐饮、啤酒、数码电子产品、城市形象、航空、通信运营商、化妆品、奢侈品等多种品类。无论是国内的还是国外的广告主，当被问及传统营销传播与互动网络营销传播的差异时，被访者几乎都认为，互动网络营销传播时代对市场营销人员的要求更加严格，他们必须不断地学习新的知识，紧盯市场潮流，关注最新的营销传播形态，否则便会面临自然淘汰。

笔者在访谈中关注到，广告主面对互动网络营销传播平台感受到很强的紧迫感。

这一两年对市场营销人来讲是一个更新换代的时刻。[①]

大部分的传统营销是利用传统媒体，如电视、户外、平面、零售店广告，这些形式对从业人员把握目标消费者的要求并不高，但是新媒体的出现，尤其是互联网营销成为整合各个媒体的

① 笔者 2009 年 3 月对时任中国移动通信市场部部长赵芳的访谈。

润滑剂的现在，各方面对市场营销传播人员的水平要求都越来越高。[①]

中国网民的参与度、热情度、活跃度、表现力与其他国家相比都更胜一筹。如此一来，我们不了解用户的需求，不投其所好，便不会得到任何回音。这就要求从业人员要了解最新的网络新事物，明白什么是潮流，什么是老土。[②]

中国新媒体发展速度快，营销人的更新换代会在这一两年加快进行，过去的营销思路在今后的一两年一定会被淘汰。[③]

与消费者沟通的市场销售人员用消费者不能够接受的腔调或是用落后于消费者的思想的方式跟消费者沟通，再怎么做，他们都觉得这个品牌不酷。新媒体营销对传统的营销人的挑战是很大的。[④]

Nike、百事、可口可乐都是我们的竞争对手，现在做市场的我们不仅仅是卖产品品类，而是卖品牌，各种品类的品牌都是我们的竞争对手。要做出老板喜欢、用户买账的营销方案，需要不断地学习、学习。[⑤]

由于互动网络平台的信息传播所呈现的特征颠覆了大众传播媒体，传统营销人所熟悉的程式化的操作流程受到了全面挑战，他们要随时关注品牌在互动网络传播平台上的表现而且要依据互动网络传播平台的特征，关注从制定营销策略到传播执行，乃至

---

① 笔者2010年5月对时任美国Goose Island啤酒公司副总裁Marty Kohr的访谈。

② 笔者2010年10月对时任中粮创新食品总经理赵平原的访谈。

③ 笔者2009年12月对时任希杰集团中国本部总裁朴根太的访谈。

④ 笔者2010年4月对时任美国芝加哥城市形象公司特别项目总监Ivy Hall的访谈。

⑤ 笔者2009年5月对时任诺基亚大中国区市场总监杨伟东的访谈。

长期的网络影响。

陈刚教授将互动网络平台的传播特征归纳为以下四点。

（1）复合型传播，即从传播形态上看，新的传播技术引发的最大变化，就是能够在新的平台上把传统大众媒体的各种媒体类型综合起来；

（2）全员型传播，即从传播者的角度，所有的人都可以成为传播的主体。任何网络的使用者都可以在网络平台上发布信息、言论等各种内容进行交流；

（3）无边界传播，即从空间上看，在新媒体的平台上，所发布的每个内容理论上都是可以面对全球所有的网络使用者的；

（4）固时化的传播，即从时间上看，信息的组织方式超越了原有大众传播的时间性媒体和空间性媒体的对立，而使所有的信息被固化。新媒体从理论上消除了大众传播中信息组织方式的时间性，所有的信息都被固化在新媒体的平台上。用户如果想要了解某一信息的所有内容，都可以在新媒体中即时性地检索、观看。①

对于熟悉以目标市场为传播基础的传统营销人来说，他们必须跨越互动网络平台的传播特征，更紧密地关注更大范围内的消费者在互动网络平台上的表现，吸引消费者参与其中。同时由于消费者参与的可能性越来越大，而且他们随时都能成为新的传播的发起者和传播的主体。所以在这种情况下，品牌的危机公关需求和遭遇越来越多，广告主的市场营销人员必须随时关注市场动态，随时关注网络对品牌信息的反馈，随时应对品牌问题的发生。

---

① 陈刚，《新媒体传播的特点及对营销传播的影响》，《国际广告》，2006 年第10期。

网络是没有所谓的地域限制的，只要能够连线就都能看得到。就像我们说的李小龙病毒营销的案例，它们后来也被放在YouTube上面，即便不懂中文，也可以从影像上看到，这是网络的特性。①

谁都在做网络营销，都在抢眼球，在这么多品牌竞争中，我怎么才能抢到眼球，在彻底的买方市场中与不同品类的商家抢占市场份额，是很大的挑战。②

我鼓励我的团队找到鲜活的营销案例，自己去体验，自己去看，自己去了解消费者，用消费者调查做做PPT的日子一去不复返了。③

2. 随时变化的营销传播策略

在大众传播时代，广告主的市场营销人员通常在前一年的下半年就制订完成下一年的全年营销计划，而广告公司的策略人员会根据广告主的营销思路，提出与之相适应的全年传播策略。广告公司根据全年的传播策略执行相关的具体的主题广告的发布或季节性促销。而在互动网络营销传播时代，市场营销人员会更多地关注品牌和产品信息在互动网络平台上的传播，传播主题随时都可能被消费者关注、随时会有褒贬不一的反馈意见，因此，广告主的营销人员和广告公司的执行人员要根据消费者的反应随时调整传播策略。对于一些负面反应，要随时决定是否停止传播，改变传播主题，或者是采取其他控制不利因素的手段。因此，在互动网络营销传播时代，广告主必须“全程”参与到广告营销

① 笔者2009年5月对时任诺基亚大中国区市场总监杨伟东的访谈。

② 笔者2010年8月对时任韩国三星电子公司总部资深总监Sung - Soon Hwang的访谈。

③ 笔者2011年2月对时任宝洁中国品牌建设采购总监钟智驹的访谈。

传播的作业流程中来，对消费者反馈的信息做出随时反应，而难以保持大众传播时代传播主题的相对长久性和一致性。

新媒体出现前的市场，我们的做法比较简单，拍个广告放在那儿就完事了，大家看到以后想买就买，这是店招式的广告，是被动式的广告，不管消费者，放在人多的地方，能被人看到就行了。现在不行，现在我们必须知道目标消费者去哪些网站，在网站上干什么，喜欢怎样的参与方式，参与之后会留下什么，参与者中有多少人会购买。要求整个沟通路径对消费者的追踪程度不断加深，从“店招”营销变成“贴身”营销，这是追踪式的营销方式。①

现在的竞争环境更加恶劣，我们的广告投放有时候就像一场战争。比起关心竞争品牌在做什么，我们更多时候是在关心消费者对我们的反应。对于一些危机的处理，比以往任何时候都来得紧迫。②

3. 广告主和广告人起点相同

这是一个大家都需要学习的时代。在大众传播时代，广告公司拥有的是专业广告从业人员，从传播策略到创意执行到媒体购买形成专业的服务体系，最终提供给广告主的是专业传播服务。但现如今大家都是学生，依然在不断变化的互动网络平台需要将营销传播的经验与不断更新的新型媒体相结合，与品牌的核心价值和产品特征相结合。笔者在研究过程中发现，无论是广告主还是广告人都必须处于学习状态，才能使自身不至落后于行业发展潮流。同时，由于广告主更关注和了解自己的产品和品牌，对互

① 笔者2008年12月对时任李宁有限公司部门经理杨纲的访谈。

② 笔者2010年9月时任日本资生堂总部市场总监Tomoko Yamagishi的访谈。

动网络传播与品牌之间的关系理解得更加深入，因此广告公司失去了一定的优势。往往由广告主的营销人员提出传播策略，然后由广告公司细化执行方案，因此，广告公司的职能更多的是提供具体的支持层面的执行服务。

传统的广告公司由于惯性，往往依旧以传统媒体的角度来考虑互动网络平台这种新的传播形式，因此很难很好地利用互动网络传播平台帮助品牌运作互动营销。目前，广告主对互动网络传播平台的敏感和认识要大大超过传统的广告公司。现在有不少成功的互动网络营销传播案例，几乎每次的传播策略都是来源于广告主的营销人员。例如，诺基亚2009年传播效果尚佳的几个互动营销传播活动，“玩乐派对”和“互联网百万富翁”等都是诺基亚自己的营销人员策划，由互动网络媒体共同执行的。广告主不再像大众传播时代那样深度地依赖广告公司的专业服务，目前许多广告营销传播公司更多的是作为营销传播中的执行部门，而广告主常常摆脱广告公司，直接与互动网络媒体合作，实现其产品的直接推广。有的广告主甚至认为，没有了广告公司在中间羁绊，与互动网络媒体直接合作，沟通更顺畅，信息传递更直接。也就是说，在互动网络营销时代，广告主和媒体是一种更加紧密的合作关系，品牌与各种新型媒体能够更好地结合在一起。此时广告公司的专业性难以施展，广告公司似乎也变得可有可无了。这是整个行业的悲哀，这种现象也引发了整个行业的关注。针对这一问题笔者在后文将有更多的论述。

二、广告主主导地位的“丧失”和技术“恐惧”

1. 广告主主导地位的“丧失”

在大众传播时代，由于营销传播模式以传播为核心，广告主在整个营销传播中处于主导地位。广告公司以收取代理费或服务费用的方式作为广告主在营销传播上的代理者和执行者，而广告从策略确立到广告创意的执行最终都是由广告主决定的。换言之，无论营销传播历经了怎样的变迁，在产品主导的4P时代、倡导以消费者为中心的4C时代、主张创建品牌核心价值的品牌时代，还是整合营销传播时代，最终需要实现的都是将产品或品牌信息传播到广告主认定的目标消费者。虽然广告主的营销人员与广告公司都花费了巨大力气研究作为消费主体的目标消费者，认为消费者是决定产品和品牌生命力的重要因素，但广告主在整个营销传播过程中，一直扮演决定者和主导者的角色。而在互动网络营销传播时代，诚然广告主依旧以出资方的身份将其产品或品牌推向互动传播平台，但是其主导地位却已经真正地、完全彻底地被消费者取代了。

现代广告的发展，早在广告即产品促销的时代就将消费者放在重要位置，"消费者为中心"这一说法在广告营销传播领域已经盛行数十年。消费者主导传播的品牌管理理论和整合营销传播从提出到现在已有20多年的历史，但在执行上，"消费者主导"的真正实施举步维艰。广告主决定传播策略、传播主题，以及广告传播的所有信息乃至传播调性，广告主所拥有的是绝对的主导地位，广告主的决策只局限于对目标消费者有限的理解和把握，事实上消费者无法成为真正的营销传播主导。而在互动网络营销传播时代，消费者对产品的体验和品牌的好恶，都能随时在透明的互动网络平台上展现，广告主反而仿佛成了品牌信息的跟随者，为了保持和维护其品牌自身的传播统一性和良性发展，广告主不得不时时监控、处处小心。消费者第一次成为营销传播的主导者，互动网络营销传播带来了真正的消费者革命。

品牌理论中的一个重要论点，即"消费者拥有品牌，企业拥有品牌资产"。从品牌创建的角度讲，互动网络平台是品牌建构的开放式平台，是消费者真正拥有的与品牌共同创意的平台。

因此对品牌而言，广告主在广告营销传播运作中主导地位的丧失并不一定是件坏事，他们可以通过互动网络平台找到真正的忠诚消费者，并利用忠诚消费者来共同传播品牌信息，共同完成品牌的创意传播。广告主要做的是管理好这一传播平台，在传播自己的品牌时，与消费者在更适合品牌发展的环境中平等对话，达成品牌核心价值的实现，最终获得品牌资产的不断增值。

2. 广告主的互动网络“恐惧”

在研究过程中笔者发现，广告主对互动网络传播中诸多因素的不确定性和难以操控性多少带有“恐惧”心理，这也是他们愿意更多地参与传播过程的主要原因之一。他们对互动网络平台心有余悸，除了技术“恐惧”，有因对互动网络平台技术应用的不甚了解所产生的疑虑和担心，也有因对互动平台所能实现的互动传播的强大效果和失控感的认识而感到的恐惧。

互动网络技术的改变太快，而因技术改变带来的新媒体出现和媒体整合，总是令广告主喜忧参半。之所以说是技术“恐惧”，是因为互动平台发展迅速，广告主很难同步了解技术和背后承载的可能性。不像大众传播时代的媒体——电视、报纸、广播、杂志，经过很长时间的积累，其媒体特征很容易被掌握；互动网络平台的变化日新月异，其形式也不会局限于互联网、手机、互动电视等终端形态，而随时可能出现的新媒体形式更是难以预料，对广告主而言都会是令其感到“恐惧”的根源，他们很难在短时间内像把握传统媒体的价值一样去把握互动平台的传播价值。

传播效果的评估未知。尽管广告主欣喜地发现新的互动网络平台更有利于品牌与消费者的沟通和品牌信息的传播，而且在效果评估上也有更为精准的诸如点击率、反应程度甚至直接购买等量化监测，但到目前为止，业内尚未形成真正认同而有效的互动网络平台传播效果的评估方法。广告主更多时候依然依靠传统的传播效果指标来评价互动网络传播，在整合营销传播方案中，他们将传统广告形式比如电视现有的指标——收视率、千人成本等作为投资回报的评估基础，认为互动平台的价值很难判断，常常只作为整体传播方案的附加价值作和参考项进行评估。虽然广告主用于互动营销传播的广告费比例上升很快。中国 2009 年全年互动网络广告花费总额达 190 亿元，同比增长高达 38%；但是互动网络传播在媒体格局中占的比例还是很低，只有 3% 左右；2009 年电视广告全年花费总额近 6000 亿元。[①] 即便当时预测的 2012 年将达到 300 亿，假设在整体广告预算不变的 6000 亿基础上，网络传播也只占 5% 的费用。由此可见，互动网络传播离传统电视等主流媒体的传播渠道还相差甚远。

品牌在互动网络平台上主动传播的传播效果已经是难以控制了，广告主稍有不慎制定了不适当的传播策略，确定了不适当的传播信息都可能会使品牌形象受损，更不用说网上一旦意外出现品牌的负面信息，广告主很难引导和控制互动网络上那些自发的难以挽回的病毒式传播。

网上的消费者太善变了。诱惑太多了，竞争也太多了。[②]

看不见的消费者在传播的暗处，随时随地可能对品牌做出意想不到的批评。弄不好就会对整个品牌的发展有不良影响。我们公司都快要全民皆兵了。[③]

病毒营销是目前市场营销中很重要的模式。目前的网络媒体跟传统传播有一项不同就是 WOM（word of mouth），口碑传播。以前你可能花很多钱在不同的媒体去买广告、去投放广告，但是

---

① 数据来源：Report On Development Of China's Media Industry（2010）。

② 笔者 2011 年 2 月对时任宝洁中国品牌建设采购总监钟智驹的访谈。

③ 笔者 2010 年 9 月对时任日本 ANA 航空公司市场总监 Takeshi Eguchi 的访谈。

无论怎么它传播的都只能传达到一个点，而互联网却是每一个人都变成一个传播媒体，这样我们可以很快一个传一个、一个传一个地传播给很多人。或许我就放在我的博客上面，就会有很多人看到。这真是说我们可以把每一个人当成一个传播媒体。但这个媒体如果没有用好，可能会是一个负面媒体。①

网络传播的确是一把双刃剑。怎样能够将这个平台好好地利用，是我们做市场的一直在寻找的。②

因此，多数广告主依然是在试探性地把互动平台当作新媒体使用，而非传播品牌长远价值的平台，这也是互动网络平台发展的瓶颈，互动网络平台在品牌建构过程中原本能够胜任的角色到目前为止依旧处于未尽其职阶段。

面对互动网络传播，广告主呈现出矛盾的心理。一方面，互动网络平台的立体化，有利于广告主的品牌直接触达消费者，另一方面，由于竞争激烈化、传播透明化，目前广告主难以完全掌控和管理这个平台。于是，对于互动网络平台的管理，最终要成为广告主的首要任务，因为这是将品牌纳入互动网络创意传播的良性循环的必由之路。

三、广告营销传播目的的统一

现代广告营销传播的目的，可以归纳为产品促销和品牌建构。即便是在品牌盛行和整合营销传播时代，产品销售依然是一个重要的营销传播目的，因此在真正的广告营销传播实施过程中，广告主承担付费并决定广告传播任何环节的主导地位，并以

① 笔者 2009 年 5 月对时任诺基亚大中国区市场总监杨伟东的访谈。
② 笔者 2010 年 5 月对时任美国雅培营养公司市场总监 Colin G. McBean 的访谈。

他的市场和销售两大龙头部门来推进广告营销传播的展开，也就是说，在广告营销传播过程中，广告主有两大部门起着重要的作用，一个是市场营销部门，另一个是销售部门。而在整体广告战略制定时，促销往往被界定为季节性或阶段性的市场目标，以特有的促销传播策略完成促进销售的传播目的。当建立品牌成为企业发展战略的主要目的时，传播策略和传播执行会形成一种矛盾的状态——促销与品牌建构的矛盾。短期的促销行为往往对品牌形象的长期建构贡献甚微，而单纯的品牌形象广告传播形式也难以涵盖促销信息。

广告主的广告营销传播两大重要目的——促销和建立品牌，在大众传播时代，由于难以同时达成而使每一次的广告目标流于单一。在广告营销传播运作中，由此带来的促销和建立品牌的矛盾继而可能成为广告主的内部销售团队与营销团队的矛盾。虽然广告公司直接面对的是广告主的营销部门，但是销售对于任何产品来说都会是其企业发展的重要指标。短期的销售压力给长期品牌建构带来影响，为了更多地传播促销的信息，品牌价值的传播会被削弱，往往会导致两个部门的矛盾难以调和。即便是到了整合营销传播时代，整合营销传播创始人舒尔茨教授仍把短期促销和建立品牌作为整合营销传播分开的两个目的。

当广告营销传播的发展进程进入了创意传播管理时代，互动网络营销传播平台为广告主提供了足以同时承载促进销售与品牌建构的广阔空间。

网络传播环境下，广告目标的最大差异是能更直接的帮助客户完成营销目标。消费者透过互联网或手机等工具，直接从接触信息一气呵成到EC（电子商务）购买。传统媒体的任务是分开的。①

由于广告营销传播目的统一的可能性，广告主内部的营销相关系统的矛盾——销售与品牌的矛盾得到了统一，营销人员结构也随之调整。许多公司将营销部门变成更加广义的融销售策略制定、品牌发展规划以及营销传播实现为一体的“泛营销传播部门”，互动网络传播由于信息传播体系的改变，促销和建立品牌这两个营销目的在很多时候能够实现统一，广告主的销售和营销部门也需要更紧密地协同面对可能随时出现的产品和品牌相关问题。

在互动网络传播中，促销和建立品牌这两个营销目的的统一使得越来越多的广告营销战役呈现给消费者的是一种将促销和品牌建构无缝化整合的信息传播。促销和建立品牌完美地结合在一起，实现没有障碍的传播，在达到促销目的的同时让消费者接受企业的品牌核心理念。在互动网络营销传播中，相关的成功案例不胜枚举。比如美国汉堡王 Burger King 曾利用社会化网络媒体 Facebook 成功地执行了以下营销方案：汉堡王的主题广告口号是“要美味，不择手段”（Have it your way），衍生的传播主题是“汉堡王好吃得让你不顾朋友”。消费者参与促销活动的方式很简单，只需在 Facebook 好友名单中删除十个好友，就可以拿到汉堡王的免费套餐券。为拿餐券删除好友这一行为，契合汉堡王“重味轻友”的传播主题和“要美味，不择手段”的品牌价值，而且这一参与方式与其他的邀请好友获得赠券的方式相比新颖又好玩，且互动性强，当好友问及删除自己的缘由时，这一好玩有

① 笔者2010年8月对时任韩国三星电子公司总部资深总监 Sung - Soon Hwang 的访谈。

趣的促销自然而然地被传递开去，令人印象深刻。口碑营销成功地助力了产品促销和品牌建构的双重目标。在这样的广告促销和品牌建构目标统一的操作中，广告主的营销传播部门和销售部门的利益便达到了高度的统一。

第二节　互动营销中广告人与品牌传播

一、正在“消失”的专业广告人

自从有了互动网络平台之后，越来越多的广告人在工作中感觉到他们所做的越来越不像大众传播时代广告人在做的事情。国内外的学界和业界都不得不面临同样的问题：传统广告人是否还有存在的价值，或者我们是不是可以用另外一个词来描述他们的存在。

我觉得新媒体广告人，就是要弱化广告，强调推广的最基本营销。①

“囧”为什么成功，是因为连图都不是，而是每个人能打出来的特别的字而已，就是说每个人传播的成本越低越容易越好。②

目前技术上网络还没有被最大限度地应用，这就好像进入了一个全新的领域，需要重新去学习和认识，绝不是简单的视觉体

① 笔者2009年2月对时任互动通创意总监左新的访谈。

② 笔者2009年3月对时任盒子网资深营销创意人、盒子网总裁、创始人陈格雷的访谈。

验。技术应用是个很大的问题。①

传统广告人与新媒体广告人最大的差异是思考逻辑的改变。以前要注重的是创意的渲染力道，现在是创意如何深入网民心理。因为互联网创意等同于一对一与消费者沟通，创意无法得到认同，立马走人。②

广告人在互动网络传播平台上的角色扮演与传统的广告人有巨大差异。

传统的专业广告人的作业流程是这样的：专业广告人在接受了广告主对市场目标的要求后，首先会把市场目标转化成与消费者沟通的广告传播目标，然后进行广告创意，接着选择大众传播的手段，根据具体的媒体要求（电视、广播、报纸、杂志等）进行创作，在广告主确定了创意概念之后执行创意，最后选择适当的媒体发布。这样的专业操作系统造就了专业的广告公司，也造就了专业的广告人。一般而言，专业广告人分为三类。第一类是广告公司策略人员和客户服务人员，他们是传播策略的制定者和与客户直接沟通者，是连接广告公司和广告主的桥梁。许多公司没有设立专门的策略部门，客户服务人员也是传播策略的制定者。他们从广告主那里获得市场目的和广告需求，并和客户共同制定传播策略。第二类广告人是广告创意人，他们有着文案创意或美术设计的专业背景，根据公司内部作业流程，对传播策略进行创意理念的发展，转化成创意执行的点子，完成具体的广告创意执行和表现。第三类广告人是广告媒体人员，包括媒体策划人员和媒体购买人员。在大众传播时代，广告公司里这三类广告人专业分工明确，各司其职。

① 笔者2009年3月对互联网自由创意人张蓬的访谈。

② 笔者2008年12月对时任知世传媒中国大中华区执行创意总监沈翔的访谈。

在互动网络传播平台上，尽管广告营销传播的作业流程依然包括策略、创意和发布，但是传统的三类专业广告人的工作分工却变得不明显了，原来由分工明确而形成的标准化流程被打破。广告创意人和广告媒体人与广告策略人一样，都需要第一时间就参与到营销传播活动的过程中来，以不同的专业背景全程参与，共同完成广告传播。比如，原来只承担媒体策划和购买的媒体人员在第一时间就参与其中，不仅需要考虑合适的契机发布信息，更需要将传播形式和内容高度统一，创建出新的媒体形态，更巧妙地触达并引起目标消费者的互动以及再传播。甚至在传播内容上会从媒体的角度给出相关的专业建议。虽然新型的互动营销创意传播公司传承了传统的部门划分，保留了策划、创意和媒体部门的职责，但是在具体执行层面，各部门之间的工作界线变得模糊了。

这样一来，传统专业广告人的分工就受到了挑战。比如广告创意人不再继续执著于广告创意概念和创意制作的相对单一作业，因为单是凭借文字、美术专业的知识结构很难完成互动网络传播平台所需要的创意任务。互动网络传播平台对广告人的要求由原来特指的专业化，转变为需要广告人拥有更宽泛的知识结构，更了解互动网络平台，更了解目标消费者的喜好，这样才能创造品牌发展的策略和内容。和传统的广告人对专业的认定不同，互动网络营销传播时代不要求分工越细越专业越好，不是担当传播中的某一元素才是专业的表现，现在专业广告人是要顺应互动网络传播的特征，尽量充实自己，以适应新的广告服务模式。

就网络的广告创意传播而言，广告人需要考虑的关键元素有：1. 视觉冲击（色彩、符号等元素）；2. 新技术引领（新的网络技术）；3. 创意本身（这个弹性很大，可以是围绕品牌整体传播的，围绕阶段推广策略传播的……）；4. 流行式（说白了就是网络上火热的、流行的，就在这上面做创意形式）。①

最大的挑战是不去挑战。不作为，不思考，不行动——是每一次变化到来时，所有人的最大障碍。哭是没用的，不如一起跳舞吧。②

如果说过去的品牌传播是一场演说、一次广播，现在则变化为一场对话、一次游戏。③

如何让“一场演说、一次广播”，变为“一场对话、一次游戏”，对广告公司的任何部门来讲，都是一种挑战。什么样的人才能适应这样的转变，这是学界和业界需要共同面对的问题。

互动网络传播的大环境促成了专业广告人的“消失”。广告公司及其内部人员结构的变化随着新技术新媒体的需求变化不断地改变。目前，大多数新型广告公司至少增加了两类专业人员——技术人员和 SEM 搜索引擎营销人员。技术人员常常设置在创意部门，这听上去多少有点奇怪，但这恰恰正是网络营销传播所特有的产物。而且，许多专业网络广告传播公司的创意总监级人物中，不乏技术出身的人才，这也从一个侧面说明技术之于网络广告创意的重要性。一项新的创想是否能够实现，在最终的创意执行中，决定权不在创意总监，也不在文案美术，决定权在于技术。再完美的想法，无法通过技术的认定也是枉然。很多时候，网络广告的执行制胜取决于技术的应用。SEM 搜索引擎营销人员是顺应了消费者对互动网络平台搜索功能的过度需求，特

① 笔者 2009 年 6 月对时任奥美互动创意总监冯小兵的访谈。

② 笔者 2009 年 12 月对时任 Bate141 中国创意总监楚戈的访谈。

③ 笔者 2010 年 5 月对时任美国芝加哥 Tribal DDB 总经理兼执行创意总监 David Hernandez 的访谈。

别针对搜索引擎优化和关键词营销等搜索相关的营销传播探索而设置的。相信不久的将来还会有更多的人员位置专为互动网络平台的营销传播而设立。

互动网络传播环境和形态的改变，直接引发了广告公司操作流程的改变和广告公司服务模式的改变，因此广告人的改变也是大势所趋。

二、从制定和执行传播策略到创意传播管理

从大众传播到互动网络传播时代，广告人的职能主要经历了从制定和执行传播策略到创意传播管理的变化。

传统广告公司的专业服务流程基本上体现在从传播策略的制定到传播策略的执行，为品牌建构提供专业服务。对于广告营销传播而言，制定符合品牌战略发展的传播策略，是品牌建构和传播品牌核心价值的关键，也是执行广告战役的第一步。创意理念的发展和创意的执行都是以传播策略为中心的，媒体策略和媒体发布的执行也是在传播策略指导下进行的。因此，制定传播策略是大众传播环境下的广告公司体现专业度的重要标志。而其中传播策略的制定能力也是衡量从业人员专业度的重要指标。

由于脱离传播策略对广告创意的评判往往流于主观，因此广告创意理念是以传播策略为准绳来发展和执行的。从这个角度讲，制定传播策略和执行传播策略是大众传播环境下广告公司唯一的任务，这也导致了很多专业的广告公司把大量精力放在传播策略的制定上面。在霍普金斯提出的“科学广告”的指导下，广告营销传播走向了现代广告的代理制之路。广告公司的策略人员根据大量的市场调研资料挖掘目标消费者的真正需求，研究竞争品牌的传播现状和市场表现，对与品牌相关的元素——竞争品牌、目标消费者、媒体环境——做出科学的分析，再根据研究结

论制定传播策略。简而言之，市场研究数据和科学分析直接决定传播策略的制定。大众传播时代的广告战役从传播策略的制定到广告创意的发布是线性过程，广告公司根据广告主的营销策略方向制定传播策略，发展创意理念，执行创意和媒体发布，最后到达目标消费者。许多专业广告公司加入消费者的反馈项后，将这一流程表述为循环状态，指出消费者的反馈信息将作为新一轮传播策略制定的前提，但实质上广告战役的流程依旧是线性的。

互动网络平台的营销创意传播真正地呈现出立体化、多元化态势，品牌发出的任何信息都会在第一时间进入互动网络传播的体系之中。传播平台的改变彻底改变了广告传播的整体格局。你不知道什么时间、什么地点、什么人物会把品牌信息进行重新筛选、再次传播和过度演绎，某种程度上这使得到达目标消费者的品牌信息变得难以控制。但这正是广告人义不容辞需要面对的新挑战，广告人需要面对的不仅仅是如何制定适合品牌的广告传播策略，更重要的是随时关注消费者发布的关于品牌的正面或负面的信息，并且随时思考如何利用这些信息为品牌进行更好的传播。

如果说360°传播、整合营销传播是大众传播中广告人要把握的重点，那么在互动网络平台传播中，广告人的工作重点就是让每一个消费者都成为品牌的传播媒体。①

在互动网络平台中，传播变成了一件简单的事情，人人都可以参与到其中来，每一个消费者都成为一个媒体，而且都可能成为任何一个品牌的传播媒体，消费者成为再传播中的一个因素。在这种情境中，消费者可能发布对企业有利的信息也可能发布不利的信息，成为一把双刃剑，因此如何利用好消费者、如何管理

① 笔者2010年8月对时任韩国DDB执行创意总监Kwang Sik Park的访谈。

好消费者发布的信息成为新的营销创意传播成败的决定性因素，也是广告人的最重要职责。[1]

综上所述，在互动网络营销传播时代，广告人的工作重心不再局限于制定、执行、贯彻传播策略，而在于管理创意传播。管理传播对广告人而言其重要意义在于“管理”已经成为决定品牌在互动网络营销传播中成败的最关键因素。正因为管理传播如此重要，广告人在新的传播环境中如果想立足并得以良性的长远的发展，必须站在这一角度完善其专业度，将重视制定传播策略的专业指标转移到重视创意传播的管理上来。

广告创意人同样是创意传播管理中的重要一环，广告创意人必须了解互动网络传播平台的特征，对互动平台的创意表现形态和内容创意有所重视，但是传统广告营销传播公司的广告创意人对此多少存在一些困惑，甚至有点排斥。

互动传播平台剥夺了作为创意人原本拥有的专业度。每个人都可以在网上做产品内容和创意的发布，创意的专业度受到了挑战，我的专业好像一夜之间被所有人分享了，似乎没有什么权威和专业可言了。[2]

传统广告可能考虑的创意概念和执行的方方面面比较多，制作过程长，延展到网络上，已经不够新锐了。新媒体需要灵活性强，大 campaign（广告战役）少，要适应游击战。[3]

有时候你不知该怎么称呼自己。营销传播人、广告营销人，或者还叫广告人。这些称谓也未必合适，现在我工作的方式和内

① 笔者 2011 年 1 月对时任电众数码中国首席运营官张灵燕的访谈。
② 笔者 2010 年 4 月对时任美国 Suddenlink 执行创意总监 Jerry Dow 的访谈。
③ 笔者 2009 年 2 月对时任麦肯广告中国创意总监陈静的访谈。

容和原来的相比大不相同，觉得近乎管理。管理传播对广告人而言跨度非常大。①

然而，如果在互动网络营销传播环境中，广告人不能实现自然的过度，或者说是强制性的转变，就无法适应不断变化的环境，最终不得不远离这个新型的、多变的行业；同样，如果广告公司不站在管理传播的视角调整自己的服务形态和经营思路，业务自然也会萎缩，最终走向消亡。

三、寻找“大创意”与内容创意

如何寻找品牌的“大创意”（big idea）是大众传播时代广告营销传播中的一个重要概念。广告所运用的广告创意表现里包含一个鲜明的、可以不断扩张的、不断丰富的创意概念和执行模式，它找准了目标消费者后就紧紧抓住这一目标的心理展开广告攻势，将产品与消费者感受融为一体，这一鲜活的创意概念在很长一段时间内都能够精彩地延续下去。这就是奥美的创始人大卫·奥格威所讲的“大创意”，是大众传播时代广告创意人追求的创意概念获得整体表现和执行实现，是传播品牌延伸价值的“创意理念”。“要想吸引消费者的注意力并促使他们购买你的商品，那需要一个大创意。除非你的广告有这样的大创意，否则，他们就如夜里行舟一般悄无声息地经过。恐怕大创意难占广告创意的百分之一。”② 但在互动网络环境中，“大创意”必须通过网络使用者喜闻乐见的方式传递出来，才能受到关注。与互动网络

---

① 笔者 2010 年 3 月对时任美国 FMG 广告总裁 Gerry Chiaro 的访谈。

② David Ogilvy, *Ogilvy on Advertising*, Vintage Books, New York, USA, 1985, P16.

技术紧密结合进行内容创意，是新型广告创意人的主要职责。

互联网广告是以互动为核心的创意，现在传统已经注重互动了，大环境变化了，就是互联网的发展，创意的形式，从品牌的角度来看，已经发生了非常大的变化。①

互联网传播，最新融合的是电视、手机、其他移动终端应用者，最后又回到互联网传播里。重点是它的技术太厉害。所以，在这个传播结构里，它很独特。而且还不断变得更厉害。让形式无穷无尽，融化在内容里。②

表现形式的创意——技术创新是内容创意的一个硬支持，在不断推陈出新的过程中推动广告创意。只要想得到，就能做得到。③

网络广告的内容创意的方法基于传统广告，但同时也超越传统广告。网络创意没有定式，这种开放性激发了创意思维，因此网络广告也就更加精彩。④

广告传播总是处于进行时中，而且是互动关系，以创新的内容吸引消费者，广告创意要有生命力，要给网络使用者留点空间，让网络使用者参与、分享、传播。⑤

追求“大创意”与内容创意是广告创意人所要应对的不同层面的创意，内容创意类似传统的广告执行表现，同一个创意理念在互动网络传播平台上需要不断地重新演绎，以内容创意为依托，变换不同形态。很多时候，“大创意”在互动网络传播中失

① 笔者2009年3月对时任华阳联众执行创意总监郑帅的访谈。
② 笔者2009年3月对互联网自由创意人张蓬的访谈。
③ 笔者2009年2月对时任和堂广告公司总经理谭珂的访谈。
④ 笔者2010年6月对时任美国芝加哥Razorfish创意总监Tim Sheridan的访谈。
⑤ 笔者2010年9月对时任DDB中国首席创意总监狄运昌的访谈。

去了原有的光鲜，而广告创意人所要坚持的是调动消费者的创意参与性与能动性，在与消费者的动态协同中，将品牌的“大创意”巧妙地幻化在众多的网络传播内容中。这种巧妙的转换，就是挖掘在互动网络平台上得以更广泛传播的创意“沟通元”，以吸引消费者继续分享创意内容，让他们参与传播“沟通元”并不断互动协同，最终成就品牌的核心价值。

“大创意”与内容创意存在着一定的差异性和矛盾性。“大创意”的原点在于保持同一个传播理念和相对整合的传播形态，而内容创意则是要挖掘“大创意”中可以扩散的点，尽可能多地与消费者接受的生活形态结合，使内容和形态都呈现多样性。大型的传统广告公司往往难以接受创意理念在互动网络传播中的恣意蔓延。他们大多依然保持原有的操作和服务模式，期待广告主能够接纳他们的整合传播理念下的“大创意”，并在充足的广告传播费用支持下将“大创意”执行到所有的传播媒体。在美国，新旧理念的冲突更为激烈，虽然面对的是互动营销传播的大环境，但是大多数广告创意人都很怀念大手笔传播“大创意”的经典案例。笔者访问的6位美国广告创意人，无一例外地都提到了“大创意”，他们相信大创意的传播价值，依然认为“大创意”在品牌建构中是最重要的因素。同时他们意识到在互动网络传播中需要把“大创意”变成如何为消费者提供内容。可见广告创意人的共识是内容创意在互动网络传播和品牌建构中的重要作用。内容创意必须基于品牌创意理念的延展，消费者对于品牌理念的认知同样可以体现在他们参与传播和再创造的内容中。内容创意成为广告创意人必须倾注心血的崭新领域，是互动网络营销传播中不可或缺的重要因素。

消费者不会因为喜欢你的理念而传播你的品牌价值，但他们会因为喜欢包装创意理念的内容而主动传播它，对它进行再创意，并且再次传播。①

最原始的部分可能没什么改变，就是理念没变，但从内容到表达方式变了，变得要让消费者有更多发挥，更感兴趣。②

必须有创意的内容，否则，再好的大创意消费者也不会去看、去参与。③

消费者对品牌进行不断再分析。我们在讲品牌传播的时候，会讲到创意概念，创意形式，我们是放在策划部门，然后设计，最后再技术开发。现在品牌的发展有相对的传播概念，会运用到不同的媒体。比如说麦当劳的“我就喜欢”用在电视上，也会用在互联网上。在传播一个品牌的固定的创意理念时，互联网有优势，能更好地体现创意理念，因为它的手段更灵活，能够为消费者提供更精彩的内容。④

同样，具有明显的“大创意”而且内容精彩的广告传播未必都能让消费者参与广泛的再次传播和共同创意。比如宝马公司自2001年陆续推出的“雇佣”（The Hire）系列广告，该系列广告邀请了八位国际知名导演以英国著名影星欧文·克里夫（Owen Clive）为主角拍摄了八部十分钟左右的电影短片，并建立了bmwfilm.com网站进行传播。这一系列广告获得了当年戛纳广告节的互动网络大奖，也获得了全场大奖。这种集“大创意”与内容创意为一体的案例引发了多方关注，但严格意义上讲，这并不是真正的消费者参与共同创意并协同品牌价值的互动营销传

① 笔者2010年6月对时任美国纽约R/GA总裁兼全球首席创意官Bob Greenberg的访谈。

② 笔者2009年3月对时任盒子网资深营销创意人、盒子网总裁、创始人陈格雷的访谈。

③ 笔者2010年8月对时任韩国Welcomm资深副总裁Steven Koh的访谈。

④ 笔者2010年11月对时任酷美思中国客户总监李昊硕的访谈。

播，消费者可以在互联网上参与讨论，但未能直接参与共同创意，将创意理念再次传播。这显然是个遗憾。而另一个值得一提的案例是2010年凡客诚品推出的以韩寒和王珞丹为代言人的平面广告，该广告意在戏谑主流文化，彰显了品牌的个性形象，其另类的文案写法引发网络上出现了大批“凡客体”的帖子，主角也被替换成小沈阳、凤姐、郭德纲、陈冠希等名人，其广告词更是极尽调侃，令人捧腹，至今（2011年3月15日）在百度上搜索“凡客体”，搜索结果仍多达约1，400，000个。对比后可以发现，宝马汽车系列广告的载体是电影，形式和内容俱复杂而难以模仿，故消费者参与度低；而凡客广告的特点突出在文体上，容易模仿，再传播可能性大，消费者模仿率高。

因此在互动网络传播平台上，广告创意人如果执著于追求“大创意”的大制作，考虑的执行元素复杂，那么广告的易模仿度、可重复度就降低了，从某种意义上讲，消费者深度参与的门槛变高了，这就会使广告传播效果大打折扣，这是广告人在互动网络环境下不得不正视的矛盾。广告创意人必须在兼顾“大创意”的同时重视内容创意。

综上所述，广告创意人依然以寻找让品牌传播得以持续发展的“大创意”为品牌建构的重要因素，但同时要以符合互动网络环境的创意形式和内容为消费者提供分享和再创造的创意空间和素材——“沟通元”（关于“沟通元”的管理，在第五章第四节将详细论述）——这是在互动网络传播平台上建立品牌的未来走向。

第三节　互动媒体与互动营销传播

一、传统的大众媒体正在转型

目前，学界和业界对大众传播媒体的认知主要分为两种。一种是认为广告营销传播是大众传播时代的产物，而在新的媒体环境下需要将大众传播重新定义，扩展其内涵和外延，把传播对象与大众传播媒体的互动纳入概念。一种认为随着互动网络传播平台的飞速发展，大众传播的概念即将消亡。

随着互动网络平台的发展，不管是电脑、手机还是 IP 电视都是信息分享的终端，在这种互动融合的大趋势下，传统媒体也都在积极寻找方式改变自己的存在。以我国收视率最高的中央电视台为例，央视拥有自己搭建的门户网站，会配合电视节目进行推广或跟进，有些节目还可以实现网络直播，而且节目内容也加入了和消费者互动的环节，利用微博、手机短信等形式让消费者更多地参与到电视节目的制作和播出中来，这就打破了原来电视“你播我看”的形态。同时，央视将内容优势再一次用于 IP 电视的建设，推出了 IP 电视平台。再比如说广播，这是典型的以声音接触消费者的媒体，在网络时代也被注入了互动特征。现在许多电台都有自己的门户网站并且实现网络同步直播，听众通过网络与广播主持人互动。在互动网络平台上，广播的主持人也并非只以声音面对消费者，而需要直接以形象面对观众。正因为广播媒体与网络的紧密结合，原来所谓“幕后英雄”的概念也不复存在了。现如今许多平面媒体同时在网络上发布电子版本，消费者使用电脑、手机等终端阅读电子版的书本杂志，同样实现了与消费者多渠道的互动沟通。

越来越多的传统媒体加入了互动阵营，成为互动网络传播体系的重要组成部分。比如近年来阳光媒体集团与中国妇联联合举办的“中国职场女性榜样评选”活动，最后的颁奖仪式呈现为电视晚会。但是从2011年起主办者改变了过去传统的电视晚会形式，以“寻找幸福力”为主题，采用传统媒体与互动网络相结合的方式，整合了电视、广播、杂志、互联网和手机等媒体，相互配合进行全方位的传播。围绕一台晚会延伸出的多元化、多媒体、立体化的传播，强化了目标消费者的跟进和参与度。同时与人人网、新浪微博和一些视频网站（酷六、PPTV）深度合作，依靠人人网和新浪微博等社会化网络媒体所具有的人际传播优势进行前期宣传，引爆话题，视频网站随时跟进、播出相关视频，引发广泛关注。在这样的营销传播过程中，互动网络营销传播超越了大众传播形态，将传统电视媒体的传播延伸到全方位的互动网络传播中，实现了真正意义的跨媒体的整合营销传播。

当然这样的“变革”也面临一些批判，不少人认为这是新瓶装旧酒，传统媒体的本质并没有改变，电视还是原来的电视。但当我们换一种角度来思考这个问题时，不难发现这正说明了互动媒体越来越受到传统媒体行业的青睐。实现互动传播是媒体的发展趋势，是媒体发展的必由之路。当然，传统媒体争相采取互动方式吸引消费者的方法毋庸置疑，但是每一传统媒体在互动传播的路上能走多远，这是一个需要在技术和执行双重层面进行深入研究的课题。

不可否认，事物的变化总是要历经从量变到质变的过程。当电视、广播和平面媒体的互动传播达到一定比例时，新技术就可能支持其更多地实现互动，这些媒体就会丧失原来固有的传播形态，转变成互动网络传播家族的新成员。以IP电视为例，其终端虽然仍在电视，但它已经真正实现了互动传播。观众可以在电视终端上随时点播自己喜欢的节目，并上传内容、发布信息。而广告主就可以凭借他们选择观看的电视节目内容、行为以及他们发布的信息，实现点对点的精准营销。电视广告的形态势必随之改变，主要以更加细分的消费者为传播对象，进行区隔化的内容传播。

IP电视让电视广告已经从大众广告形式进化成一个更加聚焦的营销传播媒体。①

成本更加低廉的定制化的电视广告在同一个栏目的电视广告时段以不同的创意向日益细分的观众传播品牌信息，由此必将带来电视广告创意和制作过程的改变。②

欧美许多国家已经实现了三网融合。在中国，通过IP电视实现观众上传内容和发布信息，技术层面基本已经准备就绪，笔者期待2015年的三网融合。如果在电视作为终端的平台上实现互动传播，必将为中国经济社会带来非凡的变化。中国已慢慢迈入老龄化社会，目前中老年人上网比例较小，特别是在二、三线城市和农村，老人们还无法满足分享信息的好奇心、无法感受自创内容被分享的成就感。一旦三网融合的终极目标达成，电视可以随时定制节目并作为网络终端上传分享信息，将对中国大部分人的生活方式产生极大的影响。另外，电视作为互动网络终端实现内容上传，对大多数中国人而言其心理意义不同：电视一向是国家发布重要新闻和自上而下的宣传手段，对普通人而言，难以

① 笔者2010年6月对时任美国Visible World公司执行副总裁Claudio Marcus的访谈。

② 笔者2010年5月对时任美国Creative Scale执行创意总监David Kasey的访谈。

想象通过电视收看自己制作的“节目”会引发怎样的心理感受。笔者认为“三网融合”会给中国社会生活带来翻天覆地的变化。

一旦“三网融合”得以实现，营销传播能真正做到深度一对一的传播，那么媒体与媒体间的界限会越来越模糊，根据不同媒体的传播特点、传播特性来界定传播人群和选择最佳的传播时机的营销传播策略制定模式势必要成为过去时。从传播平台看，“三网融合”的互动网络平台涵盖几乎所有的（除了户外广告）大众传播时代的传播形式，并且实现了深度的超越。所以我们不得不承认，从某种意义而言，大众媒体正在消亡。

二、视而不见的媒体发布

互动网络媒体平台是典型的用户参与上传、分享内容的媒体平台，在这个平台上人人是编辑，都是信息的发布者。所有的人都成为一个媒体，大家都参与发布、传播话题，并想尽办法让别人关注，这就使得传播者无限增多、传播平台无限增大。在这样的环境下，广告主和广告公司发布的、想要送达目标消费者的品牌信息如果传播力度不够，就会被淹没在海量的信息中。这就是互动网络营销传播最显而易见的难点——消费者对被传播的信息视而不见。

目前，互动网络传播平台都在发掘不同的媒体形式，想方设法让营销传播的产品信息到达目标消费者。门户网站、视频网站、购物网站、社交媒体、搜索引擎都利用其各自的特点，用不同的方式吸引消费者参与其中。

目前互动网络媒体人在做的同一件事情就是在互动营销平台上制造话题和广告战役。把品牌传播看成一个网络营销事件，用一个又一个的网上活动来促成事件的发生发展。这就涉及用什么话题触动消费者，引发他们对活动事件的关注，并积极参与其中，成为话题分享和再传播的又一个媒体。互动网络的广告发布与其说是一种发布，不如说是一种触发，首次发布的短暂的爆发非常重要，必须瞬间强有力地触动消费者。

网络上的营销创意传播大多以事件（event）形式出现，在传播方式上呈现为不同媒体相互配合，仿佛形成交叉的网络，所有人都在说一件事，口碑就出去了。①

我们在做的首先是要给客户提供一个打包的产品，这种媒体产品不是单一的，而是如何全方位到达目标消费者。然后希望客户买这个产品。为了让这个媒体包更有吸引力，我们会调动各种可能的传播形态进行配合。而且推广的第一次亮相很重要。②

搜索不是单纯的搜索，而是提供了消费者需求的扳机。接下来要做的是如何整合各种可能的传播媒体，形成一种联合战斗的状态，让事件的影响力越大越好。③

在这种情况下，信息的发布表面上不像大众传播媒体那样到达目标消费者来得精确、精准，然而在互动网络平台上，利用事件造势可能寻找到忠诚于品牌的目标消费者。而之前让消费者群起振奋，触动他们的共同心理以获得反应，参与反应的人越多，就越可能多地筛选出忠实用户，最终传播效果就越好。

事件营销的话题性非常重要，应利用事件和品牌的价值、价值观关联性，形成传播话题。在互动网络平台中每一次传播都是在操作一个事件，互动平台就是制造事件的大的传播平台。每一次传播的成败就取决于是否找到刺激消费者的点，让消费者为品

---

① 笔者2010年5月对时任美国DMG总裁Brad Berens的访谈。
② 笔者2011年2月对时任酷六网品牌中心总经理丁伶青的访谈。
③ 笔者2010年9月对时任日本Google资深策划Norio Imai的访谈。

牌传播加分，愿意分享，参与品牌传播和价值创新。互动网络平台中的事件和话题是品牌建构的源泉，这种话题怎么找到、怎么触发对营销传播而言非常重要。

互动网络传播超越了单纯的媒体发布的意义，在第一时间将消费者与品牌传播、品牌价值和内容创意结合在一起，其中包含着品牌的整体传播战略、创意理念和内容分享。

在大众传播时代，媒体发布是将基于广告策略的具体广告创意执行通过具体的媒体单向传播到目标消费者，广告战役从策略到执行是线性的；而在互动网络平台上，这些过程是从头至尾联系在一起的。媒体这个词不能涵盖互动网络平台本质的互动性特征，因为在这一平台上发布信息的意义远远超过了传统的媒体发布。

在网络平台上，品牌传播理念、创意概念和创意形式能够实现高度的统一，而其中创意手法的简单和易模仿性又成为消费者再次传播和共同创意的起点。美国有一个游戏产品，其传播理念为“毁灭性的创造”，在创意表现上广告人将媒体创意与创意执行相结合，以 YouTube 为载体，将“毁灭”视觉化，当消费者打开一个视频，视频播放器的面画刚出现“DISTROY，THE CREATIVITY”的片头时，一切就开始毁灭。视频播放器内的画面开始碎裂、掉落出播放器，接着播放器的外观元素也掉落了，整个网页上的文字、图像都毁灭般地脱落下来，形成一种强势的具有毁灭感的视觉冲击。如果观者至此还没有怀疑自己的电脑遭到病毒的侵袭，那他一定已经意识到这就是关于“毁灭”的绝妙创意。这种新奇而震撼的毁灭感觉，成为病毒营销的种子，消费者不仅竞相转发传播这个视频，之后还有众多模仿者，用其他视频来演绎这种毁灭的感觉。

互动网络营销传播将品牌策略、创意表现和媒体发布融为一体。在人人都是媒体的平台上，品牌传播更需要将品牌的核心价值聚焦于一个点，才能使与目标消费者对话的分享一触即发。

三、管理消费者自主传播平台

大众传播时代的营销传播与互动网络时代的营销传播最大的区别在于，前者的信息主导在传播者，即广告主及代表广告主的广告公司，消费者只是被动的信息接收者；而后者的信息主导是消费者，消费者既可作为信息接收者又可以作为信息传播者，即消费者可以自主发布信息，互动网络是消费者自主传播的平台。从营销创意传播角度看，消费者自主的信息传播、消费者发布、分享的信息内容并不一定符合企业品牌的传播需求，信息的传播方式和表达形式也不一定符合品牌形象，因此，对互动网络营销传播中的信息进行管理显得尤为重要。对互动媒体的管理是创意传播管理的第一步。

从媒体角度，互动网络传播平台可以分为三种形态：1. 品牌自有媒体（owned media），品牌在互动网络平台所拥有的媒体，包括企业品牌网站、品牌活动或产品促销网站以及其他网络宣传形式；2. 付费媒体（Paid media），需要付费的一切网络广告形式，比如搜索引擎广告、网页广告、视频广告等；3. 可占有媒体（Earned Media），大量的无需付费的可以被挖掘和占有的媒体，可以是社会化网络媒体传播资源，如人人网、新浪微博等。这三种媒体形态形成互补的立体化传播网络，实现了品牌在互动网络平台上以不同角度与消费者对话和互动。

Google 在一个营销传播平台上将使用者和广告人连接在一起，而三种不同的媒体形态的整合让搜索引擎超越了搜索。[1]

---

① 笔者 2010 年 9 月对时任日本 Google 资深策划 Norio Imai 的访谈。

互联网，包括手机，是一个通路，就是一条路，取决于你在路上要干嘛？是让他吃饭，还是让他睡觉，还是让他消费，还是让他去玩。①

网上活动对消费者来说既是娱乐，也是一种沟通。网购本身就是一种传播过程。从购买前的寻找信息到购买后的产品体验分享，都是一种传播的契机。②

在互动网络平台上，不同的媒体形态满足了消费者不同的互动需求，而对不同的媒体其管理角度也是不同的。对于自有媒体，广告主往往利用代理公司进行自主管理，而对于付费媒体，由于其广告形式不一定是单一的硬性广告形式，越来越多的品牌信息是与媒体内容相结合的软性传播，消费者更容易参与其中，因此，媒体拥有者有责任和义务为广告主维护和管理品牌传播信息，引导消费者在正确的品牌信息轨道上参与互动。

这种引导性的管理大致分为两个层面。首先，从传播形式上看，在大众传播时代，品牌传播强调符合品牌调性，营销传播要选择符合品牌形象的传播风格和形式，而在互动网络营销传播平台上，品牌面对的是消费者的自主传播，互动性极强。如果对消费者过分放任自流，传播形式和传播调性是难以控制的。其次，从传播内容来看，在大众传播时代，广告传播是广告主付费在媒体上传递品牌信息；而在互动网络营销传播平台上，消费者在互动媒体上自主发布信息，其内容未必符合品牌形象，因此该媒体除了提供消费者发布信息的有效平台，还兼具监测品牌负面信息、处理突发信息事件的职能。需要将互动网络媒体分为不同的层面，利用不同的形态对品牌信息和消费者互动进行管理。

① 笔者 2011 年 1 月对时任奥美世纪中国执行副总经理王宏鹏的访谈。

② 笔者 2010 年 9 月对时任日本 Rakten 首席财务官 Ken Takyama 的访谈。

互动网络平台被认为是可以把世界上所有的信息进行整合的平台，是全球化的传播平台，实现的是全球性信息的接入和应用，这就越发使得品牌对整个平台信息的管理倍加关注。在大众传播时代，品牌在一个国家的形象，不会或很少影响到它在另外一个国家的形象，但在全球化的今天，新产品的上市传播，就等于是面向全球的传播。一个品牌在某一个国家的形象直接影响到它的全球品牌形象，负面正面影响均如此。从这个角度看，管理品牌在互动网络平台上的信息是品牌建构的重要组成部分。

互动网络平台的终端可以是互联网、电视、手机或其他移动终端。近年来手机平台的发展日新月异，以中国为例，中国互联网络信息中心（CNNIC）2010 年 7 月 15 日发布的统计报告显示，截至2010 年6 月，中国网民规模达到4.2 亿，宽带网民规模达3.64 亿，手机网民规模达2.77 亿，半年新增手机网民4334万，增幅为18.6%，其中只使用手机上网的网民占整体网民比例提升至11.7%。[①] 由此可见，手机互动平台虽然起步晚但发展迅速，手机作为互动网络家族的后起之秀，有很大的发展潜力。

手机媒体的信息管理越来越受到重视，Google 将手机认定为互动商业平台，有责任连接手机用户与广告，它把自己定义为营销平台。Google 认为手机是消费者实现自主传播的平台，因此移动运营商和内容提供商有义务为消费者和广告主提供一个管理完善的传播平台。手机用户的实名制和其点对点的传播特点使得手机平台的营销传播比互联网平台的更为深入有效，能更精准地到达筛选出的目标消费者，实现一对一的精准营销。

手机用户的急速增长让我们的研究重心发生了变化。在2008 年 PC 用户稳定增长速度为 40%，而手机用户增长了

① 数据：http：//tech.163.com/10/0715/12/6BKRUBKL00094IJC.html

200%。对于移动搜索各种指标的研究成为我们新的工作重点。①

新的移动技术的应用，比如QR Code（二维码）、AR技术（实景增强技术），让手机变成一种跨平台的传播媒体，产品信息可以轻易地通过手机与用户互动。②

据统计，日本70%的手机用户都使用二维码（Quick Response Code，简称QR Code），而AR（Augmented Reality，实景增强）技术在应用层面需要的是一个带照相功能的手机，因此移动新技术的门槛并不高，而关键在于如何将品牌的创意表现与新技术相结合。2010年，日本电通为iphone设计了一款名为iButterfly的Apps应用客户端。以AR技术为切入，将平面媒体与手机传播平台相结合，成功地推广了数以千计的服务商家优惠信息，类似中国的大众点评网，但其唯美的造型和独特的传播形式吸引了众多消费者参与。“2010有多少只蝴蝶在日本上空飞翔”既是传播口号，也成为消费者关注的时尚话题。

第四节 搜索和分享

一、消费者也是传播者

互动时代消费者的变化，焦点在于互动网络传播平台所能实现的搜索与分享。

---

① 笔者2010年9月对时任日本Google资深策划Norio Imai的访谈。

② 笔者2010年9月对时任日本D2C移动传播公司业务总监Daisaku Koyama的访谈。

伴随着现代营销传播的发展，对目标消费者的研究越来越受到重视。现代广告发展的一个重要转折点是从重视产品到重视消费者参与和体验，是从 4P 到 4C 的变化。现代广告传播发展的路径，是随着对消费者在广告传播中的重要性认知而逐步形成的。

广告实践和理论中对消费者行为和心理的探索研究从来都没有停止过，其最终目的，是找对真正的消费产品和对产品有忠诚度的目标消费者。大众传播时代，对目标消费者心理层面的研究突出，其目的是为了让目标消费者更好地认识品牌并建立对品牌的忠诚度，以达到让消费者长期购买和使用的目的。为了获得目标消费者的准确的心理洞察，广告策略人员从接受者的角度把消费者分成不同的群体，进行消费心理细分研究。由于社会形态和消费行为的复杂化，传统的按照性别、职业、年龄等所谓人口数据统计的消费者细分标准，已经无法精确测定消费者的行动，针对新的社会形态，市场研究者推出了新的消费者调查手段，针对消费者进行更为深刻的社会阶层分析、个性分析和生活形态分析。这是大众传播时代研究目标消费者心理以实现准确品牌定位的策略手段，其中获得有效的消费者洞察是最终的目的。消费者洞察始终是广告营销传播中至关重要的一环，它挖掘消费者对产品或服务的真实心理需求。消费者洞察英文为 consumer insight，指对消费者的洞察力，与消费心理有很大关系，在理论上消费者洞察与心理学有着很深的渊源。从广告传播角度看，消费者洞察深入探讨消费者的心理需求，立足于消费者与被传播的产品或服务的主要利益点的关联，他们怎样看待该品牌、品类或服务以及他们的行为、信念和感受。

而互动网络平台给营销传播人带来了前所未有的空间，因为消费者既是信息的接收者，也可能成为品牌信息的主动传播者。

在大众传播时代，品牌传播的重要目的，是让消费者通过品牌体验以实现对品牌的忠诚。于是如何让消费者在恰当的时间恰当的地点获得恰当的信息，是广告营销传播的一大任务，广告战役以达成这一任务而宣告圆满结束。在互动网络营销时代，营销创意传播的任务不变，但广告信息的传播过程并没有因此结束。品牌信息触达目标消费者之后，如果消费者有兴趣，就可能成为另一次品牌传播的起点，消费者担当起再一次传播品牌的任务，成为传播者，将信息传递给另外一些人群……这样就形成了一个又一个的品牌传播的循环。消费者变成了一个又一个的传播媒体，作为信息接收者的消费者在另一个传播中成为信息的传播者。

在互动网络营销传播时代，广告人关注如何在互动网络平台上让更多消费者加入到传播中，把更多的消费者变成品牌的传播者。在互动网络平台上，古老的营销传播方式——口碑传播被提到了前所未有的高度。消费者的传播、再传播、三次传播……N次传播，形成了对品牌有强大影响力的传播的体系、传播的网络，这会增加更多的目标人群对品牌的认知和好感。

就是似乎它不断地在互动，是进行时，而且它还有一个非常大的特点，就是它给消费者留一个空间，我把一个广告做出去了，它还要消费者去参与，我所说的留一个空间，就是不是特别完美，否则消费者参与不进去。这样就和讲故事一样，消费者会去参与，而且他还会去传播，分享并且传递。比如你看到一个好东西，你觉得这个东西太好玩了，你就会发给同事、朋友，然后他们看了之后又会去转发。这样事情有了进展，它有了一个变化，而且这个变化又可以有下一步的进展。相比于传统，很大的一个区别就是它不断地在发生，来来回回的，就是关系正在发生，而不是说已经发生了就结束了，这个不断发生的，就是创意上要考虑的问题。[①]

现在的消费者，购物之前能在互联网上找到成千上万的相关信息，所以光靠说服非常困难。要创造高于产品本身利益的东西出来才能吸引（他们），例如个性。[②]

更喜欢参与和互动的感觉。就像播种一样，有很多东西是集合大家的力量让它一起长大的，有时候产生的结果也是大家意想不到的。[③]

口碑营销是消费者主动再次传播时无意间成就的事实，对于品牌的商业传播是可遇不可求的最佳结局。传统的口碑营销是指营销传播活动通过人际关系，比如朋友亲戚的相互交流，将自己的产品信息或者品牌传播开来。其特点是成功率高、可信度强。口碑与普遍意义上的商业广告不同，背后凝聚着更有信赖感的推荐的成分。在互动网络平台上消费者的多次传播中，品牌的价值被增强、被分享，并且削弱了品牌不受信任的商业的传播因素。现在越来越多的品牌利用互动网络平台的不同传播形式增强口碑传播，把消费者在更广阔的空间里变成传播者。消费者个体已经成为具有重要影响力的媒体。DDB 传播公司在全球范围内转移传播战略，他们认为对营销传播人来讲，在互动平台上要做的不是全方位的传播，更为重要的是如何把消费者变成一个个有效的传播媒体。

现代营销意义上的广告，是依托于大众传播媒体的商业付费传播，为品牌实现商业化的信息传播；而口碑营销强调的是主动传播、是分享，其落点不在商业传播而是与熟人的分享。在互动

① 笔者 2009 年 3 月对时任华阳联众资深创意总监邢邢的访谈。

② 笔者 2008 年 12 月对时任知世传媒中国大中华区执行创意总监沈翔的访谈。

③ 笔者 2008 年 12 月对时任传立传媒创意总监张健羽的访谈。

网络传播平台上，传统口碑营销的内涵外延也发生了巨大变化。一方面口碑营销基于熟人推荐、信任为本的优势被继承；另一方面，传统的口碑营销在互动网络平台上影响力更强、涉及范围更广、影响的人更多。

二、主动搜索在互动营销传播中的意义

搜索引擎的发明使得消费者主动搜索的愿望得以实现，消费者可以在互动网络上轻而易举地从巨量而庞杂的信息中获得自己所需要的信息。近年搜索引擎营销迅猛发展的重要原因在于它为消费者主动获得信息提供了可能性，并使其获得信息的过程变得简单化。

搜索概念在大众传播年代是不存在的，它是互动网络平台独特的传播形态，是使互动网络平台越来越受消费者青睐的一个重要原因。就搜索引擎能够提供的高度筛选信息角度而言，大众传播时代的任何一种传播方式都没法与搜索引擎相提并论。当营销创意传播人和消费者先后发现了搜索引擎可以搜索品牌信息、并精确定位信息的时候，搜索引擎便成为互动网络营销传播的新宠。而探索搜索引擎营销的各种形式、研究搜索引擎营销究竟能给品牌传播带来什么，成为广告营销人和互联网媒体人时刻关注的问题。目前，几乎所有新型的广告公司都先后成立了 SEM（搜索引擎营销）部门，搜索引擎优化和关键词营销成为互动网络创意传播整合的不可或缺的环节。

消费者在了解品牌、产品时就像鸟儿筑巢一样，看见一个枝杈就会叼回自己的巢里。同样消费者在什么样的渠道看到什么样的信息、在搜索引擎中搜索到什么样的关键词和产品信息，都将

形成对产品的整体认知。①

关键词技术处理和实践探讨成为搜索引擎平台最具魅力、最有挖掘潜力的研究。搜索引擎已经成为互动网络平台上新的产业经济——搜索经济。互联网、移动网络等互动平台发展迅速，带来的一方面是信息的过度膨胀，另一方面则凸显了搜索引擎的重要性。

从消费者层面谈搜索引擎，不仅是因为这是互动平台重要的传播形态，还由于消费者对于主动搜索的拥趸使得其参与度得到很大提高。消费者不仅仅是买东西时会利用搜索引擎，他们对搜索引擎的使用已经成为常态、成为必须。2003 年搜索引擎的使用率只有 23%，而 2009 年其使用率已高达 98.7%。通过搜索引擎得到的信息变成了他们判断、衡量商品的重要指标，消费者对信息的搜索和其购买形成了直接的关联，网络搜索在消费者购买行为中占有越来越重要的位置。消费者无论购买任何品类的产品，都会进行事前搜索的行为被 Google 称为 Pre - shopping，搜索引擎成为显示消费者需求的晴雨表。网络搜索成为消费购买的决定因素之一，是购买决策中的重要环节。

百度或 Google 上面在搜索的时候会出一些广告，很容易引人注意，我可能就会看看；因为我有需要。②

随着搜索引擎的不断发展，搜索营销越来越受到广告主和营销传播人的重视，搜索媒体也不断探索搜索引擎在营销传播上的应用，搜索引擎产品不断升级，比如百度针对不同层级的搜索需

① 笔者 2011 年 1 月对时任奥美世纪中国执行副总经理王宏鹏的访谈。

② 笔者 2009 年 2 月对消费者朱 XX 的访谈。

求，先后开发了品牌专区、精准广告、关联广告等搜索引擎营销产品，同时配合开发了百度司南、百度统计、百度广告管家等优化搜索引擎的工具，以“框计算”平台为基础鼓励技术创新，为广大应用内容服务商搭建合作平台并整合新技术，开放共赢的搜索平台。搜索营销的价值也越来越得到市场的认可。

现代营销创意传播研究消费者行为和消费者心理以获得对目标消费者真正需求的了解，搜索引擎技术可以记录并分析消费者的行为，带来了消费者心理研究的深入。搜索引擎为消费者深度心理层面的研究，提供了一手的庞大的数据，他们在互动平台上的搜索、浏览行为也为营销传播人研究消费者心理提供了重要的数据。互动网络平台使得消费者洞察的方式有了重大的改变。消费者主动搜索为消费者心理研究提供了大量资料，直接导致可以用消费者群体行动反过来折射单个消费者心理洞察。互动网络平台的消费者心理研究提出了与大众传播时代的消费者心理研究完全不同的想法。在这个平台上可以通过一群人寻找一个人，从背后分析、反推为什么他们感兴趣，信息指向是什么。通过消费者明确的行为来研究其心理层面，消费者主动搜索的数据可以成为消费者洞察参照的重要指标。

对于消费者洞察的研究，除了可以对消费者在互动网络平台上传播分享信息所获得进行数据分析，搜索同样也是记录消费者行为和心理体现的一种手段，因此，搜索引擎对于传播策略的制定同样有着十分重要的意义。

三、细分消费者与精准营销

互动网络平台上消费者的传播、分享机制带来了消费者群体归属、划分的新课题。在大众传播时代，消费者洞察是以获得个体的典型特征为群体参照的；而在互动营销传播时代，在互动网络平台上自然而然形成了无数个细分的市场格局。人群细分为整个传播层面的策略制定提供了社区化概念的可行性。每一个上网的人会根据自身的爱好，主动把自己归属于不同的社区，形成志同道合的同道社区、同好会、圈群等。这些提法都是指向这些不同的群体、社区。

互动网络平台真正实现了细分市场的可能性，比如 MSN、QQ 等即时通讯工具，还有各种大大小小的社区，打破了传统的消费者市场细分的方式，在这里没有年龄、没有地理区域限制、没有重点市场，没有收入和受教育程度的歧视，唯一的划分标准就只有兴趣、爱好。这为营销传播的运作带来了一场真正的革命。细分消费者与精准营销挂钩，网络使用者主动寻找信息，与此同时各种社区应运而生。

互联网把世界变平的同时，也将世界割裂为无数方寸之地。真正的细分人群成为可能，人们将创建无数的同道“社区”，集结全球的趣味相投人群，并互相影响。①

消费者主动寻找信息，把自己的感受、体验与有共同追求爱好的人进行交流，形成彼此影响的群体，这种共同的对产品使用的体验、对某一品牌的喜好不再是个体行为，而是一种群体行为。社区共同的意志增强了消费者对某些品牌的认知和忠诚度，这种对品牌的共有力量，增强了传播力量，直接影响品牌资产的增加。

我通常看论坛，讨论化妆品的论坛，然后决定买什么，再等

① 笔者 2009 年 12 月对时任 Bate141 中国创意总监楚戈的访谈。

待优惠促销。我比较相信论坛上的人的讨论意见。[①]

我去当当网。有个同学在 QQ 上给我介绍的，他们都在那儿买。那儿有我们需要的书，我就随大流了。[②]

各种社区更加细分的传播群体是精准营销得以实现的前提，针对心理认知相似、有共同爱好、追求的人去制定品牌策略、推广品牌会更加精准有效。这种划分比大众传播时代利用传统人口统计方法，或者是消费者行为来细分市场来得更为精确，它打破了传统的市场细分理论和实践操作规则，对营销创意传播和品牌的建构产生重大的影响。

目前，营销传播人、媒体传播人和广告主都认识到，消费者在互动网络细分市场的行为变化，是为新的营销策略的制定带来操作上的变化的新动因。消费者对不同的社区会有所关注，并选择加入自己认定适合的小圈子。互动网络平台消费者细分的状态给营销传播人为今后品牌营销传播的策略制定、创意发展以及推广执行提供了全新的依据。对互动网络平台的精准营销研究与探讨还刚刚起步，目前还处于初探阶段，如何定义、怎样操作等问题都有待深入研究和实践检验。

如今，新一代消费者的成长使得对互动网络社区的研究更为重要。随着 80 后全面成为社会的主流中坚力量，以及 90 后的逐渐崛起，一些诸如同好会、圈群等特殊网络名词也随之兴起，品牌传播需要对他们进行更加细致准确的把握。90 后是“喝着互联网的奶长大的”，他们的生活环境、行为方式尚难以把握。

网络使用者变得更主动，更喜欢参与和体验。同时因为更多

① 笔者 2009 年 5 月对网络使用者金 X 的访谈。

② 笔者 2009 年 3 月对网络使用者老鑫的访谈。

知识与经验的共享，他们的意志也必将影响世界。简单地说，他们拥有了联合起来的势力，而不再是之前单个脆弱的个体。①

网络群体不只是一个概念，而是任何一个营销传播都必须面对的问题。互动网络的技术和数据分析，让我们拥有了把握这一群体的勇气。②

他们习惯了互动的思维方式，因此，利用社区细分对新一代消费者的心理行为进行深入了解是可行的也是必需的。品牌传播想要更好地把握未来的新型消费者，深度研究互动网络平台中的消费者心理和消费者细分显得极其重要且刻不容缓。

① 笔者2009年12月对时任Bate141中国创意总监楚戈的访谈。

② 笔者2010年6月对时任美国芝加哥Razorfish策略总监Jim Cridlin的访谈。

第五章　创意传播管理的服务模式

互动传播平台的建立带来了消费者主动参与的可能性，以消费者为传播接受者的营销传播体系被逐渐打破，由此广告代理公司的服务内容和方式也发生了巨大改变。这种顺应了营销传播新环境的变化所导致的主要结果，不仅表现为营销传播结构中人的变化，而且从根本上改变了传统的广告营销传播的服务模式，转化为互动网络环境下创意传播管理服务。本章主要讨论互动网络营销传播中品牌建构的核心问题的改变、营销传播主要策略来源的变化、互动网络传播平台与传统的大众传播媒体传播状态的不同，以及互动营销传播体系崭新格局的形成——消费者协同品牌价值共建与传播内容的协同创意。

第一节　传播管理是品牌建构的核心

品牌建构的核心问题是品牌如何建立与消费者长期稳定的关系，以获得更多高忠诚度的目标消费者。在大众传播时代，由于媒体资源和消费者接触媒体的阶段性特征，怎样传播、传播什么、对谁传播之类以传播为中心的关键词是营销传播人所关注的重点，“传播”是品牌建构的关键。而在媒体资源异常丰富的互动网络环境中，如何管理传播必将成为品牌建构的核心问题。

一、互动网络就是现实生活

互联网刚刚起步的时候，几乎所有人都把互联网认定是虚拟世界的交流工具，极少有人认为互联网对人类真实世界的社会生活会产生深刻的影响。互联网的虚拟体系只是一个批量信息的共享平台，网络使用者可以在巨量信息里寻找自己需要的信息，而目标消费者是虚拟世界中一个看不见的信息接收者。

随着网络技术的发展和网络实名制的推行，网络变得几乎与现实生活完全同步，互动网络成为人们的现实生活。人们日常的工作、学习、购物、休闲都能在互动网络上找到归宿，互动网络的使用者成为和真实目标消费者具有同样研究价值的人群，消费者特征、消费行为、消费反馈……在互动网络中都能找到更为精准的数据，而且互动网络的消费者数据更聚焦于消费者行为和心理层面，更有利于研究品牌传播策略发展的一些深度问题，比如消费者洞察，因此互动网络平台必然成为品牌研究的重要阵地。

网上的海量数据是消费者分析的基本素材，甚至比现实调查来的还要丰富。如何很好地利用已经成为新的课题。①

我们的策略部就是为联结消费者的网上行为而设立的。策略不光做客户的产品传播策划和品牌发展策略，更重要的是挖掘消费者洞察。我们有一个 CIG（Customer Insight Group，消费者心理洞察组），就是专门做这方面的分析的。②

所谓互动网络就是现实生活，包含的另一层意义是，人们可

① 笔者 2010 年 8 月对时任星传媒体 Xpanse 中国总经理许顺杰的访谈。

② 笔者 2010 年 6 月对美国芝加哥 Razorfish 调研总监 Catherine Schaberg 的访谈。

以利用互动网络实现自己任何一个层面的需求。根据马斯洛的人的需求理论，个体有五种需求，呈现金字塔形，从下往上分别是：生理上的需要、安全上的需要、感情上的需要、尊重的需要和自我实现的需要。同一时期，一个人可能有几种需要，任何一种需要都不会因为更高层次需要的发展而消失，但每一时期总有一种需要占支配地位，对行为起决定性作用。

互动网络可以满足人所有的需求：比如我们可以在网上购买食物满足生理上的需要；可以在论坛隐身阅读、匿名发文满足安全的需要；可以在社交网站交友聊天满足感情上的需要；可以发布别人需要的信息以满足成就感，实现被尊重的需要；可以写博客、发微博来表现自己的创造力以满足自我实现的需要。因此，就人的需求层面而言，互动网络平台是可以让每个人实现自己的不同需求的，各种需求都能在互动平台上寻找到原点。同时，互动网络平台还能帮助大家更全面、更深刻、更张扬地实现自己，互动网络平台上的生活比真实生活更互动、更透彻、更纯粹，个人在互动网络平台上的行为更容易引起关注、获得赞许和掌声，对个人而言，很多时候互动网络使个人需求的实现显得更加充实、满足感更强烈。

我每天打开电脑显示屏查邮件，然后 Facebook，看看朋友间有没有新鲜事。打开 Skype，看书找资料时也都挂着。①

网购呀！特别喜欢漫无边际地在网上找东西，夜深人静的时候，一找就是好几个小时。买到价廉物美的好东东，心里美死了。我几乎什么都在网上买。习惯了，宅惯了，懒得出去逛商场。②

---

① 笔者 2010 年 6 月对美国网络使用者 Filippia N. Iboko 的访谈。

② 笔者 2010 年 9 月对日本网络使用者 Ayako Ikehara 的访谈。

喜欢在网上找音乐，也上论坛评论喜欢的歌手和他们的音乐。有很多共同爱好的人聚在一起分享。其他人顶我是件很开心的事呀。我就会更深入地去找那些外国歌手的资料，成为他们的Knowhow，网上很多人就会对我另眼相看的。①

互动网络应用的全方位开发，为消费者提供了一个真实的生活平台，网络就是生活。从消费者研究角度看，在互动网络上获得真实的心理洞察的可能性更高。

二、挖掘品牌的营销传播问题

在大众传播时代，广告公司以专业的作业流程和科学的营销传播策略工具，帮助客户更好地解决不同阶段的产品销售和市场营销问题。对客户的销售和营销问题，诸如如何建立品牌形象、如何在销售旺季增加市场份额、如何在销售淡季保持市场占有率等，都会做预期性的营销策略，然后找到专业的广告代理公司，将营销策略转化为传播策略，对目标消费者进行传播。这种从品牌的营销问题出发，进行市场调研，制定有的放矢的传播策略，找到传播主题，然后再依据策略执行创意表现，最后策划购买媒体实现传播的经典服务模式是几乎所有的国际4A广告公司，比如奥美、麦肯、精信、智威汤逊等都在遵循的服务模式，以此为广告主提供全方位的品牌传播服务。这种服务模式也使众多中小型广告公司在发展过程中不断走向规范的专业服务模式。

而到了互动网络营销传播时代，互动网络平台使得营销问题的呈现形态和方式发生了变化。在互动网络上随时可能出现品牌的相关问题，而品牌一旦出现问题，便是产品销售、营销传播和

① 笔者2009年3月对网络使用者王××的访谈。

品牌形象的共同问题，因此，销售和营销的预期策略难以按部就班地实现，而是在可能出现品牌问题的第一时间，如何尽快调整传播策略和销售营销计划，让营销传播重新步入正轨。互动网络就是现实生活，在这样的社会生活平台上，客户的营销问题一览无遗，其呈现形式也变得多种多样，品牌公众形象、突发事件的应对、价格问题、销售渠道、售后服务、客户关系等多种影响品牌资产的元素在互动平台上都可窥其端倪。互动网络平台可以呈现品牌传播的所有问题，在此平台上客户有机会掌握品牌的未来发展和面临的营销问题的第一手资料，营销传播人员时时关注自身品牌在互动网络上的变化，正是发现潜在的品牌营销传播危机的大好时机，有可能将问题控制于未然，避免危机发生后的措手不及。互动网络同样也是品牌营销传播的宏大的监测平台。由此，如何从这个庞大无比而又时时变化的互动网络中挖掘出对品牌营销传播有价值的信息，其核心问题再一次落在传播管理上。

网络是一种敏感的消费者反应器，使用者对产品的一切感受都可能通过网络分享出来。我们可以根据其中的一些元素分析出他们心理层面的真实需求，设定再次传播的机遇和方式。最近我们在网上重新上市了一种被认为品牌已经老化的糖果产品，用一种怀旧的传播调性，以 Facebook 作为推广阵地，非常成功。①

在变化中寻找有价值的点，在不利的负面信息中挖掘品牌传播的动因是网络给广告策略发展的特殊机会。市场人员需要有敏锐的洞察力，捕捉品牌传播契机。②

① 笔者 2010 年 5 月对时任美国芝加哥 Tribal DDB 总经理兼执行创意总监 David Hernandez 的访谈。

② 笔者 2010 年 4 月对时任美国 Schafer/Condon/Carter 广告传播公司总裁 David Selby 的访谈。

手机网络上的消费者反应是最直接的体现。虽然代表消费者个人，但常常会折射出群体的品牌感受。这一时代的广告策略比任何时候都更重视对个人的关注，忽视了个人，就等于忽视了消费人群。[①]

在互动传播时代，品牌的营销问题存在于互动网络的不同层面，企业时刻关注并发现营销问题成为营销传播的重要需求，同时管理品牌在互动网络平台上的传播成为广告公司的重要任务。互动网络使品牌传播遇到危机的可能性大大增加，一个消费者对品牌的极端个人的感受可能导致品牌资产的巨大损失。Jack Neff在美国《广告时代》杂志2010年2月刊发表了一篇名为“Can one bad tweet taint your brand forever?”的文章，讨论了在互动网络时代少数人的意见很可能给品牌带来难以弥补的损失，使品牌陷入深重危机的问题。品牌在何时以什么样的方式和姿态对消费者的负面意见做出反应是值得深入研究的问题。“在网上发现消费者对于产品和品牌营销传播的不满情绪，并不是一件难事，现如今更是可以更快地获得此类负面信息，但何时、如何对其做出反应是营销传播的新兴科学研究——或称为一种艺术。”[②] Jack Neff建议，对消费者的负面信息从信息来源的可靠性、信息的影响范围、负面抱怨的公众认同度、抱怨的认真程度、品牌的反应是否会起到副作用以及这种抱怨对忠实用户的重要性这六个角度进行研究分析。

既然在互动网络平台上品牌传播的问题是产品销售、营销传

① 笔者2010年9月对时任日本D2C移动传播公司业务总监Daisaku Koyama的访谈。

② Jack Neff, “Can one bad tweet taint your brand forever?”, Advertising Age, Feb. 2010, P12.

播和品牌形象的共同问题，广告主和广告人需要在问题出现之始就理出问题的关键所在，找到问题的根源，制定有效的应对策略，尽快有效地解决问题。在互动网络时代，广告主自身必须直接对品牌的营销传播进行管理，简化决策机制，随时挖掘营销问题并及时应对突发性事件，缩短解决问题的时间；而广告公司也需具备这样的管理意识来协助广告主进行有规划的品牌传播管理，方能在激烈的市场竞争中立于不败之地。

三、品牌传播的关键在于管理

互动网络平台是消费者共同参与建设的巨大的营销传播平台，信息传播已不是关键所在，广告公司基于品牌的传播策略发布的营销传播活动、营销传播战役的成败关键不在于触达了多少消费者，而在于这些品牌信息吸引了多少目标消费者的参与分享以及再次传播，对于营销传播者则是传播管理的过程。

在互动传播平台上呈现的相关的品牌海量信息中，有一部分是品牌最初的传播者即营销传播人员发出的品牌传播信息，另一部分则来自于网络使用者传播的信息，这些信息随时随刻都需要系统化的管理。这些信息不能一时简单地划分为正面或负面信息，而是要基于品牌传播的长期需求，从信息的不同层面提炼出再次传播的核心概念。营销传播要做的就是对符合目前传播主题的信息加大传播力度，同时，时刻关注网络使用者提出的问题，随时处理传播中产生的负面信息，管理互动网络平台的整合化传播。管理是互动网络传播的起点也是终点。

品牌传播的关键在于管理，其中管理权重也是很重要的问题。在大众传播时代，营销传播即是促进销售和塑造品牌形象的重要手段，企业愿景、政府高层公关和企业的战略规划并不包括在营销传播层面。而在互动网络营销传播时代，企业品牌营销传播的任何层面都暴露在互动网络平台上，牵一发而动全局。品牌传播管理成为企业的生命线。企业的最高层时时面对公众的品牌信息反应，品牌的正负面信息的传递与品牌资产的增减成正比，品牌营销传播会深切地影响企业的发展，决定品牌资产的增加或减少。

CCM（创意传播管理理论）站在营销传播不断聚变的角度，提出以管理为中心的互联网营销传播系统。网络化的关系思维决定了 CCM 将营销传播视为一个衡动量，企业和品牌需要在动态中把握消费者的需求、制定可能随时调整的传播策略，在与消费者共同完成品牌建构的同时，产品销售自然不成问题。在 CCM 的管理系统中，长期的品牌建立和短期的促进销售并非矛盾和相互排斥的传播活动，而是统一系统、统一管理的共同成果。消费者可能既是品牌建构的参与者，也是产品的最终使用者。互联网平台的海量信息和观点自由，如果没有创意传播管理，导致的结果可能是品牌的无效传播和品牌的负面传播。因此 CCM 强化的是管理无时无处不在，让品牌的发展轨迹在管理中由消费者参与建构，让品牌在与消费者的“协同创意”中不断壮大。关于“协同创意”在本章的第四节有详述。

互动网络时代也是草根掌握网络信息和话语权的时代。然而互联网是个巨型的信息容器，任何人任何时候都能向里面装入任何信息。因此对于品牌，既需要梳理有效信息、铲除负面信息，也要管理和继续扩大传播可能增进品牌资产的重要信息。CCM 的两个重要环节——传播管理和创意传播——都离不开管理。传播管理在全面了解与企业有关的信息、传播内容、舆论环境的基础上，发现和关注不断发生的信息变化，并对信息变化做出快速反应。网络信息瞬息万变，造成网络信息海量化的一个原因就是在网络上信息生成速度比传统媒体要快很多。当一个爆炸性事件发生后，短时间内网络上就会出现铺天盖地的相关新闻和评论。

网络上爆发的各种企业形象危机或许会给人这样的印象，网络对于企业来说是危险的，一旦处理不当，便会瞬间给品牌资产造成巨大流失。的确，无数的企业在互联网的信息环境下不知所措，四处碰壁。但正是这一强大的传播平台为品牌带来了无限商机。品牌的知名度、美誉度甚至消费者的购买行为统统可能与之相关联，让品牌一夜成败。传播管理的目标就是随时发现传播机会、充分利用传播资源展开传播活动。

2008 年汶川地震时，两个企业参与赈灾活动的例子就是很好的例证。5 月 12 日汶川地震当天，万科总裁王石宣布捐款 200 万元，并为万科普通员工定了捐款 10 元的限制标准，这一做法一时间在社会上引起了巨大的反响，王石成了“王十”、“王拾”，各种声讨层出不穷，王石和他的万科陷入了“捐款门”。这种情况迅速在资本市场上得以反映，从 15 日到 20 日，万科股价大跌 12%。[①] 而在 5 月 18 日晚 CCTV 为抗震救灾举办的“爱的奉献”晚会中，广东加多宝集团（主要产品是“王老吉”）捐赠一亿元人民币，“王老吉”瞬间备受瞩目。网友纷纷自发为王老吉想广告语，并在网上主动传播：“中国人，只喝王老吉!”“要捐就捐一个亿（义），要喝就喝王老吉!”“把王老吉喝成世界 500 强企业!”“王老吉你确实太嚣张了，你有一罐中国人民就买一罐，你出一箱中国人民就扛一箱”……虽然其后也有反映这是“王老吉”自己策划的网络营销。笔者认为这种传播策略本身可以视为一种管理策略，这从另一个侧面说明，互动网络平台的传播管理带来了直接的传播效果。王老吉借助这样的公益营销取得了品牌推广的成功，其 2008 年盈利达到了 120 亿元，比 2007 年超出 30 亿元。[②] 这样的品牌传播效果在大众传播时代

---

① 数据来自互联网。http：//house. focus. cn/news/2008 - 06 - 05/482472. html

② 数据：http：//finance. aweb. com. cn/2009/5/13/22520090513134356150. html

是难以想象的。

在大众传播时代，营销传播最重要的成就是把产品促销提到品牌传播的高度，以品牌的力量增加品牌资产。正如广告营销界广为流传的名言——“我知道我的广告费有一半浪费了，但遗憾的是，我不知道浪费的是哪一半”①，传播在大众传播时代是件困难的事情，消费者的行为和心理是难以把握和分析的。而到了互动营销传播时代，信息传播变得轻而易举，品牌的信息和问题全部暴露出来，营销传播需要管理有效的信息，传播有益于品牌发展的信息，挖掘有利于未来传播的信息，同时还需及时发现不利于品牌发展的信息，分轻重缓急处理它们，规避传播风险，随时做好危机公关的准备。传播管理，名副其实地成为品牌建构的核心。

第二节　营销传播的主导策略来自互动网络

在互动网络传播环境中，品牌传播策略源泉的改变带来广告服务模式的改变。前文提出了互动网络是基于社会生活的传播平台，营销传播的关键是管理。接下来要讨论的是在传播管理的前提下，广告营销策略的主导问题。

一、品牌建构与品牌理念

一切都在变化的互动网络时代，研究品牌建构不可回避的问题是品牌理念的变与不变的问题，这是品牌建构和品牌理念的历史延续问题。在现代广告营销传播的发展进程中，广告行业对品

① 美国著名广告营销大师约翰·沃纳梅克（John Wanamaker）的名言。

牌建构、品牌理念、品牌核心价值这样一些问题在实践和理论上是有共识的。品牌建构是将品牌理念通过品牌的核心价值体现并传播。品牌不是一蹴而就的，而是需要长期不断的积累过程，在这个积累的过程中品牌需要面对许多问题，但品牌的核心价值和品牌的理念应该是品牌建构过程中不变的恒量。当大众传播和互动传播的诸多因素难以统一的时候，品牌建构中的不变因素是否依然不变，是笔者带着疑问设置的研究问题。

建立品牌并保持长期统一的形象需要通过长期执行统一的品牌理念才能实现，它不仅是大众传播时代广告营销传播的终极目标，也是互动网络环境下营销创意传播的最终目标。品牌理念是品牌经过长期的广告传播运作活动获得的具有自己独创性的概念，是品牌与消费者之间的桥梁，是品牌核心价值的体现。品牌理念代表此品牌为什么与众不同。它本身必须具有一种独创性，宣扬品牌的特殊内涵，强调其与其他相关品牌的不同个性，使得此品牌与其他品牌相区别。它所体现的品牌核心价值被认为是品牌传播中最具价值的要素，是品牌实施长期发展战略的必备因素，是品牌得以良性发展的立足根基。坚持长期传播品牌的核心价值，消费者在价值层面认同品牌，品牌才能获得忠诚的消费者。

在传统的广告营销传播领域，向来关注长期消费者认同的品牌形象的建立。眼花缭乱的互动网络传播技术和广告创意形式很容易导致广告创意人将品牌的核心价值丢弃或冷落。然而在研究中，笔者所访问的国内外 36 位广告人中，有 18 位资深广告创意人员认为，品牌的核心价值没有改变，也不应该改变。品牌理念始终是广告人不懈追求的目标。在互动网络环境中，营销创意传播的手段更加灵活，更加开放和自由，内容创意成为体现创意概念的重要组成。研究结果显示，营销创意传播重点仍然在品牌理念，仍然认为这是品牌建构的关键因素。品牌理念不变，是品牌建构的原点，品牌核心价值经久不衰，可以坚持几十年乃至上百年。传播品牌核心价值以建立经久不衰的品牌是营销创意传播的永恒话题，在品牌传播实战中需要不懈地坚持。

正如人性几乎从未有过改变，品牌理念也不会轻易改变。被改变的，只是形式和技巧。还有就是，如果你不喜欢，那你就可能看不见。主动权还是在消费者。①

我觉得品牌概念本身的差异不大，较大的思考点在于如何转换成表现。一来由于平台属性不同，更多的差异是互联网更贴近阅听群众，所以互联网的创意着力在互动性以及更多心理层面的理解。②

品牌理念没有改变。但广告已经被重新定义了，这不光是互联网的影响，但互联网在其中起到了关键的作用，用一句话来概括它，就是关系正在发生。③

在多变的互动网络环境下，品牌理念的恒久性与品牌发展的动态性之间的矛盾，引发了对品牌传播体系的再思考。互动网络平台上虽然品牌核心价值的持久性和重要性不变，但是创意传播方式和传播形态发生了很大变化。这种传播结构的变化，导致了营销创意传播公司服务模式和服务内容的变化。广告人需要将品牌核心价值贯彻到互动网络传播的全过程中，落实到每一个内容创意中，与消费者对话，吸引目标消费者的互动和协同创意，获取忠诚的消费者，成就品牌资产的增值。

---

① 笔者 2009 年 12 月对时任 Bate141 中国创意总监楚戈的访谈。
② 笔者 2008 年 12 月对时任知世传媒中国大中华区执行创意总监沈翔的访谈。
③ 笔者 2009 年 3 月对时任华阳联众资深创意总监邢邢的访谈。

二、传播策略服务的差异

品牌理念的持久性和它对品牌建构的重要性在广告业界达成了高度统一的认知，而如何将代表品牌理念的品牌核心价值准确有效地与目标消费者沟通，则关系到广告传播策略的制定。因此，无论是传统广告公司还是新型的营销创意传播公司对广告传播策略都高度重视。

目前，广告行业处于传统广告代理公司和新型营销创意传播公司交汇、百花齐放的时期，它们提供各种不同的服务模式，为品牌提供的服务内容差异性很大。它们的共性是，将品牌建构作为营销创意传播的最终目标。品牌与消费者之间的连接通过品牌核心价值的坚持不懈的传播得以实现，传播策略在其中起着关键的作用。但由于公司服务模式和服务内容不同，虽然同样制定传播策略，但采取的作业方式和专业工具差异很大，执行传播策略的方式和渠道差异也很大。不同公司对传播策略的制定有着完全不同的认知和不同的处理方法。其原因主要源自于不同的背景，也就是说广告公司的历史渊源决定了其对待对传播策略的处理方式。互动营销传播广告公司可按背景分为两种。

1. 以传统的大型广告公司为基础发展起来的新型广告公司，比如，电众数码、奥美世纪等，它们分别是电通和奥美分离出来的新型的互动营销传播公司，依然依赖其母公司的强大背景。这些拥有优良广告营销传播血统的新型公司，通常为母公司的客户提供互动传播服务，传播策略自然与品牌的整体传播策略一致，来自于母公司的策略部门。他们只需要思考如何在互动网络平台上实现传播策略的执行。就某种程度而言，这种集团作战，使得他们没有后顾之忧，不用担心传播策略的优劣会影响传播效果。隶属于跨国传播集团的互动营销传播公司，其品牌传播的整体策略以及对待传播策略的态度直接来自于母公司。

其实还是和以前一样，还是围绕 brand idea（品牌理念）来走，但是互联网是要求你的 brand idea 的应用渠道、策划要更往前走，比如这个 idea 是不是能被互联网适配……很多我们认为传统媒体的 big idea（大创意）到互联网上没人去看，因为它是一个 push 的过程，就像看电影，我在商场待在那，但在互联网上基本上是主动的搜索更多一些。但是我们的一个看法就是取决于你的 brand idea 够不够大，如果 brand idea 够大的话，实际上你讲求的是一些大理想，大理想是你可以有效地去适配到不同的互联网平台环境里的。[①]

我们自从独立出来后，与电通的共同客户是一半一半。我们在电通内部的时候基本上是共同的客户，现在有一半基本上是我们自己的客户。相对独立，但大策略还是来自电通总部。[②]

2. 以互动网络营销传播为自己的立足之本的新型互动营销传播公司。他们走过艰辛曲折的创业道路，逐渐感觉到了传播策略在互动网络营销传播中的重要性。他们对品牌建构、品牌理念和传播策略的认知是在实践的摸索中不断强化的。新型互动营销传播公司对传播策略的认知是逐步形成的，公司起步时的业务一般是网络广告的创意执行和发布。公司作业流程和操作的具体模式都是在摸索中慢慢形成的，他们非常期待科学流程的制定，期待为客户提供更专业化的服务。在公司发展的过程中，接触客户品牌越深入，对广告传播策略的关注度越深入，越来越认识到传播策略对于互动网络环境下品牌传播的重要性。

---

① 笔者 2011 年 1 月对时任奥美世纪中国执行副总经理王宏鹏的访谈。

② 笔者 2011 年 1 月对时任电众数码中国首席运营官张灵燕的访谈。

由于互动网络的资源非常适合传播策略的制定，能够提供精准的目标消费者和竞争品牌的信息，他们常常是利用这些信息进行探索性的传播策略规划。目前国内外的新型互动营销传播公司都面临类似的状况，比如中国的华阳联众，美国的 Razorfish 等。他们在互动营销传播领域奋战了数年，深谙互动网络传播环境和技术的发展，是互动营销传播的佼佼者。当他们意识到传播策略的重要性以及互动网络平台的资源优势时，他们就从传统的广告公司挖掘策略人才，加强互动网络营销传播中品牌传播的策略制定能力。这种趋势说明，新型互动营销传播公司若想完善自己的服务模式，必须走向品牌建构的高度。

传统的广告客户，知名度高的，比如汽车，丰田、宝马等，有 80% 的广告费用都用于传统媒体，只有很少的一部分是在网络这一块。我们的客户就不是这样的。我们的客户是大部分营销费用都用在网络上的，比如购物网站、在线游戏网站，他们的费用只有 10% 或 20% 用于传统媒体，这样的企业就需要我们做品牌。①

我们从来不空谈传播策略，策略是为客户解决真正的市场问题而制定的。我们知道如何将技术和传统创意结合，为消费者提供各种体验品牌的机会，而品牌的最核心的价值永远不变。②

因为互联网的消费者反馈很及时，创意其实更多地介入策略发展。传统公司把互联网作为媒体的时候，忽略了网络的整合传播，互联网不是单纯的媒体，只有更好的策略创意，才能在互联

---

① 笔者 2010 年 11 月对时任酷美思中国客户总监李昊硕的访谈。

② 笔者 2010 年 6 月对时任美国纽约 R/GA 总裁兼全球首席创意官 Bob Greenberg 的访谈。

网上引发传播的动力：口碑、话题、炒作。[1]

互动网络平台提供了建立品牌的技术支持和策略资源。互动网络营销传播的目标并没有改变，即促进销售和建立品牌，而两者在互动网络平台上并不矛盾，因此互动营销传播策略的探索和发展必将对短期的产品销售和长期的品牌建构产生重大影响。

三、品牌传播策略的源头

互联网发展之初，大家对网络提供的信息持怀疑态度。广告营销传播人员也觉得来自于互联网的信息可信度差，凭借从互联网上挖掘的信息来制定传播策略会有风险。随着网络技术的发展、网络实名制的推行、网络社区的形成，大家对于网络的信任度逐渐加强，越来越多的人觉得网络就是真实生活，同时，互动网络技术的开发使网络资源的深度信息挖掘和数据分析成为可能。

笔者在研究中发现，不同的国家对待网络信息的态度差异较大。美国、日本等发达国家，政府对网络后台管理严格，网络建设和应用的监控系统相对完备，因此网络使用者普遍对网络信息的信任度高，对网络欺诈性和网购的危险性认知度低。比如在美国网购，虽然也可以通过第三方付费，与中国支付宝、快钱类似的 Paypal，但这个平台是没有滞后功能的，C to C 购物时买家费用立刻支付到卖家，安全及时。而中国的第三方支付系统是买方先将费用支付到第三方平台，然后买家收到货品并同意支付后，第三方平台才会把费用支付给卖家。

随着网络信息的透明化，网络信息管理越发严谨，网络信息

① 笔者 2009 年 3 月对时任华阳联众资深创意总监邢邢的访谈。

的安全性及可信度都越来越高，互动网络平台的传播效果也越来越得到品牌的认可，品牌营销传播费用会逐渐从传统大众媒体向互动网络平台转移。因此互动网络平台有资格、有条件、有能力成为未来营销创意传播策略制定的源头。

我相信互动网络广告将会成为广告传播的主流，也会成为整体的传播策略的源头，更年轻的品牌首当其冲地会实行这个策略。而且互联网一代正在成为主流消费者，如“80 后”，“90 后”。因为“80 后”成为主流，他们的生活习惯和媒体消费习惯改变了。①

未来的品牌管理策略可能来自互联网。互联网现在说是一个平台，以后将是这个平台去辐射其他媒体，其实现在纸媒的很多内容是来自于互联网。②

互联网传播将为品牌塑造形成新的传播结构链。互联网广告与品牌、产品推广的重点永远保持一致……网络，从人们的应用，已经开始转换为人类生活的一部分。而且，转变速度惊人。③

品牌传播策略的源头来自互动网络，不仅由于品牌在互动网络平台上进行传播的比例增加，而且由于互动网络平台的应用日渐成熟，网络使用者越来越成为消费主流人群，竞争品牌表现等传播策略的关键元素都充分地在该平台上呈现，互动网络平台必将成为传播策略的主导源泉。在大众传播时代需要独立调查、分析、比对，进行各种市场数据分析，需要利用人为经验得出心理

① 笔者 2009 年 3 月对时任华阳联众资深创意总监邢邢的访谈。

② 笔者 2010 年 9 月对时任韩国 Cheil 全球策略总监 Jason Choi 的访谈。

③ 笔者 2009 年 3 月对互联网自由创意人张蓬的访谈。

洞察，然后提出传播策略、规划方向，最后发展出更细化的传播主题。在互动网络环境中，传播策略制定所需要的各种要素不变，但是互动网络平台所能够提供的信息资源，在深度和广度上都会远远超出传统调研时所获得的资料。比如，在互动网络平台上获得的目标消费者行为和心理特征会更广泛、更精确。对竞争品牌的研究，SWOT 分析竞争品牌的基本元素，优势、弱势、机会和威胁四个不同的出发点，在大众传播时代想要获取这些资料，要花费很大的代价或时间成本，而且还很不容易获得；而在互动网络平台上，这些要素通过搜索竞争品牌的广告、公关稿以及消费者对该产品的评论等，利用一些网络特有的技术和分析工具，便可以对各种数据进行深度分析。也就是说，互动网络环境让品牌对竞争市场状态的认知变得轻而易举。

另外，通过互动网络平台，对品牌传播主题的预期性测量也变得容易实现。大众传播时代对传播主题接受度的测量，需要专业调研公司执行传统的焦点小组调研（focus group），进行研讨、分析，过程繁复、花费不菲。比如，测试一个传播主题是否适合目标消费者，创意人员在做 focus group 之前至少准备三个以上的不同主题，对这些主题进行简单的创意包装，和其他的广告执行方案混淆在一起，进行调研。测试方案不可能与完成广告相提并论，创意人员通常会找相似的片子来测试，或是做成动画片、模拟片等，被测者会将执行与创意概念混为一谈。虽然广告调研人员事前也要花费许多时间和精力将符合传播要求和目标消费者的人群组织分类，但即便准备充分、操作专业，由于消费者不是处于自然接收广告信息的状态，这些信息在测试呈现时仍然可能存在很多问题，测试难以达成真实效果。在互动网络上进行广告主题测试的调研方法可以非常灵活，避免目标消费者发现自己被测试非常容易，可以写一段文字，通过不经意的渠道发表，然后跟进相应的 Blog、社区网站，跟进情况和跟进内容都可成为对传播主题接受度研究的重要依据。因此，很多时候通过对网络上的数据进行深度挖掘分析，可以对传播策略主题做出预期。

当然，为了获得更为精准的目标市场资源，有些新型互动网络营销传播公司将传统的市场研究手段与网络研究相结合，以获得更为全面和深入的发现。比如美国 Razorfish 的调研部门在目标消费者洞察挖掘方面，首先利用网络资源，技巧地包装一些观点，发到目标群测试，根据其反馈来判断、分析什么样的传播主题更受欢迎。由于消费者参与评论会暴露其真实想法，网络调查可以获得大量有效的数据，真正的消费者就在不知不觉中被测试了。然后，他们根据需要启动真实的消费者深度研究系统，对个别典型的消费者进行面对面的深度访问。

我们的市场研究人员非常重要。将现实与互动网络相连接，通过互联网和手机等移动终端进行消费者时时跟踪研究。这并不是说我们排斥传统消费者调研，恰恰相反，我们会采用更深度的方法跟真实的消费者见面。互动网络时代，品牌更需要准确的消费者洞察。①

无独有偶，将互动网络与现实相结合，对消费者进行全方位的研究，也受到国内互动网络专业研究机构的重视。远景联动开发了品牌网誉研究和管理工具及消费者研究系统，通过对网络消费者和现实典型消费者的跟踪研究，以专业的搜索和分析软件整理海量网络信息，对品牌的网络现状提出策略性概述；对个别具有深度挖掘意义的消费者进行面对面的深度访问，以获得更精准的消费者洞察。

---

① 笔者 2010 年 6 月对时任美国芝加哥 Razorfish 调研总监 Catherine Schaberg 的访谈。

目前，营销创意传播行业对于将互动网络作为品牌传播策略的源头的认知已经达成共识，并在积极地探索该平台的实践过程，尽管在观点角度和操作层面还留有一些历史沉积，整体呈现出新旧交替的状况，但互动网络成为未来的品牌建构和营销创意传播策略源头指日可待。

第三节 互动网络平台上的媒体创新运动

一、媒体策划与媒体购买系统的瓦解

互动网络传播平台较之大众传播的媒体环境发生的变化，在营销创意传播中主要体现为两个重大变迁：其一，消费者参与传播，成为互动传播体系中的接受者与传播者双重角色；其二，广告公司为品牌提供的媒体服务方式发生了巨变。

在大众传播时代，广告公司为客户提供服务，最典型的专业服务体系为：为客户提供适合不同时期发展的传播策略，根据传播策略发展创意理念并执行创意，最终实现媒体购买。此时的媒体服务主要包括媒体策划和媒体购买两个方面。广告公司的服务模式是广告主的广告媒体代理，收取媒体代理费是专业广告公司正当收入的唯一来源。

所谓的广告代理制是指广告公司代理客户的广告策划和发布，向媒体拥有者收取一定比例的代理费。客户并不直接付款给广告公司，媒体支付广告公司费用，而广告公司为客户提供的其他服务，包括策略和创意等在内部完成的各种工作都是免费的。现在的4A公司体系，源于美国广告协会（American Advertising Agency Association），4A即美国广告协会的缩写，是美国广告行

业联盟，在广告代理时代其重要职责是形成共同协议来规范行业的经营模式，将广告代理费用规定为17.65%。广告代理费来自媒体，是媒体支付给广告公司的佣金（Media Commission）。之后，全球各国专业广告公司联盟基本上都以美国广告协会为参照，推行17.65%的媒体代理费。广告营销传播集团化将策略创意服务与媒体代理分离，广告公司的经营模式随着服务模式的改变而变得多元化，媒体代理费与项目服务费成为并行的方式存在于不同的广告公司。

随着互动网络营销平台的建立和发展，广告营销传播环境发生了根本性的改变。在网络平台上，营销传播媒体形式异彩纷呈，变得无处不在。大众媒体的广告营销的媒体策划、媒体购买和媒体发布形式也有很大的变化，除了传统媒体的数字化以外，营销创意传播越来越多地利用媒体进行创新形式和内容的尝试。即便是包含着传统媒体因素的媒体策划，其追求的目标也变成了如何在有限的环境中更多地与目标消费者互动。就这个意义而言，媒体策划和媒体购买的原始操作体系实际上已经瓦解，营销传播的媒体服务远远超越了传统的媒体策划和购买，在内容创意和形式创新上都走得很远。

笔者在研究过程中也访问了一些专业的媒体公司和媒体购买公司。以斯达康媒体传播公司为例，他们最初的服务形式主要是媒体策划和购买的传统服务，媒体策划形式是侧重于安排客户的广告传播预算，实现媒体整合。而现在斯达康在媒体策划中考虑更多的是如何与媒体做深层创新结合。即便是传统的电视栏目，他们也会将客户的品牌传播主题与栏目特点紧密结合。他们积极加入更多与栏目呈现形式和内容相配合的创新手段来实现与消费者的互动，而不只是单纯购买30秒、15秒的常规电视广告时段。电视媒体看上去越来越像一个栏目的创新包装，让观众在不知不觉中全方位接触、体验品牌。

虽然很多时候我们认为中国的媒体整体上还处于卖方市场，广告费用持续增长，新数字领域飞速发展。越来越多的客户需要进行跨媒体的传播，内容整合的需求加剧。未来？未来属于移动互联。①

我们不再停留于为客户购买昂贵的电视媒体时段，我们以制造消费者体验为责任，致力于更深入地理解人性，希望在变化多端的数字时代，用开放资源获得更好的营销传播解决方案。②

随着三网融合的来临，IP 电视即将创新定义电视媒体。电视媒体的互动性会越来越强，消费者能够定制、分享并上传自创内容，可以通过电视终端实现与互联网完全相同的一切互动活动。IP 电视会成为营销创意传播人进行媒体创新、与目标消费者对话交流的新平台。跟与生俱来的互动平台互联网和移动网络相比，IP 电视的传播终端是人们熟悉的代表传统媒体的电视机，但其本质却是全新的互动网络平台，它是值得期待的一个全新的互动网络营销传播平台。

大众传播的媒体策划和媒体购买体系的瓦解是广告公司在媒体服务层面变革的体现。互动网络营销传播的不断发展带来营销传播形式的日新月异，传统媒体正在寻求与消费者更深度的沟通而带来的变革是两大成因。目前，越来越多的媒体策划和内容策划浑然一体，只有内容具有吸引力，消费者才有可能深入关注信息并参与传播和再创造。内容创意不仅是创意部门的工作，同样也转化为媒体策划在传播方案形成初期就必须思考的重要因素。在任何传播平台上，硬性广告越来越被消费者“鄙视”，而与内

① 笔者 2010 年 8 月对时任星传媒体 Xpanse 中国总经理许顺杰的访谈。

② 笔者 2010 年 5 月对时任美国 Starcom 媒体总监 Clauncie Burton 的访谈。

容创意结合形成一种淡化商业信息的形式则使消费者面对内容诱惑在无戒备状态下潜移默化地接受品牌信息。换言之，消费者其实并不想看到真正的广告，不管是传统媒体的重新包装，还是在互动网络平台上的新的广告传播形式，消费者只会为自己感兴趣的内容埋单。根据消费者的这种需求，很多新型的营销创意传播公司重组了自己的服务结构，成立一种整合了传播策略、创意、媒体和执行的综合服务部门，将其称为 solution（解决方案），相对独立于原来的媒体部门，为客户提供量身订制的营销传播解决方案。

我们当时建立的互动中心基本上就是非常完善、全面的，大概分了三块，业务是一块，媒体是一块，技术是一块，然后还有 solution（解决方案）部分，到现在也是用的这样一种结构。solution 提供创意、基础服务、公关服务、策划，包括我们所有的数据服务都在 solution 里。①

不同部门的联合作战非常常见，是将核心理念与不同传播方案（scenario）进行整合。如果需要，我们甚至会将数字平台的促销与实体店头营销相结合。②

广告公司服务模式的变化使得广告公司媒体服务的人员结构发生了变化。媒体服务部门的主要构成为媒体策划人员和媒体购买人员，前者主要与数字打交道，解决如何有效地将客户的广告预算合理地分配到不同的媒体和目标市场的问题，而后者主要执行媒体购买，两者分工明确；而互动网络传播的媒体服务人员分工不再那么明确，媒体服务人员既需要懂得互动传播平台的运作

① 笔者 2011 年 1 月对时任电众数码中国首席运营官张灵燕的访谈。
② 笔者 2010 年 9 月对时任日本电通客户群总监 Masaru Ariga 的访谈。

规律，又需要懂得传播策略，能够灵活整合应用各种媒体资源。

二、自媒体时代的媒体传播管理

所谓自媒体就是人人都是媒体。每个人都可以借助互动网络平台自主上传、编辑内容，甚至创造属于自己的传播品牌，比如博客、微博等。每个人都是媒体，打破了精英传播、主流传播的体系，带来了草根传播的崛起。近年来自媒体传播在网络上影响力越来越大，很多时候其言论的影响力甚至超过主流媒体，反过来被主流媒体关注。

在营销传播领域，如果自媒体应用得当、管理控制得当，就可能为品牌的传播恰到好处地加分；反之，则很可能为品牌传播带来很多问题。一个人一个媒体的自媒体时代给广告公司的媒体部门提出了一个课题，就是如何利用和管理这些五花八门的可能会为品牌带来价值或负面影响的自媒体。

自媒体的发展引发了草根领袖和其自媒体的商业化。网络上“草根”是指普通的网络使用者，草根领袖则是指一些普通的网络使用者，当他们对某个领域有着深入或独到见解时，其观点便会受到更为广泛的关注，表现为其博客或微博的人气旺盛、转帖或评论量大，同时其观点影响着相当一批网友。目前，从营销创意传播的角度，此类草根领袖的自媒体处于一种管理混乱的状态。起初，一些自媒体拥有者自行与小型广告主或广告公司合作，收取费用，将品牌相关的信息以广告或是内容植入的形式呈现在自己的博客或微博上。有影响的草根领袖的自媒体规模化发展，引起了专业营销创意传播公司的关注。在进行品牌传播管理的媒体策划时，如何将这批逐渐强大的自媒体纳入品牌营销的传播管理体系，与其他媒体相结合，是品牌创意传播的媒体服务面临的新任务。

例如，在“2011中国女性寻找幸福力年度行动”的主题传播中，传播者除了利用电视、报纸、杂志、广播等传统媒体，还在互动网络平台上实现了自有媒体——官方网站，付费媒体——门户网站、视频网站以及可占有媒体——人人网、新浪博客、新浪微博的整合。值得一提的是，传播者还利用新浪微博上的草根领袖的名博——粉丝43万的博主的影响力，关键字嵌入星座热点话题，加入“寻找幸福力”LOGO（如图12），发布十二星座幸福力排名（http：//t. sina. com. cn/1655890975/wr4kmX9cck），成为被热门转发的上榜微博，一周内的原文转发量达13560次，评论量达1500条，受众约500万人。大量网友对“幸福力”和“寻找幸福力”的信息进行体验式接收，使网民对关键字产生兴趣，从而促使其进一步获取信息，最终提高“寻找幸福力”年度活动的知名度。

广告公司为客户提供恰当的、适合整个品牌持续发展的营销传播服务，对互动网络平台上所有媒体的监测和管理成为其中的重要组成部分，随时跟踪发现消费者对品牌的褒贬信息，尽快反馈到客户，尽快制定出应对策略，并执行新一轮符合品牌形象的传播主题，进行再次推广。

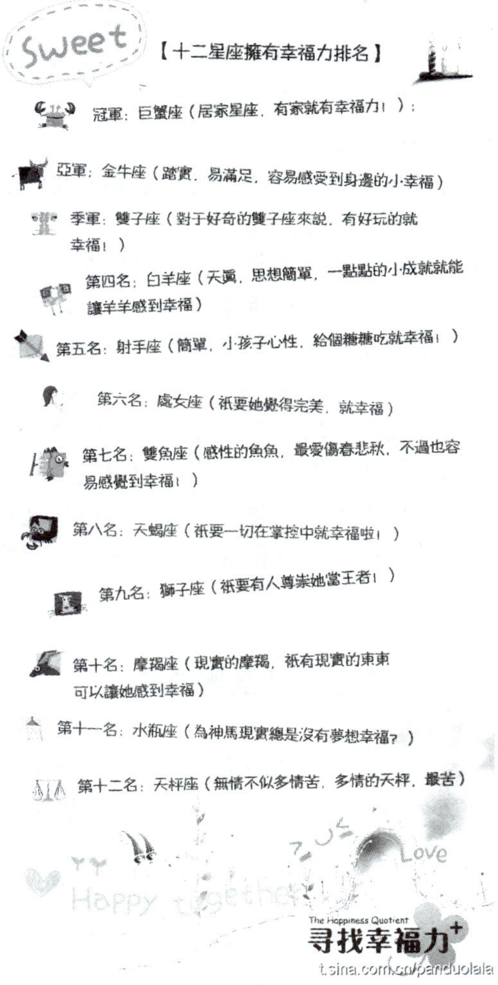

图 12 “寻找幸福力”草根名博热帖

自媒体时代的一个重要特征是，信息呈现方式是实时的和扩张的。互动网络平台是一个舆论放大器，消费者自主传播的自媒体对某些特定信息和话题的特殊关注会形成放大舆论的效果。一旦互动网络上出现了企业的负面信息，控制和处理不良信息便成为营销传播的主要任务。尽管大多数广告公司已经意识到互动网络监测管理机构存在的必要性，但目前营销创意传播专业公司内部设置互动网络媒体监测管理体系的却寥寥无几。而客户在很多时候感觉广告公司难以满足其品牌在互动网络平台上的传播管理需求，因此客户除了采取与多家广告公司合作的形式来满足品牌多元化的营销传播需求外，还越来越加强企业内部对品牌在互动网络平台上的表现的监测和管理。因此从长远的行业良性发展角度来看，广告营销公司也应该尽快完善营销创意传播的管理体系，为品牌塑造的良性发展提供有效的信息协助。互动网络平台的营销创意传播在传播全方位转向管理的前提下，广告客户强化自身的营销传播管理力度，广告营销服务公司与之相配合，必须将管理落实到互动网络传播过程的每一个环节，才能有效地实现品牌的营销传播目标。

三、互动网络平台上的品牌建构

在本次研究中，关于互动网络的定义，营销创意传播行业内并无异议，大家一致认为互联网、手机、IP 电视都是互动网络平台上终端，中国的营销传播界对“三网融合”有许多期待；大家对互动网络平台上媒体创新性的认知也相当一致，认为它不是传统意义的媒体，而是一个互动传播平台，很多新的媒体形式都会源源不断地在这个平台呈现。

互动网络平台是可以实现不断的媒体创新功能的平台，只要你拥有创新的想法，在这个平台上利用一些简单的技术，就能创造与原来不同的媒体传播形式，从某种意义上说就是新媒体。[①]

我们现在做创意和做传统很大的不同，就是我们要不断地去了解媒体新的技术和媒体新的表现形式，因为每天都会有新的东西给你，就是创造媒体，像 Facebook 可能你也都知道，像现在的开心网，你都想象不到这个地方会是一个媒体，会有一个媒介形式在这里出现。[②]

我们真的很难断言明天又会有什么样的新媒体在网上出现。虽然有人常把网络技术挂在嘴边，但在营销传播方面技术应用的门槛并不高。因此，只要你能想到的，往往实现起来并不那么难。可以断言的是，除了媒体的不断创新，终端也会有很大改变。终端与媒体形态之间也会出现重大的关联。[③]

在对互动网络平台的整体定义和认知高度一致的前提下，笔者发现不同背景的广告公司在如何看待互动网络平台对于品牌建构的影响力问题上，认知产生了分歧，答案差异也很大。究竟互动网络平台是否适合建构品牌呢？

关于互动网络是否适合品牌建构，主要有三种观点。

1. 互动网络平台不适合品牌建构，它只适合短期的产品推广和促销

其中很有代表性的一种观点就认为，品牌建构最好使用传统媒体，它们能更有效地实现单一诉求，比如电视广告。而互动网络传播环境繁杂，信息单纯度不够，干扰度大，难以实现单一诉求。因此，他们相信品牌建构是属于传统媒体的任务，互动网络

---

① 笔者 2010 年 5 月对时任美国芝加哥 Tribal DDB 总经理兼执行创意总监 David Hernandez 的访谈。

② 笔者 2009 年 3 月对时任华阳联众执行创意总监郑帅的访谈。

③ 笔者 2009 年 2 月对时任和堂广告公司总经理谭珂的访谈。

平台的营销传播是配合作战，主要任务是增强消费者体验和实现短期产品促销目标，互动网络无法保证品牌建构所需要的那种强化概念的传播环境。

建立品牌依然需要在一个相对单纯的环境里向消费者传播品牌信息。比如，主题的传播需要唯一诉求点，品牌建构也需要突出品牌的核心价值，因此就需要媒体环境干净，不受骚扰，而互动网络平台的环境太嘈杂。①

我觉得其实互联网是一个有效的工具，但是它有它的局限，因为互联网的网民和电视的受众是没法比的，就是说它只能起到一个补充和支持的作用，无法真正做到覆盖得很全面或者很完善，而且它的表现形式虽然现在有视频了，但是还是有局限。我觉得它的干扰度比电视要强很多……我是说它的曝光的单纯性，比如我们一般做品牌很多都用电视这种手段，电视的受众覆盖面强是一方面，另外电视的广告比如我在央视《新闻联播》选了一个 15 秒的广告，那么这 15 秒的广告也许它有 10 个 15 秒，都是一个一个的；网络不一样，10 个全给你抬出来了，所以对你的记忆度和干扰度太大了，也许它不是一个广告，各种各样的广告，因为互联网最大的一个问题就是信息的并列性太强了，而且消费者的耐心特别少，因为他可选的太多了，满眼都是可以点击的信息，所以他的耐心是非常有限的。②

2. 促销与建立品牌合二为一

此种观点认为，通过互动网络营销传播可以将短期促销和品

① 笔者 2010 年 5 月对时任美国 Creative Scale 执行创意总监 David Kasey 的访谈。

② 笔者 2011 年 1 月对时任电众数码中国首席运营官张灵燕的访谈。

牌建构完美地结合起来，最终实现广告传播目标的统一。传统的模式是按照每一次传播目的的不同将品牌建构与产品促销分开，客户按照专业化分工甚至选择不同的公司来操作。但是在互动网络平台上，消费者可以通过点击感兴趣的信息，链接到品牌的网站，与品牌产生互动，到最后下订单实现购买，可能在短时间内完成，因此互动网络营销需要更加整合的思考。

那时候强调每一次广告目的的不同，比如在 brief（创意简报）阶段我们就分成这是一个促销广告，或者这是一个形象广告，但是现在互联网实际上让这两个东西越来越模糊化了，一个促销广告同时也能很好地提供一个品牌理念，这种可能性很大。①

界限是越来越模糊，不管你做促销广告还是品牌广告，都有一部分人经历由不了解到了解品牌的过程，甚至有可能做了一次促销广告打击到了一部分人群，他可能之前就不知道你们的产品，也有可能做的一个品牌的广告触及了一些他现在可能不需要、不是被折扣吸引的一部分人群。我觉得这些情况都会有可能，但更多的是通过互联网来进行分流，我们网站提供更多的接口，用户进来之后他自己可以按照自己想要的东西进去，这是互联网的一个好处，传统媒体就不能进行有效的分离，我打一个广告就只能打一个广告。②

3. 互动网络平台尤其适合品牌建构

此观点认定互动网络平台是属于品牌的，它为品牌建构提供

---

① 笔者 2010 年 6 月对时任美国纽约 R/GA 总裁兼全球首席创意官 Bob Greenberg 的访谈。

② 笔者 2011 年 1 月对时任奥美世纪中国执行副总经理王宏鹏的访谈。

了大有作为的广阔天地。消费者对品牌的认知越来越受到互动网络传播的影响。Razorfish 2009 年关于数字传播影响品牌体验的调查显示，65%的消费者认为他们对品牌的看法是来自于互动网络的，而这种看法可能是正面的或是负面的。同样，在这些消费者中，97%的消费者认为这种品牌认知直接影响产品或服务的购买。[①] 互动网络为品牌提供建立品牌的平台，但稍有不慎，也会造成品牌资产的流失。

是的，你能通过互动网络建立品牌，而且你别无选择。因为现在的品牌文化实质上已经变成了一种粉丝文化，消费者会在 Facebook、My space 和 Twitter 上成为自己喜欢的品牌的粉丝。社会化网络媒体带来的这种品牌与消费者的对话成为一种常态，互动网络环境玩的不仅是知名度，更多的玩的是品牌与消费者的共同创意。[②]

敝公司有一个理论，以前的广告主是花钱买消费者时间，但现如今只买广告的性价比非常低，所以要创造出消费者愿意主动亲近品牌，而且自愿地给出时间的可能性。互联网有能力做这件事。[③]

还有一点，我注意到这几年价格也是品牌的一部分，整个经济危机之后社会对于价格越发敏感，比如最近经常被谈论的团购，几个一系列的东西，消费者可能不会像以前一样不太看重多少钱，除了奢侈品，这是金字塔尖的问题，很多时候我们会发现价格敏感度在消费者决策一个产品的购买过程中会变得越来越靠

① 数据来自“Feed：The Razorfish Digital Brand Experience Report/2009”，第 7 页。

② 笔者 2010 年 6 月对时任美国芝加哥 Razorfish 策略总监 Jim Cridlin 的访谈。

③ 笔者 2008 年 12 月对时任知世传媒中国大中华区执行创意总监沈翔的访谈。

前。他们先是进入一个大概的类别，然后下一步直接去比较产品的价格，因为产品品质基本都是差不多的。①

在互动网络平台上建立品牌形象时，品牌传播可能产生促进产品销售的功效，即品牌的形象传播能够直接转化为消费者的购买行为。

目前广告营销传播行业处在变革中，广告公司的服务模式在不断更新中完善。以传统的大型广告公司为基础发展起来的新型广告公司继承了其母公司建立品牌的工具，在新的互动平台上将其发扬光大，为品牌建构的实践提供了新的依据；以互动网络营销传播为自己立足之本的新型互动营销传播公司由于没有羁绊、没有顾虑，他们更多地考虑如何利用好互动网络平台为客户提供完善的更具阐释力的品牌建构体系，为品牌建构寻找全新的策略模式和服务模式。虽然公司的发展历史和背景不同，但营销创意传播公司都利用各自的优势和资源，努力将互动网络的品牌建构作为营销传播服务的未来发展方向。

第四节　消费者与品牌协同创意

一、从品牌“雕塑”到品牌“活体”

曾几何时，广告公司的创意部风光无限。创意人员是广告策略的最终执行者，他们把广告策略经由创意实现为具体的媒体传播形式，让产品和品牌最终走向消费者。因此我们说消费者接受

① 笔者2011年1月对时任奥美世纪中国执行副总经理王宏鹏的访谈。

客户的产品和品牌的一切传播元素，都来自广告公司的创意服务，从这个层面上消费者对广告创意的认知等同于对产品和品牌的认知。

大众传播时代的广告创意人担任着品牌建构的主要角色，他们采用各种不同的创意手段执行广告传播策略、实现品牌建构的目的，将品牌的最终形象呈现给目标消费者。品牌像一尊雕塑，是需要经过广告创意人精心塑造、雕琢和打磨的。到目前为止，建立品牌的过程依然常常被称为品牌塑造，创意人需要像雕塑艺术家那样为品牌塑造出最终的形象并呈现到消费者眼前。大众传播时代的品牌是一个雕塑，是广告公司塑造出来的。

在互动网络营销传播环境下，品牌传播需要为消费者留有空间。品牌不再是呈现在消费者面前的完整雕塑，而是一幅尚未完成的画卷，需要品牌与消费者不断地修缮，共同面对它的变化。消费者不再只是信息的接收者，他们越来越多地参与品牌传播，在分享品牌信息的同时，消费者正在成为品牌建构的生力军，消费者扮演着协助广告主和广告公司共同完成品牌建构任务的重要角色。因此，品牌在互动网络平台上的传播呈现出的是一个活体的形式，它是会改变的。当消费者在互动网络平台上编辑、分享信息，为企业的品牌价值做增减的时候，品牌性格会融入消费者特点而呈现。从最终意义上讲，消费者不仅是品牌的拥有者，他们还建构了品牌，而企业拥有的依旧是品牌的价值和资产。

互动网络平台为消费者提供了共建空间，使得消费者的品牌归属感更强。品牌传播中有消费者的参与意愿、有其贡献的力量，品牌与消费者的关系更加紧密。通过这种主动参与的方式建立起来的品牌忠诚度是远远高于“你播我看”推送品牌信息的方式的，而且通过这种方式，品牌和消费者建立的关系更为长久，关系也更为紧密。

最大的改变就是：品牌活体。还有就是，如果你不喜欢，那你就可能看不见。活体，就是有生命的，并且是和消费者互动长大的，以前的品牌是雕像。①

品牌是半成品。就是企业不要做完品牌的全部工作，品牌的一半是由每个用户自己发展出来的。每次完整的品牌体验，都是企业做一半工作，个体用户完成另一半，预留空间给消费者去建设。②

我们现在想创意，不能说我就想一个核心的东西，说我就这么表现，我们需要想我们要用很多种方式来完成我们这个 idea，放到网络上让别人去转发，或者说我们做一个活动，以前只是 PR 的工作，现在我们做创意的也会参与进来，因为我们要让这个活动有更多的人来参与。网络上用户贡献内容是很强大的，包括写博客、参与活动、写评论或者发图片等，这些其实都是终端的一些表现形式。比如说我们给宝马做了一个博客，这个博客其实是一个广告行为。以前的做法是写一个博客，别人来看就 ok 了。可是我们现在的做法是找到各个层面相关的人，比如建筑设计界很有领导力量的人，还有作家、摄影家，好多人大家一起来建这个博客，来发表他们对一些新潮的东西的看法，或者社会的一些观点，去完成这个博客。形式上是宝马给 mini cooper 做的一个活动，内容非常具有传播性，我看到我会推荐给别人看，也会发表自己的看法，而且这些在博客上提供内容的人，也很符合 mini cooper 的品牌调性。③

---

① 笔者 2009 年 12 月对时任 Bate141 中国创意总监楚戈的访谈。

② 笔者 2009 年 3 月对时任盒子网资深营销创意人，盒子网总裁、创始人陈格雷的访谈。

③ 笔者 2009 年 3 月对时任华阳联众资深创意总监邢邢的访谈。

营销创意传播人员对消费者参与品牌共创的趋势一致认同，而关于品牌共创的生动描述，“为消费者预留创意空间”、“广告营销人只需要做一半，另外一半留给消费者”、“品牌在新互动平台下是一个活体”，从不同层面反映了新型营销创意传播人对品牌建构历程的鲜活理解，同时体现了互动网络平台为消费者参与品牌建构提供的广阔契机。互动网络环境使得以消费者为中心的营销创意传播得以真正实现，消费者参与品牌建构在大众传播时代是可望而不可即的。现代消费者主导的营销传播理论中对消费者参与建构品牌有许多期待，包括最有影响力的整合营销传播理论，但是只有在互动网络传播环境下，才能真正实现消费者参与品牌建构的设想。而“为消费者留有创意空间”在营销创意传播实践中，并非营销创意传播公司内部创意人员的一贯作法。相反，如何将一个创意概念表现完美是广告创意人的专业所长，“预留创意空间”需要的是在创意过程中，在“节制创意表现”的同时，调动消费者的创意动能，将品牌传播进行下去。其中除了遵循统一的传播策略、执行有效的创意执行之外，管理消费者的参与和再创造也非常重要。也就是说，管理也成为营销创意传播创意服务的新话题。

二、管理沟通元

大众传播时代的广告创意人的职责非常明确，就是用富有创意的、适当的表现手法将客户认同的传播策略执行出来，并且要坚持不懈地在同一品牌创意理念下坚持贯彻，这样才能让客户最有价值的品牌核心理念得以长期传播。因此创意部的工作重点和服务关键在于创意概念的发展和创意执行——如何发掘好点子和如何执行这些点子。

坚持不懈地挖掘并坚持统一的“大创意”是广告创意人员

的重要职责。“大创意”既包含创意概念，也包含如何表现创意的思路，表现出广告创意的感性和理性的统一。传统广告公司的创意人员思维是介于理性和感性之间的，尤其是文案创意人员，不仅注重创意想法和传播策略结合，还要考虑广告创意表现层面的具体创意手段和呈现方法等。目前，互动网络环境的品牌传播“大创意”必须符合互动网络创意形式和内容，为消费者提供分享和再创造的创意空间和素材——“沟通元”。

Adrian F. Payne 等在 2008 年发表的《管理共同创意价值》(Managing the Co - creation of Value)① 的论文中，从管理层面提出品牌价值共创的概念框架包括三个部分：除了消费者价值创造过程和企业自身品牌价值创造过程之外，还包括两者的“相遇过程”(Encounter processes)，即消费者与企业对话互动的过程，品牌通过与消费者的互动以及交流，实现品牌核心价值的认同和更深层的共同创意。陈刚教授在创意传播管理理论中提出的“沟通元”，其本质是在互动网络传播中实现与消费者共创品牌的重要文化价值基因，是管理消费者与品牌之间的合作关系的要素，消费者参与品牌价值共创是一种动态的、交互的循环系统。对“沟通元”的妥善管理，能够促进消费者与品牌在“相遇过程”的时间和空间里，发生的交互关系更贴近品牌形象，更适合成为再次创意的起点。

“沟通元”是创意传播管理过程中最重要的概念，是在互动网络平台上进行互动传播时需要挖掘的一个指向品牌价值的元素，在执行过程中，这个元素可以复制，可以轻而易举地让消费者参与创意，是消费者参与品牌共同创意的表现元点。“沟通元”的最初形态和内容可能是广告公司创意人员创造出来的，

---

① Adrian F. Payne, Kaj Stobacks and Pennie Frow, Managing the Co - creation of Value, J. of the Acad. Mark. Sci (2008) 36: 83 -96.

以不同的传播形式和内容受到消费者的关注和参与，从而被广告公司内部发掘为品牌可以与消费者在价值层面沟通的“沟通元”；在互动网络营销传播中，“沟通元”也可能是在监测和管理消费者参与品牌建构内容时发掘出来的，消费者提出的想法符合品牌传递主题，然后经由广告公司提炼之后就可以作为今后重要的“沟通元”，再次推向互动网络平台，作为品牌传播与消费者共同创意的起点。若是管理得当，沟通元在消费者参与品牌协同创意过程中，会不断发掘新鲜的创意源头，不断地为品牌建构加分。这就很可能变成使消费者再次为品牌提供协同创意的一个起点。

严格意义上讲，“沟通元”不是企业自身或者营销创意传播公司创造的，而是企业品牌与消费者共同创意完成的。品牌建构的过程是消费者价值与品牌价值通过“沟通元”不断“协商”，反反复复地商议、沟通和磨合的长期过程。在这个过程中，消费者可能会保留与品牌不太相同的价值认知，如果不妨碍品牌整体形象的统一，消费者可以保留自己对品牌个性化的感受。笔者把这种异同并存的创造过程称为品牌的“协同创意”，与“共同创意”相比，“协同创意”更重视消费者对品牌的体验和品牌的包容性，这也是互动网络平台的创意传播不同于大众传播时代广告创意的魅力所在。在这个时代，一切都需要“协同”。“协同创意”对品牌建构的影响取决于营销传播管理者对“沟通元”的把控，管理“沟通元”是消费者与企业共创品牌价值成败的关键。

传统的广告创意人员是以创意和创意执行为核心进行文案创意和美术设计的，没有创意管理的职能，其专业能力与互动网络平台倡导的“沟通元”管理相去甚远。目前，几乎没有广告公司在创意部设立创意管理职务。从“沟通元”的创意属性看，管理“沟通元”是与创意概念和创意执行紧密相关的过程。在营销创意传播战役中，广告创意人员依据消费者参与品牌创意的各种素材，发掘新的可能成为未来“沟通元”的信息，并让其再次成为沟通的元素。在互动网络平台上，沟通元不会一成不变，而是在与消费者的协同创意中不断被深化、被再次定义。管理“沟通元”实际上就是管理品牌的创意元素，在操作层面应该考虑将其纳入创意运作环节。在特定的时期内，“沟通元”的核心会指向相同的元素，“沟通元”传播的最终目的就是为品牌建构和品牌形象服务。

目前，虽然“沟通元”的概念在营销传播领域还没有被广泛采用，但“沟通元”和品牌“协同创意”的创意传播实践却越来越多。例如联想针对大学生人群推出的 Y450，在联想品牌家族 Y 系列中是一个低端的笔记本产品系列，产品定位追求的是性价比，目标消费者被定位于大学生阶层。联想针对这款笔记本组织大学生创意团队进行创意营销大赛，经过不断的优胜劣汰，最后留下一个学校的营销团队，形成了目标消费者自己参与营销传播创意的新模式。大学生消费者到底怎么看这个产品，怎样看待市场，用什么方法去营销传播这个产品都是消费者自己的切身问题。“彪悍的小 Y”成了 Y450 的感性代名词，之后的所有营销传播活动都是围绕“彪悍的小 Y”展开的。2009 年，通过“彪悍的小 Y 不只是传说”的口号，通过互动网络掀起一场寻找生活中的“小 Y”的活动（如图 13），针对开学时间档的产品购买爆发期引入了客户端广告，并通过“我是小 Y”形象徽章形成病毒传播。以“彪悍的签名、表情、故事”等大学生感兴趣的内容，紧密结合 QQ 实现快速流通和传播，让更多的人对“小 Y”彪悍的性能以及配置印象更加深刻。

图 13　联想 Y450—寻找生活中的“小 Y”的活动

上线三周，上传“小 Y”签名作品总量 12432；“小 Y”彪悍表情 6752 个；“小 Y”故事 1834 个在网上扩散传播（如图 14）。

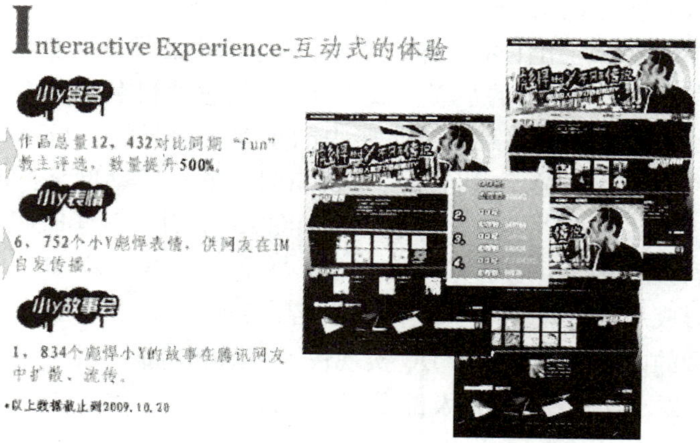

图 14　联想“彪悍的小 Y”传播效果图示

“彪悍的小 Y”作为消费者创造的有血有肉的品牌个性，直接指向大学生目标消费人群，也成为联想 Y450 当之无愧的继续传播的“沟通元”。2010 年，他们又玩起了“食堂鸡腿一日免费！”的游戏，并以“彪悍的小 Y，你懂的！”作为传播口号，继续以“彪悍的小 Y”作为“沟通元”，增加品牌内涵的丰富性。

“沟通元”是互动网络传播环境下的特殊产物，它将创意概念与创意执行有机地结合在一起，最初的品牌“沟通元”一旦与目标消费者达成了某种共识，便形成创意价值层面的共同性，营销创意传播策略便有了参照的基本点，而其后针对相关传播内容的管理，再次挖掘传播策略方向，则是使品牌继续良性发展的保证。在互动网络传播环境下，这是一条通向建立完善的品牌形象的大路。

三、协同创意——品牌建构的归属

互动网络平台营销传播的最终目标是品牌建构，营销创意传播公司的服务体现在创意服务上，最重要的是如何调动起消费者的参与力量，实现品牌建构的宏大工程的多元化整合和管理。广告营销公司依靠自己的专业能力进行全方位的整合营销传播进而建立品牌的时代已经结束，现在更多的是通过网络实现品牌与消费者的协同创意，完成品牌建构的最终目标。如何创造契机让消费者真正愿意在你的领导下进行协同创意，既是一个创意问题，又是一个管理问题。

在互动网络平台上，品牌是以一个变化的活体状态呈现的。在品牌建构的动态过程中，传播策略、“沟通元”和执行可能都需要时刻调整，大众传播时代广告公司的创意部“文案 + 美术”的服务结构难以满足互动网络上品牌传播的服务需求。在广告公司未来的服务结构调整中，原来的创意部门会有很大的改变。创意部门不再是等待广告公司的策略部门制定传播策略后将其转换成创意概念及创意表现的执行部门，创意人员会带着管理的姿态在品牌策略制定的第一时间进入运作环节。事实上，很多新型的互动网络营销传播公司已经打破了原有的“策略—创意—媒体购买”的服务模式，开始提供灵活的顺应客户需求的服务。有的公司甚至取消了创意部的建制，将解决客户市场问题作为营销传播服务的出发点，建立起整合策略、创意、媒体等的“解决方案”部门，即便大多数公司依然存在创意部，其工作形态和作业模式也已经大相径庭了。

互动网络是一种体验环境。消费者协同创意的契机常常来自他们对品牌的经验和特殊认知，如何利用消费者对品牌的特殊感受，将其转化成可以分享的创意想法或表现，是营销传播管理环节的关键。例如，2010 年下半年诺基亚 N8 智能手机上市，与视频网站土豆网合作，土豆网发动旗下拥有众多粉丝的知名豆角使用诺基亚 N8 翻拍了经典好莱坞大片《珍珠港》（如图 15）。短片高度还原了大片的震撼效果，精湛的技巧和足以乱真的特技，让广大网友大呼不可思议。此项品牌互动活动通过翻拍大片发布——知名豆角友情转发——拍摄特技揭秘——设立专区的步骤，结合优势推广资源的同步密集宣传，逐步推高短片的传播热度和广度。通过广大网络消费者自觉转发、搜索和观看短片，在惊叹创意之余，也由衷感受到“N8 原来这样牛”。这次活动调动互动网络的消费者力量，利用 N8 手机成功翻拍电影大片《珍珠港》，充分激发了互动网络应用的创造力，完美体现了 N8 手机强大的影像摄制功能，秉承“科技因人而熠”的品牌理念，最终完成了品牌协同创意。上线一个月，N8 翻拍《珍珠港》短片播放数超过 621 万，站外转帖播放数超过 9 万；94 位网友给予较高打分；183 位网友收藏短片，作为长期传播源继续病毒式扩散；网友给予729次推荐作为对本次翻拍作品的强力支持，远高于土豆网视频平均挖数水平；广告位累计品牌曝光超过3000万次；专区上线18天，PV超过10万。同时，用N8翻拍经典影视作品也一时成为风尚，随后有数十条相关翻拍片上传土豆网，与网络消费者分享。

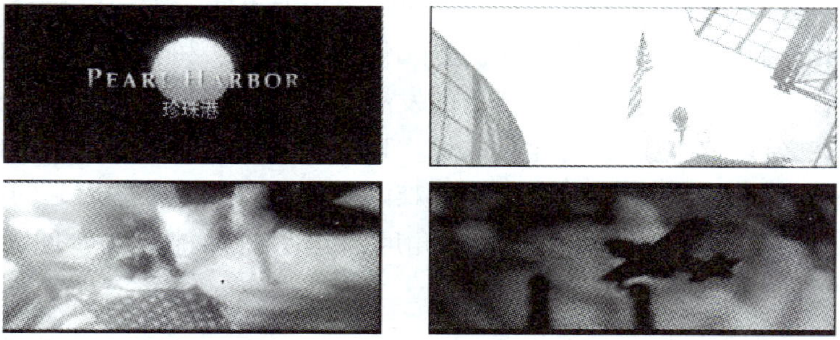

图15　诺基亚N8《珍珠港》截图

从这个成功的案例可以看出，充满激情参与协同创意的消费者只是少数，参与分享和紧密关注的是绝大多数。同样对品牌有着好感的大多数消费者，表现出的并非超常的激情创造，而更多体现在对品牌的紧密关注和伺机购买上。据美国Razorfish公司的研究结果，97%的消费者曾上网搜索过品牌信息，70%的消费者在网上阅读品牌的博客，67%的消费者在网上观看品牌广告，65%的消费者上网玩品牌互动游戏，40%的消费者加品牌为博客好友，26%的消费者在Twitter上成为品牌粉丝。[①] 他们也会在论坛上发表自己对品牌的感言、成为品牌博客和微博的跟随者，他们喜欢品牌，但不会像那些品牌活跃分子，总是充满激情地参与品牌的协同创意。他们默默地参与品牌的各种活动，以另一种方

① 数据来自“Feed：The Razorfish Digital Brand Experience Report/2009”，第8页。

式为品牌建构作出贡献。有趣的是，有相当一批品牌粉丝专门为等待产品优惠而来，品牌的博客和微博粉丝中，40%是这样的优惠期待者。“爱一个品牌的最直接对话，就是给我优惠吧。”① 他们是品牌的忠诚用户，他们因为喜欢此品牌而期待更多的优惠。有人预言，博客和微博将是最受欢迎的未来Outlet（工厂直营店）。

针对不同的消费者，广告公司需要采取不同的策略以充分调动起他们的参与积极性，提供多元化的参与活动和管理服务。面对着日新月异的互动营销传播的发展，广告公司服务模式的转变势在必行，这也已成为业界共识。其中传统的大型广告营销传播公司由于机构庞大、流程定势而难以快速转身；而一些后起的新型公司站在创意传播和客户需求角度，灵活对待面临的各种问题。

我们为了顺应客户需求而不断改变，倡导真正的应需而变。我们没有文案+美术的创意部门，一个客户是一个整合团队。只要客户需要，我们甚至提供建立零售网点的服务。奥美提出的360度传播只是一个振奋人心的口号而已，广告公司哪里能做到360度！同样是做品牌，我们能做到的是能第一时间解决客户的营销传播问题。而且为了这个目标，我们不断地在调整我们的服务。②

在互动网络环境下，服务的灵活度是未来营销创意传播公司为品牌建构提供创意传播管理服务的关键要素。

---

① 数据来自“Feed：The Razorfish Digital Brand Experience Report/2009”，第25页。

② 笔者2010年6月对时任美国纽约R/GA总裁兼全球首席创意官Bob Greenberg的访谈。

第六章　互动网络环境下营销传播经营模式研究

本书上两章分别探讨了互动网络平台上参与广告传播的各要素在互动网络传播环境下的变化和在互动营销传播时代广告公司服务模式层面的变化。广告的服务模式直接决定经营模式。随着广告服务模式的改变，旧有的经营模式已难以继续延用，因此目前广告公司的经营模式正处于不断的调整过程中，现存的各种经营模式也是良莠不齐。

本章对互动网络环境下的营销创意传播经营模式进行研究，通过回顾广告经营模式的发展历史，并分析现有的不同种类的广告经营模式，得出与互动网络环境下创意传播管理服务模式相匹配的经营模式，为营销创意传播实践提供理论框架。

第一节　广告营销传播的服务模式和经营模式回顾

广告公司的服务模式和经营模式是相辅相成的，服务模式决定了经营模式，而经营模式反过来影响着服务模式的发展，二者是不能分开的，现将二者的发展历史放在一起进行回顾。

一、广告代理专业公司的形成

回顾现代广告营销传播的发展路径，从全球角度而言是“第一次世界大战”以后（20 世纪初），随着资本主义商品经济的发展，广告成为市场经济发展的必需。到了“第二次世界大战”以后（20 世纪 50 年代），全球经济得以长足发展，伴随大众传播媒体的发展，主要是广播、电视的兴起，专业的广告代理公司（Agency）亦大规模形成，比如奥美、智威汤逊、精信等著名的 4A 公司，其代理的服务模式顺应了商品经济的高度发展，满足了市场激烈的产品竞争需求。广告公司逐渐走上了专业化道路。

专业的广告代理公司最大的特点，是为广告主提供包括客户服务、创意、媒体服务在内的全方位服务（Full service）。[①] 所谓广告“代理”是指广告公司代表广告主向媒体购买广告版面和时段的业务，其主要职能是帮助客户制订不同的媒体计划，制作广告并寻找合适的广告位置、时段等使广告得以发布。这种服务从媒体角度看，广告公司是代表广告主的，广告代理公司的名称正由此而来。

在这样的服务模式下形成的经营模式也相对简单，就是媒体代理费（Media Commission），媒体将广告主购买的媒体费的 17.65% 作为佣金支付给广告公司，去税后的净收入是 15%。也就是说，专业的广告公司承接的广告代理服务，为广告主提供的内部服务是免费的。即广告代理公司的客户服务和创意服务都是免费的。这种经营收费方式是全球化专业公司的象征，也代表了

① 此处笔者研究的是提供“全服务”的主流广告公司，与之共存的提供设计等单项服务的小型广告公司不包含在内。

现代广告发展的专业化道路和主流广告公司的发展路径。

广告营销传播的目标是促进产品销售。受到现代广告鼻祖克劳德·霍普金斯《科学的广告》的影响，将销售产品确定为广告传播的唯一目的。广告创意大多以单支广告呈现，如一条平面广告或一个电视广告，很少有系列作品。

20 世纪 60 年代，DDB 广告公司著名的广告创意人波恩巴赫（William Bernbach）为 Ohrbach 百货公司制作平面广告（如图 16），其中以“慷慨的旧货换新”为标题的一则广告针对中年男性消费者，以产品的价廉物美为卖点，以“我发现了琼的底细”为标题的一则广告是以拟人的方法，以动物的口吻说出百货商场的价廉物美，目标人群和表现风格迥异。

慷慨的旧货换新

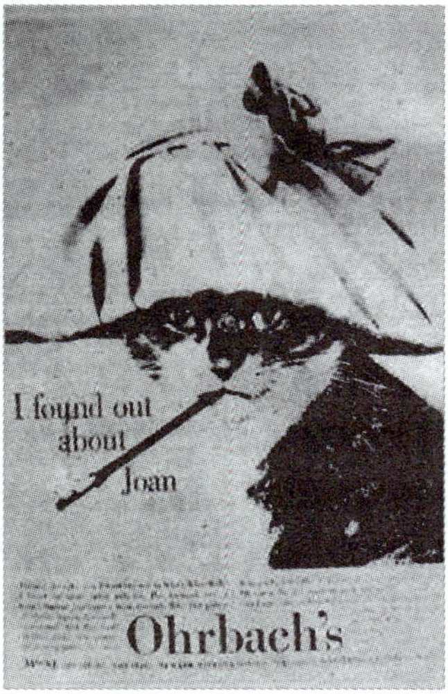

我发现了琼的底细

图 16　20 世纪 60 年代 Ohrbach's 百货公司的平面广告

20世纪80年代，百威啤酒的三支广告从不同角度进行创意（如图17）。1980年，“品尝百威”用卡通的表现形式，让不同的人装扮成的“舌头”说出喝百威的理由；1982年，橄榄球队的休息室中队员换下的队服在衣架上自斟百威啤酒，戏剧性地表现了百威啤酒的魅力；1989年，采用设计感很强的程式化表现，以三个晒太阳的泳衣女郎与沙滩垫共同组成了百威啤酒的logo，起到成熟品牌的提醒作用。

1980年　　1982年　　1989年

图17　20世纪80年代百威啤酒的平面广告

随着市场产品同质化竞争激烈，虽然广告公司的代理制度没有改变，但是创意形式增加了，出现了各种媒体相互配合的系列广告。到了20世纪八九十年代，系列广告被越来越广泛应用到广告传播中来，同一个广告策略、同一个广告主题针对相同的目标消费人群，形成整合的传播优势。例如Windesor（温莎威士忌酒）的系列平面广告（如图18）。广告在设计风格、版式等视觉呈现上完全一致，广告标题统一为“幸运的是，每天都从一个夜晚开始”，针对蓝领工人的目标消费人群，感同身受地以故事性的画面诉求，表现了他们经过一天的体力辛劳之后需要放松的心理。

图 18　20 世纪 90 年代温莎威士忌酒的系列平面广告

系列广告从执行手段和表现形式上成就了品牌整合传播的实践，广告传播目标从重视短期的产品促销走向既关注短期促销又重视建立长期的品牌形象。广告公司开始重视品牌建构，意味着整合营销传播时代的来临。

二、广告营销传播的集团化

广告代理制形成之后，很快成为全球的专业广告公司的主流经营模式，发展中国家也将其作为科学的、先进的广告营销模式加以引进。20 世纪 90 年代初，中国开始推行广告代理制。正当中国广告营销界希望与世界接轨时，全球广告营销环境已经悄然发生了变化。大众传播在 20 世纪 90 年代初达到顶峰，电视、广播、报纸、杂志等大众传播媒体都已成熟，互联网的应用刚刚起步，但是大众媒体之间相互配合，进行产品推广和品牌建构还存在很多问题，整个广告营销传播行业面临着发展的瓶颈。

整合营销传播理论应运而生。1993 年，舒尔茨教授的第一部整合营销传播论著“Integrated Marketing Communications：Putting It Together and Making It Work（《整合营销传播——把它们放到一起，并且让它们起作用》）”① 提出整合营销传播（IMC）的目标就是要给纷繁的营销传播环境找到一条通道，然后深究下去，找到答案，让事情回到一切尽在掌握。IMC 用理性的范畴思维，寻找营销传播的新归属。其结果是将营销和传播划归一个范畴，提出了“营销即传播”的 IMC 理念，并将此作为 IMC 的理论基础加以推广，形成完整的整合营销传播理论体系。这一理论很快就被广告实践领域所接受，整合营销传播被一致认为是广告传播发展的未来之路。

IMC 执著于以消费者为中心的义无反顾的整合传播，强调营销传播的终极目标为短期的促进销售和长期的建立品牌。IMC 的理性框架中囊括了对广告代理公司正在做和希望做的各项实际操作的理性反思，从消费者出发、以消费者为中心，发展独特的营销传播策略、创意发展以及资料库的建立和效果评估，IMC 甚至将传统广告公司行将灭亡的佣金制代理模式看个透彻，提出了佣金报酬制度的重整体制，让实际操作中被代理制煎熬着经营困难重重的广告代理公司抓住了救命稻草。一时间，整合营销传播的概念被各大广告公司以稍有不同的名目重新包装出台。营销就是传播，一切为传播服务。奥美的 360 度营销传播，是整合营销传播最精彩的描绘，智威汤逊的 TTB（Thompson Total Branding）

① Don E. Schultz, Stanley I. Tannenbaum, and Robert F. Lauterborn, Integrated Marketing Communications: Putting It Together and Making It Work, NTC Business Books, Lincolnwood, IL, 1993.

则是 IMC 的另一种方式的诠释。

在 20 世纪 90 年代前、中期，各大广告公司包括很有历史积淀的广告公司都纷纷更名，原来叫做××广告公司、××广告代理公司，比如盛世长城广告公司（Saatchi & Saatchi Advertising Agency）、奥美广告公司（O&M Advertising Agency）、恒美国际广告公司（DDB World - wide Advertising Agency）等，相继更名为××广告传播集团，比如奥美传播集团（O&M Communication Group）、精信国际传播集团（Grey World - wide Communication Group）。各大广告公司站在为客户建立品牌的大传播角度，超越了原来单纯的媒体代理的经营模式。广告主对广告公司的要求也不再只是做具体的广告，而是有了更高层面的要求，需要广告公司提供全面的策略，根据传播策略进行创意执行，媒体发布不再是传播重点。

广告代理制度的专业性受到了全面挑战，这也就意味着广告公司从媒体抽取佣金的唯一盈利模式受到了挑战。20 世纪 90 年代前、中期，特别是到了 1997 年、1998 年，全球专业广告公司的代理费已难以保证 17.65% 的份额，媒体代理制的经营模式悄然变为多种经营模式。

恶劣的市场竞争环境导致客户压缩广告费用，媒体也一再降低广告公司的佣金，在这样的市场压力下，广告公司原有的经营模式受到重创。1990 年之后，虽然广告代理制这样的经营模式依然存在，但广告公司从媒体获得 17.65% 的高额佣金已不复存在了，甚至出现了零代理的恶劣竞争。整合营销传播理念为广告公司带来了服务模式和营销模式改变的可能性，多重经营模式在整合营销传播服务体系下得到了相对合理的贯彻执行。除了收取媒体的佣金外，广告公司还以具体项目、年度服务等名目收取服务费（service fee），其中包括市场研究、传播策略、创意概念及执行服务。广告公司在整合营销传播理论的指引下，调整了服务和经营模式，使广告营销传播行业获得了新一轮的发展机遇。广告传播集团逐步发展为由拥有不同服务模式的营销传播公司构成的整合传播机构。集团内部实行简化流程、为客户提供多元化服务的营销传播服务。最大的广告传播集团 WPP 拥有 100 多家广告营销传播公司，为客户提供市场调研、广告策略、公关、创意、媒体等全方位的服务。

回到中国的广告营销传播行业，国际公司随母公司自然升级成为集团化的一分子；一部分有实力的国内大中型广告公司与国际接轨，建立了自己的传播集团；另一部分在全球化的进程中分化。全球化的广告集团在 20 世纪 90 年代末到 21 世纪初大规模兼并发展中国家的广告公司，中国成为国际并购的战场，他们把目光转向中国的新型广告公司。国际大型传播集团先后并购了中国数十家广告公司，将其纳入自己的全球化集团化管理，中国的广告营销主流市场进入了集团化时代。广告的集团化运作带来了媒体购买服务的独立运作，由于媒体购买需要大量资金投入，媒体购买服务实际上变成了资本运作，中小型广告公司难以承担媒体费用垫付的压力，被迫放弃媒体服务，广告公司的常规服务被压缩到策略和创意两个层面，只能以月费、项目费等形式来收取一定的服务费用。

因此，目前中国的广告营销传播行业面临着严峻的行业挑战和生存危机。集团化的格局带来了广告公司服务内容的改变，许多传统的广告公司在夹缝中生存，许多原本发展不错的广告公司丧失了有利地位，面临着不变即死的局面。互动网络营销传播颠覆了大众传播的营销服务模式，在为广告行业带来新的机遇的同时，也让所有广告营销传播公司处于平等竞争的状态，无论是大的跨国传播集团还是区域化的小型公司，都需要重新调整自身的服务模式和经营模式，以顺应互动网络的发展引发的整个营销传播环境的改变。

三、创意传播管理时代的来临

互动网络营销传播环境带来了营销传播的革命。在广告营销传播理论界和实践界共同处于探索状态时，陈刚教授的创意传播管理（CCM）理论为新的营销创意传播服务模式确立了一个框架，他将互动网络营销传播分为传播管理和创意传播两个部分，将管理提高到营销传播的关键地位。CCM 是在对互动网络平台进行深度反思后形成的操作管理系统，也是互动网络营销传播的循环服务模式，营销创意传播公司从找到品牌传播问题、制定传播策略、执行创意传播、评估传播结果，再找到新的品牌传播问题，再解决问题，最终实现品牌传播资产的不断积累。

CCM 站在营销传播不断聚变的角度，提出以管理为中心的互动网络营销传播系统，将营销传播视为一个恒动力，品牌需要在动态中把握消费者的需求，随时调整传播策略，与消费者共同完成品牌建构。CCM 重视从品牌自身管理的角度出发实现创意传播管理，将企业网站视为品牌传播的起点和家园，倡导让企业网站成为最专业的“门户网站”、品牌的百科全书。

本书以 CCM 为理论基础对广告传播的各个要素展开的研究，充分证实了互动网络营销创意传播中管理在各个环节的重要性。在对互动网络营销传播服务模式的研究中，笔者发现目前广告公司服务正在全面从传播转向管理。同时，广告公司从不同角度在探索经营模式的改变。互动网络平台的透明性可增进广告主对整个广告策略执行的了解和对最终效果的评估。笔者在研究中访问了 36 位广告人和 15 位互动媒体人，提到了有效果收费模式，大家一致认为，互动网络技术的发展可以支持传播效果的精度测评，按效果收费成为可能，有一些广告公司和互动网络媒体在尝试 CPC（Cost per Click，按点击收费）、CPS（Cost per Sale，按销售收费)、CPA（Cost per Action，按行动收费）等效果收费形式，但大多数还是按 CPM（Cost per Mille，按千次成本收费）、CPT（Cost per Time，按时间收费）收取 10%—20% 的媒体代理费。由于互动网络媒体收取媒体代理费较传统广告容易，有些新型的互动网络传播公司认为基本的服务在本质上没有改变，媒体代理制的经营模式可以继续沿用。其中以传统的大型广告公司为基础发展起来的新型广告公司继承了集团母公司收取代理费或收取服务费的做法，认为这样的方法很好很稳定，不愿意改变且认为没有改变的必要。也有人认为，促销和建立品牌是广告营销的两大目的，目前即便促销效果实际可评，但是建立品牌的效果还是比较难量化的，效果取费还有待研究。因此，目前大多数营销创意传播公司依然采用媒体代理费加服务费的经营模式，效果模式应该是未来的一种趋势，但短时间内不会有大的改变。

广告公司一般盈利分为三大类：1. 服务费，说白了就是买“脑子”。2. 代理费，就是你通过我买多少个广告位，我收你多少的代理费。3. 活动费用。有点像网站活动，互动活动，它会卖，实际上就像制作费的概念。互动公司跟传统公司有区别吗？实际上没有。所以有必要改变吗？①

两类客户的交集越来越大，包括比如说去做 CPS 这种客户，他可能未来也有 branding 上的需求，比如说就是你的做 branding 的客户，他未来也越来越重视整体营销到最终的销售的结果，这两个实际都是客户越来越多了。这一点我是这么看的，一个大的公司对于他们的营销导向的分析非常重要，比如说我们 80% 甚至 90% 以上还都是按照 CPS 包括 CPA 这种效果前端的营销去做，但是我们其实也为客户准备后端，如果你要去做效果，那手

① 笔者 2010 年 12 月对时任新意互动客户总监张一的访谈。

段、媒体的选择包括方式完全是不同的，那这些我们都在给他去做。①

本节对广告营销传播发展的历史从服务模式和经营模式的变迁角度做了简要回顾（如表4）。从广告代理公司到广告传播集团再到互动网络传播公司，除了服务内容的变化之外，主要焦点是目前互动传播服务模式和经营模式的不确定性。

表4　广告营销传播服务模式和经营模式的变迁

时间	1950—	1995—	2000—
公司类型	广告代理公司	广告传播集团	互动网络传播公司
服务内容	广告创意与执行媒体策划和购买	市场研究、传播策略、创意概念及执行媒体策划和购买	品牌传播管理、市场研究、传播策略、创意概念、内容创意、媒体策划和购买、引导消费者协同创意互动、网络动态管理
服务模式	媒体代理服务	整合营销传播	立体多元化服务、动态的创意传播管理
经营模式	以购买媒体收取媒体代理费（代理制经营模式）	以购买媒体收取媒体代理费、以策略创意服务收取服务费（代理服务经营模式）	以购买媒体收取媒体代理费，以策略创意服务收取服务费，以传播效果收费（混合代理服务与效果经营模式）

① 笔者2011年1月对时任电众数码中国首席运营官张灵燕的访谈。

一种新的质的改变必然会遭遇各种质疑和抗拒。发展了上百年的现代广告业，如果实现效果取费，那整个经营模式将会彻底改变，广告代理的本质将不复存在；如果实现效果取费，那就等于广告公司和客户是在互动网络平台与共同开发一个销售机制，广告公司将以分成的形式分享客户盈利，成为客户品牌和产品的共同经营伙伴。因此，虽然技术上已经可以实现，但按效果取费的经营模式是否能成为一种未来的主流模式还有待探讨。

第二节 新型营销传播公司的类型

众所周知，现有的营销创意传播公司的构成是一个复杂庞大的体系，要将其进行明确归类非常困难。笔者访问了中国、美国、日本和韩国的一些具有代表性的营销创意传播公司，并对其主要负责人进行了访谈，希望从中归纳出一些目前存在的新型营销传播公司的类型及其服务和经营模式的得失，希望做到不是求全的列举，而是从理论角度归纳出新型广告营销公司的类型，寻求有利于在互动网络营销传播大环境中能够实现良性发展的公司体系。

一、全服务公司体系

全服务公司体系继承了专业广告的发展历史，其传承下来的服务体系是希望为客户提供全方位的、多层面的营销传播服务。大多数互动网络平台上的营销创意传播公司提供的仍然是全服务，他们按照结构可以分成下面四种类型。

1. 新型的全服务广告营销公司

这种类型的公司从建立的那一天起就是为了摆脱旧有的营销

传播模式，自创符合新的市场发展需要的模型而生的。这类公司创建时不尽完善，但是由于服务灵活，顺应客户的需求，成长很快，他们的定位是全服务的，而不是只针对互动网络平台建立起来的单项的网络服务公司。其中最典型的是美国的R/GA公司，成立于1995年，其定位依然是全服务（full service），但是加上了interactive digital advertising agency的名称，是全服务型的互动数字广告营销代理公司。其诞生是为了顺应互动网络传播环境给营销传播带来的服务模式的变化，它随着互动网络平台的不断发展和进化调整其结构并且磨合其服务体系。该公司为客户提供的新的服务模式，结果让人满意。目前他们的传播成果、影响力可以和许多国际知名的4A公司相抗衡。他们获得了众多的国际传播大奖，比如戛纳广告节和纽约广告节的全场大奖。

我们为客户建立传播平台而不是为他们做广告。R/GA背后的明智之举，无关媒体，而是打破数字商店的模式，为客户创造内容，这种内容让目标消费者欲罢不能。为此我们赢得了不少掌声。①

这类公司的服务模式与传统的广告代理公司有天壤之别，他们的立足点是解决客户市场问题和满足消费者需求，是从互动数字营销切入的全新的模型。他们打破了传统专业广告公司策略+创意+媒体服务的模式，以客户事业部（Business Group）形式组建服务团队，核心人员包括传统广告策略和创意人员，也包括互动策略人员、互动技术人员、媒体人员、公关人员和其他可能涉及的专业人员，如渠道人员和零售策略人员。事业部成员的工

① 笔者2010年6月对时任美国纽约R/GA总裁兼全球首席创意官Bob Greenberg的访谈。

作方式不是原来的线性状态，而是自始至终的全员参与，团队中有一个专人研究互动网络传播环境，制定相关策略，创意人员和技术人员也需要从头到尾参与策略的发展、概念的制定和创意执行。而且其结构是应客户的需求随时调整的。这类公司发展迅速，主要是因为顺应了客户的需求和市场及行业本身发展的需要。

2. 从传统全服务公司衍生而来的互动营销传播公司

传统全服务公司历史悠久，有着统一的规划管理和流程制度。这样的公司在20世纪90年代中期和末期广告公司集团化的进程中发展良好，随着集团化的扩张，其机构变得越来越强大。在互动网络营销传播环境中，这类传统全服务公司的发展障碍在于：机构庞大，观念比较陈旧，因此其内部管理流程难以改变，形成了近乎僵化的服务和经营模式。在互动网络急速发展的今天，这类公司意识到互动营销传播的重要性，便成立了自己附属的互动营销传播公司，其主要目的是为现有客户的互动网络营销传播服务，其服务模式是母公司为客户提供统一的传播策略，互动传播公司为客户提供互动网络营销传播的策略和执行。

这类公司的发展良莠不齐。一部分因母公司不重视互动传播，只把互动网络营销传播看成广告媒体的执行，是与其他相关媒体配合作战，所以互动营销传播公司也不重视策略的制定，很快会在竞争中失去优势。另一部分因母公司的管理经营策略相对灵活，上层也意识到了互动网络营销传播的重要性，他们的精力和目光会更多地转向互动营销传播公司，重视互动传播策略的制定和执行，这类公司的发展就会非常迅速。如奥美的奥美世纪（Neo@ Ogilvy），电通的电众数码，恒美的Trail DDB，这些从母公司中分离出来的互动营销传播公司有着人力、物力、客户资源的优势，秉承了母公司客户服务的专业性和规范性。

我们有200人左右，增长速度非常快。客户更多地考虑互动传播的介入。某些品类的产品本来从未想过通过网络去传播，比如我们做过的一个怀旧食品，我们提了一个用Facebook“寻找当年的味道”的策略方案，结果非常成功。后来“寻找当年的味道”变回了传统电视和平面的传播主题。①

天生的专业血统给这些公司带来了良好的发展境遇，在传统广告萎缩的今天，反过来促进集团整体广告传播业务的增长。

3. 中小型全服务公司有所取舍

在互动网络传播环境下，中小型全服务公司一定要有所取舍才能获得再生的希望。如果中小型全服务公司在变革过程中没有取舍，还是抱着传统固有资源不放，没有整合服务人员、调整服务模式及经营模式以适应客户的需求，那么其竞争力就会越来越弱，直至消亡。

以中小型全服务公司的代表美国芝加哥Schafer/Condon/Carter（SCC）为例，这是一个中型的全服务广告公司，约七十名员工，其中互动网络营销传播人员占一半以上。他们认为，一定要把握新型传播平台的最新技术和理念才能在新的竞争环境中立于不败之地。传统广告在创意执行层面和技术应用层面都相对成熟，因此创意执行容易获得外在资源，SCC为了节省内部资源，会把传统的创意执行分包，而对互动网络营销传播，他们会依靠公司内部资源，自己完成从策略到创意执行的各项工作。

我们要做到专业，一定要抓住细节，才能有客户的认同。不像大型的传统全服务公司那样有历史的积淀和优势资源，我们只

---

① 笔者2010年5月对时任美国芝加哥Tribal DDB总经理兼执行创意总监David Hernandez的访谈。

有靠自己的打拼，才会有客户和市场的认同，因此我们要想发展就必须要有所取舍。①

这种灵活操作的服务理念更能适应互动网络平台的变化和客户的需求，也是灵活服务和经营的楷模。在互动营销传播的竞争中，了解互动网络营销传播的特殊性和掌握互动网络技术的应用成为关键，中小型全服务公司在互动网络营销传播的整体格局中地位呈上升趋势。

4. 互动网络营销传播公司转型为全服务公司

随着市场和客户需求的变化，以互动传播为起点发展起来的中小型公司寻求向全服务公司的转型，比如中国的华阳联众、美国的 Razafish 和韩国的 Welcome，这种转型是全球性的趋势。

他们从互动网络出发，与传统传播平台结合的机会越来越多，客户往往期待一站式整合化的服务。他们缺乏品牌建构经验，制定传播策略的能力较弱，难以独立完成品牌建构的整体传播方案。因此他们在转变过程中，纷纷建立起专业的市场研究团队和策略团队，调整其人员结构和服务结构，逐步向全服务公司转变。

我们越来越重视不同层面的策略发展。我们花很多时间在消费者研究和品牌研究上，希望在传统和互动网络之间找到共通的东西。我们将策略部门分为四大块，战略发展在最上面，中间是客户策划和品牌策划，而最基础的是市场调查，我们把它称为消费者洞察小组（Consumer Insight Group）。②

---

① 笔者 2010 年 5 月对时任美国 Schafer/Condon/Carter 总裁 David Selby 的访谈。
② 笔者 2010 年 6 月对时任美国芝加哥 Razorfish 策略总监 Jim Cridlin 的访谈。

互动网络营销创意传播公司对策略的重视为其在广告营销传播行业的激烈竞争中增强了竞争优势，也为互动网络营销传播公司成为主流的全服务公司奠定了策略基础。

二、In - house 广告公司的再次悄然兴起

In - house（内部广告公司）是指由一家广告主出资组建、专属于该企业并由其运作、负责该企业全部或部分营销传播业务，或用以协调客户外部广告代理公司工作的广告公司形式。该类型公司在把握品牌内涵、准确传递品牌信息、节省预算、迅速回应市场需求等方面有着天然的优势。

In - house 的兴起可以追溯到 1973 年的韩国。“1973 年韩国政府提出的工业化宣言成为财阀企业成长的有利契机，财阀企业的成长又刺激了集团广告公司的发展，1973 年三星集团成立了第一企划（CHEIL），这是韩国最早的企业集团广告公司。1982 年乐天集团在公共关系部门的基础上，成立了大弘企划。1983 年，现代集团成立了金刚企划。1984 年，LG AD 成立，它是乐喜金星（LG 集团的前身）所属的广告公司。”① 韩国企业集团所属的广告公司一直主导着韩国广告业。韩国最大的广告营销传播公司，即三星公司的 In - house 广告公司 CHEIL，在运作上相对独立，但是其作业方式与一般的广告代理公司相比，始终更像三星的一个负责营销传播的支持部门，两者合作的紧密程度从发现市场问题到制定营销传播策略，再到采用何种创意方案解决问题，都是普通广告公司与代理公司之间难以实现的。

---

① 廖秉宜，《韩国企业集团广告公司的发展及其启示》，《广告研究》，2006 年第 6 期。

在营销传播上，我们一直提倡将创意与技术相结合，称之为 Creative Technology（创意科技），我们与三星的市场部就像一个团队，但你可以想象，创意对我们有多难。我们比一般的广告公司承担的压力可能更大，就因为它是自己的。[①]

现在的互动网络传播平台，让广告主拥有了解消费者和更深入地与消费者沟通的平台。更重要的是，在互动营销传播时代，信息有着过量化和透明化的特点，很多广告主希望自己的产品和品牌在面市之前严格保密，In－house 公司在信息的统一管理和监控方面有着绝对优势。近年来 In－house 广告公司悄然兴起，其中不乏大型跨国公司如 Apple（苹果公司）和 P&G（宝洁公司）。

Apple 的每一次新品上市之前，为了确保全球网络的信息同步和保密，往往聚集数百人的内部营销传播队伍将全球数十种语言的不同传播素材在公司总部统一出台。除了美国总部以外，Apple 在欧洲和亚洲的很多国家也拥有自己的 In－ house 广告公司，全权打理 Apple 所需的任何营销传播工作。

2009 年 P&G 在中国成立了独立于原来市场部的广告营销传播公司，将营销传播的策略制定和媒体评估与购买全部实现自有，广告代理公司基本上只为其提供广告创意和制作等执行服务。与完全 In－house 模式同时兴起的是企业内部市场部门的改变，大多数公司将市场营销部（Marketing Dept.）改为营销传播部（Marcom Dept.），让部门传播策略和执行消化在公司内部系统之中。

现代广告公司的主流发展路径是广告代理制度，广告代理公司和客户之间达成专业联盟的代理关系是长久的合作战略，广告

① 笔者 2010 年 9 月对时任韩国 Cheil 全球策略总监 Jason Choi 的访谈。

公司将自己传播的专业性与客户对市场的把握的专业性相结合，达成强强联合的营销传播机制。大多数广告营销传播人员认为，In－house 广告公司的发展不可能长久，因为客户虽然是自己产品和市场的专家，但不可能成为广告营销传播的专家，他们的关注点会主要集中在产品自身，而难以把握竞争品牌和消费者的动态。而在互动网络营销传播环境中，对竞争品牌和消费者发展动态的研究是广告传播和品牌建构的必须。客户想要依靠 In－house 广告公司来实现全方位的营销传播是不科学也不可能的，这样的发展道路会越走越窄。

In－house 广告公司在未来会有怎样的发展路径，是继续发扬光大，还是会减少消失，其结论还有待探讨。不过毋庸置疑的是，新型的互动网络营销创意传播公司的强大和专业化会直接影响 In－house 广告公司的发展，如果新型公司能提供专业的服务和合理的经营手段，能满足客户的各种需求，In－house 广告公司就必然会受到抑制。客户会更愿意把精力放到产品研发和市场的开发销售中去，而更加信任地把营销传播这一专业任务交予专业公司。当然 In－house 广告公司的再次兴起应该是互动网络发展的一个阶段性产物，难以成为整个广告营销传播行业的主流趋势，但是不可否认的是，互动网络平台为 In－house 广告公司的发展壮大提供了良好的技术可能性，在探索互动网络环境下的营销创意传播服务模式和经营模式的过程中，In－house 广告公司的兴起会是一道不可或缺的风景。

三、细分化服务公司

现代广告的任何一个发展阶段，与主流形态的广告公司共存的还有诸多与广告营销传播相关的小型服务公司。即便是在专业的全服务广告代理公司大行其道的年代，也同时存在专门从事设计、制作的小型专业公司，在广告营销传播的产业链上占有自己独特的位置，为客户提供特殊的个别领域的服务。那个时候广告营销传播公司的分类和现在的广告营销传播公司细分相比还是比较单纯的，除了单项的设计、制作公司外，还有公关公司等配合品牌建构的专业公司。在互动网络环境下，营销创意传播公司的类型除了主流的全服务公司和企业内部的 In－house 广告公司之外，表现出极其复杂的专业化细分，这些公司是顺应新传播环境的需求而生的，其发展符合客户实现产品销售和建立品牌过程中各个环节的特殊需求。另外，任何一家营销创意传播公司都不可能掌握所有传播应用技术，随着各种新技术在营销传播中的不断应用，便出现一些专门的以技术支持为中心的公司，将技术应用到传播执行层面。由于背景和目的完全不同，盘点各种细分的营销创意传播公司的难度极大，据不完全统计如下。

1. 终端营销传播公司

终端营销传播公司是随着大型购物中心（Big Shopping Mall）和大型超市（SuperMarket）的兴起而发展起来的，针对售点进行特殊的营销传播，非常专业化。互动网络环境下的终端营销传播将传统意义上以售点为终端的营销传播扩展到电子商务（E－business）。美国的 Crossmark 是一家专门提供终端销售解决方案的专业公司，它创新地利用网络资源将店内服务、零售商服务、家庭服务与网上服务相结合，成为美国拥有数十家连锁公司的集团化终端营销传播公司，于 2010 年 9 月被美国 InformationWeek 评为科技应用创新经营 500 强。终端营销传播的网络化可能带来客户关系的深度建立，品牌形象可以通过互动网络平台与消费者的终端购买建立关系，形成消费者购买与品牌接触的新型亲密关系。

2. 售后服务公司

售后服务近年来被认为是客户关系管理中不可或缺的环节，

尤其是在互动网络传播环境中，客户需要多元化环节实现与目标消费者的沟通以建立品牌。互动网络营销传播全方位地实现了各种传统媒体服务和新型的传播平台的整合，在执行层面，品牌更需要以多种方式了解消费者的品牌体验，售后服务便显得尤为重要。日本电信服务公司（Japan Telecom Service）就是一个很好的代表，该公司立足于挖掘固定电话网，为客户提供完善的售后服务支持。他们根据目标消费人群和他们的生活习惯，专门针对电话沟通为客户制定售后服务的传播策略并负责执行。这种专业地利用单一媒体制定传播策略并执行的公司是互动网络营销传播中必不可少的元素。这种单一专业服务，前景不可小视。就日本电信服务公司而言，它的这项专业服务每年拥有 16 亿日元的营业额。

3. 媒体购买公司

现代广告是从媒体代理开始的，整合营销传播（IMC）将媒体购买变成了单项的服务。在互动网络平台上，这种单项服务向极端的专业化发展。以汽车、通信行业为例，由于这些行业自身的品类特点，在互动网络营销传播平台上甄选传播形态有其特殊性，由此诞生了针对特殊行业的互动网络媒体购买公司。他们非常了解客户所处的特殊行业的发展现状以及此行业与互动网络传播的关系，有的放矢地为客户提供互动网络营销传播策略，然后执行购买。目前，为单一行业提供服务的媒体购买公司占据了可观的比例，呈良好发展态势。客户认定你对其行业的营销传播有独到的见解，愿意把广告费用付给更专业的媒体公司。

4. 创意服务公司

创意服务公司与专业广告公司是并行成立与发展的，他们常以工作室的形态出现，公司人员不多，为客户提供相对单一的创意服务。在大众传播时代这些公司的任务是创意、设计和制作，而在互动网络传播环境中，他们提供的创意服务则更多指向创意形态、内容呈现以及网络传播执行。比如，创意服务公司常常利用互动网络上的论坛、SNS、博客、微博等媒体，根据这些媒体的特点，进行一些与品牌传播相关联的内容创意。与全服务公司相比，他们更了解操作层面的具体要求，能够挖掘出媒体特有的传播亮点。目前流行的“水军”操作也属于这类公司的服务范畴。这类公司的市场占有量越来越大，内容提供是他们的优势，他们与全服务公司或客户合作，将内容创意与品牌的传播理念紧密结合，走的是剑走偏锋的品牌传播之路。

5. 移动终端营销传播公司

随着新型的互动传播平台的兴起，一些侧重于技术层面的传播公司也得到了大力发展，尤其是移动终端营销传播公司，由于移动技术的应用和创意执行有其特殊性，现阶段服务于手机等终端的互动网络营销传播公司纷纷兴起。他们会专门针对不同产品提供短信服务，以专业的技术对消费者信息进行筛选，在特殊时间提供特殊信息给特殊的人。其专业性突出表现在对地点、时间和人群的筛选，比如可以将某商场打折的信息在周五下班前发到该商场附近的一些写字楼里的25—35岁女性目标人群。

移动终端营销传播涉及移动平台的特殊策略、技术操作要求和消费者需求等，属于新型的发展中的营销传播形式，目前市场还不够成熟。从长远看，移动终端营销传播可能出现大规模的整合，也有机会转化成全服务公司。

随着IP电视的发展，在不远的将来也会出现专门利用IP电视进行营销传播的公司，起初也可能是提供小型细分的服务，然后形成整体网络传播平台下的完善服务模式。三网融合后，互动网络营销传播将互联网、电视和手机等移动终端整合，形成更加完善的全服务的新型营销传播公司。

6. 渠道服务公司

在大众传播环境下，渠道服务与传统的广告营销传播服务关系相对较远，与广告以建立品牌为最终目标相比，渠道服务公司的主要任务是为客户建立产品销售的通路，与销售有直接的关系。在互动网络营销传播环境中，渠道服务公司的服务扩展到需要帮助客户建立数字化销售渠道，除了提供渠道策略外，对技术也有一定的要求。因此渠道服务公司也被迫成为互动网络营销传播细分市场的一个部分。

7. 公关营销公司

公关是建立品牌的重要手段。传统营销传播中，公关常常以比较软性的传播方法与大众媒体的广告相配合，在品牌建构的过程中起着难以替代的作用。在互动网络营销传播环境中，网络公关也呈现出其特殊性，公关营销必须将传统的地面公关活动、大众传播媒体的报道和网络事件营销整合，形成一个立体的网络营销传播系统。在互动传播中，广告与公关的界限模糊化，公关公司也会配合整体广告战役，参与互动营销传播的内容创意。网络化的公关营销成为互动营销传播环境中营销创意传播细分的不可或缺的补充。

除了以上这些细分的营销创意传播服务外，不断有新型的为客户提供量身订制服务的营销传播公司诞生，他们构成创意传播管理体系下营销传播服务和经营模式的共同体，形成立体化的营销创意传播体系。所有细分的营销创意传播公司将在优胜劣汰的过程中变革、整合，最终形成适合市场发展的公司，他们的类型也将随着市场竞争和重新整合，呈现出更为清晰的脉络。

第三节　创意传播效果与新经营模式的形成

本书从研究参与广告营销传播活动的各个要素的变化出发，发现在互动传播环境中广告营销公司服务模式的变化，最终落实到营销创意传播公司经营模式的变化。这是营销创意传播行业存在的根本。由于访谈结果对于新的经营模式的不确定性，本节笔者试图从效果角度讨论新的经营模式是否成立，希望结论性地提出新经营模式的理想格局，即巴比在描述历史/比较研究中提到的能够最终获得的“理想型”（ideal type）模式，并确立创意传播效果在经营模式中的重要地位。

一、立体多元化的创意传播管理

就现状而言，广告营销传播行业对一些重大问题（比如服务模式和经营模式）的认知和态度有很大的差异，营销创意传播公司为客户提供的品牌传播服务呈现出一种立体多元化的状态，不同的广告公司在多元化传播服务格局中共存共生，形成了营销创意传播行业的创意传播管理服务模式。多元化的创意传播管理服务模式导致多元化的经营模式，广告营销传播行业的发展至今难有经营模式的定论。而从客户角度讲，他们也在寻求不同的营销传播公司，使自己的品牌传播得到全方位的专业服务。

真正所谓360度的广告营销传播是办不到的。公司力量再大，背景再坚实，历史再悠久都做不到。面对客户具体的营销传播问题，我们能够做到的是尽快做出反应，采取真正能解决市场问题的方案去执行，这个才是构成我们为客户品牌传播服务的最重要的部分。就广告营销服务模式讲，难以用一成不变的服务模式定论。①

---

① 笔者2010年6月对时任美国纽约R/GA总裁兼全球首席创意官Bob Greenberg的访谈。

广告营销传播行业为了满足客户品牌营销传播的需求形成了立体多元化的创意传播管理服务模式。不同层级的营销创意传播公司根据自己掌握的资源，形成专业服务形态，成为创意传播管理生态链的一环，形成一种无形的行业联盟，共同为客户提供品牌传播服务。因此，创意传播管理的服务模式不是某一家公司的服务所能代表的。从广告营销传播大格局来讲，创意传播管理服务模式对广告主、媒体、广告公司和消费者中的任何一环都产生重大的影响，而这一因果关系，反之亦成立。其中技术的创新对这种变化也起到重要的作用。“目前互联网的发展是从技术导向到用户导向再到营销导向。整个互联网的推动力是技术创新，用户人数的增多，但这些推动力不能解决一个盈利模式的问题。目前新媒体的创新是技术导向和用户导向，但怎样把技术的发展和用户数量的增加变成一种营销价值、商业价值，这是制约未来互联网发展的瓶颈。如果互联网的营销传播的瓶颈不解决，互联网永远也发展不起来。在新媒体的发展中，技术导向和用户导向必须转化成为营销导向。”①

大众传播时代的广告主是市场营销的主导角色，监控传播策略的制定和执行，是品牌传播的把关人；在互动网络营销传播环境下，广告主不仅是信息发布的主导者、引导者，他还要参与全程传播，随时对网络反馈做出反映，在整个创意传播管理系统中扮演多元化角色。对于媒体而言，在大众传播时代它只是发布品牌信息的渠道；而如今的互动网络平台自身也是品牌信息传播的重要参与者和管理者，对品牌创意传播过程起着监测管理的作用。消费者也发生了巨大的变化，从大众传播时代的信息接收者变成了在互动网络平台上具有品牌信息接收者和发布者的双重身

---

① 祝帅，《解读陈刚教授“创意传播管理 CCM”理论》，《广告大观》（综合版），2008 年第 6 期。

份，同时也是品牌建构必不可少的协同创意者。广告公司在互动营销传播的大环境中，其职能也从传播变成了管理。

广告营销传播四个要素的巨变和他们之间不断磨合建立起的体系，构成了互动网络环境创意传播管理的服务模式。它为行业架起的新的传播管理结构催生新的经营模式，同时创意传播管理的服务模式也是一种动态发展模式，因此营销创意传播的经营模式也在不断变化之中。

二、营销创意传播效果评估的可能性探讨

在本次研究初期，并未将广告传播效果列为重点，但是笔者在访谈和研究的过程中发现，营销创意传播公司服务模式的改变直接导致了经营模式的改变，经营模式的改变又带来了广告营销公司人员构成、知识结构和人才需求层面的改变。这些改变相互影响，使得整个行业处于不断的调整变化之中，而以效果来评估营销创意传播的得失，成为这种变化中越发凸显的因素。

在现代广告的发展过程中，投资回报一直是广告主和广告公司非常重视的问题，虽然有多种看似科学的方法和工具，但是“我知道我的广告费有一半浪费了，但遗憾的是，我不知道浪费的是哪一半”的说法仍然是大家的共识，效果仍然难以把握。互动网络平台的发展为广告营销传播效果的测评带来了期望。互动网络平台形成初期，以互联网为代表的产品开发和技术应用，提供了营销效果监控的相对真实性和可能性。

以搜索引擎营销（SEM）为例，搜索引擎提供的信息主动获取方式赢得了消费者的青睐，“搜索”成为互动网络独有的消费者媒体使用习惯。随着搜索引擎产品的深度开发和应用，业界对搜索引擎优化、关键词营销等SEM互动营销传播手段的使用，其传播效果已经获得完整的监控。SEM不仅是一个品牌与消费

者互动的过程，而且是与效果测评直接挂钩的营销传播形式。因此搜索引擎营销引发了广告主、广告公司和媒体的广泛、高度重视。

目前，在技术层面，互动网络的营销创意传播效果测评是可以实现的。互动网络平台提供了多种传播效果的评估方式，比如：

按照展示效果计费：CPM 广告（Cost per mille/Cost per Thousand Impressions），每千次印象费用；CPTM 广告（Cost per Targeted Thousand Impressions），经过定位的用户的千次印象费用（如根据人口统计信息定位）。

按照行动计费：CPC 广告（Cost per click），每次点击的费用；CPA 广告（Cost per Action），每次行动的费用。

按照销售计费：CPO 广告（Cost per Order），即根据每个订单/每次交易来收费的方式；CPS 广告（Cost per Sale），营销效果是销售额；PPS 广告（Pay per Sale），根据网络广告所产生的直接销售数量而付费。

多样化的按效果评估取费的模式在不同的范围内被采用，但由于种种原因，营销创意传播公司的计费模式并没有因效果评估的可能性而变成单一的效果取费模式，代理费和服务费依然存在。

比起传统媒体，线上媒体有很大区别，按效果收费就是一大区别，一个长处。今后，广告客户在这个方面的要求会越来越多，不像原来就是砸广告费。现在是看到多少效果花多少钱，要求就高，会越来越认识到效果的重要性。所以代理公司的收入构造也会转，寻找新的收费模式。像 SEM 就是很典型的按照效果来收费。按销售取费的模式已经发展得比较成熟了，但是收取代理费和服务费的经营方式依然存在着。①

虽然营销创意传播效果评估的经营模式从技术上已经成为可能，但是对广告建立品牌效果的测评可能不会像产品促销来得那么直接。网络销售效果可以直接根据 CPS 评估，如果是品牌形象，或者传播主题指向强化消费者忠诚度的传播，效果评估就会比较复杂，但技术上也是可以实现的。

现在一般就品牌来说，我们用的都是效果×效率×方式这种方法，比如说效果主要是 CPC，效果要曝光，因为这个品牌营销层次算是比较复杂的，比如我要去做一个品牌，可能我要追求的是曝光的时间 CPT，追求的是 time，可能曝光时长与受到影响的人的数量和被影响时间是成比例的，那么它可能就不追求 CPC。总的来讲，从前台带来的效果，无论是曝光量还是你的顶级效果，这都是跟效果相关的。还有一个提到的是效率问题，在后台比如消费者停留的时间，他做过什么事情。对网络来说这些都是可以做的。所以现在我们也是一样，包括我们在给联想做评估就是这样的。②

如果纯粹从技术角度讲，只要监测系统足够完善，那么消费者的关注度就可以通过记录他们在网页上停留了多久、采取了什么行动而获得，营销创意传播公司可以用这些数据来分析消费者对广告的接受度以及对品牌的关注度。消费者协同创意及其言论表达可以成为广告公司深度挖掘的文本，借此完全可以进行准确的广告传播战役的消费者接受度研究。既然按照效果取费的经营

① 笔者 2010 年 11 月对时任酷美思中国客户总监李昊硕的访谈。
② 笔者 2011 年 1 月对时任电众数码中国首席运营官张灵燕的访谈。

模式在技术层面没有问题，那为什么大家对此还持不同的态度，没有立刻全方位地实施效果经营模式？其原因非常复杂。

首先，以有国际背景的跨国公司为基础发展起来的新型互动营销传播公司不认可效果经营模式。他们认为只要营销创意传播公司的本质还是代理，收取代理费就是天经地义的事。站在目标消费者的角度强化品牌传播信息、执行创意理念，从而建立品牌是广告公司的立足之本，而不应该将重点放在如何经营客户的产品。这种经营模式和与之匹配的思维方式忽视了广告代理公司的专业度。专业广告代理公司不应该思考这些蝇头小利，而要做更专业的事情。他们坚持效果评估只能作为参照，营销创意传播公司应该相信自己的专业能力，并为客户提供专业化的传播策略和创意执行服务。

我们尽量避免按效果评估收费。因为这个过程是比较痛苦的。第一是我们目前活得还可以，就是说我没有必要一定要去捡那些小芝麻。第二还是由于模式不一样，我们做的工作还是偏客户服务的品牌类型的，那也有些 agency 它可能就是做芝麻酱的，比较习惯捡那些芝麻，可能他的模式和他的网络就只筛那些小芝麻，这也是一种模式的差异。①

其次，新型的互动网络营销创意传播公司，认为互动网络平台的传播是优于传统传播形式的，他们乐于把互动网络平台带来的效果评估功能呈现在广告主面前，希望这个行业可以从效果评估角度被认同。一些公司和媒体急于把效果测评指标呈现给广告主，愿意和客户共担广告营销的风险。但在真正的服务过程中，他们依然参照传统广告公司的经营模式，将收费分为服务费、代

① 笔者 2011 年 1 月对时任奥美世纪中国执行副总经理王宏鹏的访谈。

理费、制作费等。当他们发现他们可以心安理得地收着代理费和服务费还过得不错的时候，也就不再坚持实行效果经营模式了。

一般收费有两个部分，一个是广告执行的时候的代理费，按照媒介投入来收取，比如说有10%、20%等。这个跟传统广告公司是一样的。另外一个就是制作，比如说我要制作一个网页、页面什么的，制作费也是其中一部分。①

最后，对于广告主而言，身处激烈的竞争环境，他们认可效果评估的优势，希望通过项目合作与营销创意传播公司建立短期的实验性联盟，与营销创意传播公司共担经营风险。但从长期看，广告主依然将营销创意传播公司视作广告代理公司，他们不会真的将广告公司视为品牌长期发展和市场经营的战略合作伙伴。这与广告公司的代理本质的历史定位有直接关系。

网络销售及其相关的传播在我们整个销售量中占越来越大的比重。我们尝试了一些商务层面的营销传播合作，将广告公司的传播服务收费与我们的销售直接挂钩。这当然只是一种尝试，跟广告代理公司在经营层面深度合作，我们也是第一次。②

效果经营模式是广告营销传播行业的尝试，也是广告主的尝试。它的出现打破了广告营销传播公司固有的以购买媒体收取媒体代理费的经营模式，进入了客户产品和品牌经营的层面。营销创意传播公司进入了客户的品牌发展战略和销售系统，超越了传

① 笔者2010年11月对时任酷美思中国客户总监李昊硕的访谈。

② 笔者2010年5月对时任美国City of Chicago旅游公司特别项目总监Ivy Hall的访谈。

统广告营销传播服务的领域。如果效果经营模式成为营销创意传播公司的主流经营模式，替代了收取代理费和服务费的经营模式，那么未来的营销创意传播行业将与客户达成深度结合，成为更为紧密的合作伙伴。但从广告行业发展的角度而言，广告公司将不复存在。本来笔者意在研究营销创意传播行业可持续发展的服务和经营模式，结果却发现，足以支持这一行业不断发展的经营模式恰好是让该行业走向瓦解的模式，这让笔者的心情十分沉重。

三、理想化经营模式格局

在创意传播管理的体系下，营销创意传播公司的工作重心落在了管理层面，营销创意传播公司的本质是管理而不是传播。从营销创意传播发展趋势来看，广告营销的效果评估在技术上已经准备就绪，在互动网络平台上可以实现更精准的效果测评，在这样的一个大的前提下，理想化经营模式呼之欲出。从理性角度分析，广告营销传播公司的发展积淀了上百年历史的代理服务模式，如今已经走到了尽头，取而代之的是创意传播管理服务模式所带来的效果经营模式。创意传播管理旨在互动网络平台上为客户提供品牌建构和战略规划，它与企业在更具有品牌发展价值的层面合作，且与产品销售有紧密的关联。营销创意传播公司与客户已经超越了单纯的营销传播关系，而成为更为紧密的战略发展和经营合作的伙伴，变成了与客户共同经营产品和品牌的合作者。因此，理想化的营销传播经营模式是在创意传播管理体系指导下建立的营销传播管理公司。

这种营销传播管理公司的服务过程是通过互动网络平台随时发现客户品牌的各种问题，制定传播管理策略，并在传播管理策略的指导下进行创意传播。其服务的主要内容是传播管理和创意传播。营销创意传播在管理体制下，所要实现的核心任务是：研究竞争品牌和目标消费者、制定传播策略、寻找沟通元、引导消费者协同创意、互动网络动态管理。在执行传播管理和创意传播任务的过程中，科学有效的效果评估体制使创意传播管理公司最终实现效果经营模式。

从现有的立体多元化的互动网络传播公司到理想化的创意传播管理公司，将创意传播管理作为服务模式确定下来，发展出与客户风险共担的效果经营模式。将创意传播管理模式加入现代广告的服务模式和经营模式的历史变迁，显然是将现有的立体多元化的互动网络传播推向了一个理想格局（如表5）。

表5　理想化营销创意传播服务模式和经营模式的进程

时间	1950—	1995—	2000—	不久的将来
公司类型	广告代理公司	广告传播集团	互动网络传播公司	创意传播管理公司
服务内容	广告创意与执行、媒体策划和购买	市场研究、传播策略、创意概念及执行、媒体策划和购买	品牌传播管理、市场研究、传播策略、创意、概念内容创意、媒体策划和购买、引导消费者协同创意、互动网络动态管理	品牌传播管理、竞品和消费者研究、制定传播策略、寻找沟通元、引导消费者协同创意、互动网络动态管理
服务模式	媒体代理服务	整合营销传播	立体多元化服务、动态的创意传播管理	创意传播管理

续表

理想化营销创意传播服务模式和经营模式的进程				
时间	1950—	1995—	2000—	不久的将来
经营模式	以购买媒体收取媒体代理费（代理制经营模式）	以购买媒体收取媒体代理费、以策略创意服务收取服务费（代理服务经营模式）	以购买媒体收取媒体代理费、以策略创意服务收取服务费、以传播效果收费（混合代理服务与效果经营模式）	风险共担以效果收费（效果经营模式）

当然，在现阶段展望理想的模式是很困难的。客户和营销创意传播公司的准备都多有不足。关于如何看待效果经营模式这一问题，大多数营销创意传播人员都对此持负面意见，他们并不认为按效果取费是理想模式，他们认为代理的本质才是营销传播公司的服务精髓，他们希望能够坚持广告营销公司代理制的本质和原则。对客户而言，营销创意传播公司采用效果经营模式将会是把双刃剑，因其指向与客户分担风险、利润共享，客户未必能接受广告公司由供应商伙伴变成经营层面的紧密合作伙伴。

广告营销传播行业需要面对现实，认清前途，营销创意传播公司将从全方位的管理层面来统筹客户品牌的发展和客户品牌的营销传播，媒体购买已不再是支撑起广告营销公司的核心业务，并且也会在互动媒体平台整体的管理体系下进行。互动网络环境彻底改变了营销创意传播的本质，意味着已有上百年发展历史的专业广告代理公司的核心价值——“代理”——真正走向终结。从以传播为核心到以管理为核心是营销创意传播公司发展的必由之路，其服务模式和经营模式也将最终完成转变。

第七章　结论和展望

本书的研究和成文历时两年半，选题的方向虽然没变，但具体的问题讨论点在访谈研究中几易其稿。令笔者欣慰的是，本书整体的研究脉络和结论基本符合选题初期的研究构想，由于研究取样的广泛性，样本的可靠性，其研究结论对行业有着概括性的归纳意义，从理论上对广告营销传播实践有着指导意义。笔者发现很多问题可以进行更加深入的探究，或作为新研究的起点，其中有些问题虽然具有争议性，但在目前纷杂的广告营销传播环境下颇具研究价值。

一、管理无处不在

无论是在搭建研究架构、研究进行的过程中还是在最后得出结论之时，一个核心概念一直伴随其中：管理是创意传播管理的中心。从行业角度讲，大众传播体系的营销传播的核心是传播，而在互动网络时代的创意传播管理体系中，原来的中心词“传播”现在变为了“管理”。研究结论一再证实，互动网络环境下营销创意传播公司参与品牌建构各个环节的传播管理，管理成为广告营销传播公司的主要服务形式。

管理作为主要服务，引发了广告营销传播行业的一系列变革：广告营销传播行业的人员结构、行业对新型人才的需求、其服务模式乃至经营模式都必然发生重大改变。在实践操作层面，几乎所有的广告营销传播公司已经在自觉或不自觉地完善服务管理体系，公司内部结构不得不随之改变，为原有部门增加新型人才或是设置新部门。但是一个行业服务模式的改变和新模式的最终形成，需要相当长时间的积累和磨合。虽然管理已经成为行业必须，也在实践中被自觉实行，但以“传播”作为行业己任的营销创意传播行业观念上还难以接受“管理”取代“传播”的首要位置。“管理”身处矛盾境地，推动进程相当缓慢，大多数公司都是因要顺应发展需求相对被动地实施传播管理。当然也有意识超前、前瞻性较强的公司已经建立起创意传播管理体系。比如招商银行，作为一个银行业客户，由于在互动网络传播环境下，发觉难以寻求合适的营销传播公司在传播管理上协助作，便在公司内部设立了创意传播管理部门，执行互动网络平台上的品牌传播管理工作。

目前各种营销创意传播公司背景不同、发展程度不一，对创意传播管理的认识也不同，但互动网络营销传播平台的传播管理需求已经无处不在。只有广告营销传播行业真正的整体觉醒，对创意传播管理的大趋势达到全面的认知，才能带来传播管理的飞跃，为创意传播和品牌建构提供基本策略和协同创意的“沟通元”。只有到了真正管理自觉时代，广告营销传播行业才能进入创意传播管理时代。对此前景，笔者充满了期待和展望之情。

二、创意决定成败

在互动网络传播平台上创意成为决定品牌传播成败的关键因素。大众传播时代，广告创意是指根据传播策略进行创意概念的发展和创意执行，往往是针对具体的传播媒体做创意，比如做一个电视广告、平面广告或广播广告的创意和执行，创意是具体的相对单一的工作。而在互动网络传播环境中，“创意”一词的内涵和外延都发生了变化。创意除了包括具体广告形式的创意和执行，还包括媒体本身的创意、内容创意的实现，创意人员会参与互动营销传播的各个环节，从广告传播策略的制定、内容的设置到选择触发点、信息如何到达消费者、如何吸引消费者的参与等，创意在如何建立品牌与消费者之间的亲密关系、寻找“沟通元”、在引导消费者协同创意等方面都起到非常重要的作用。也就是说创意在未来整个营销传播中，其内涵不再是具体的广告的制作，而是泛化到内容层面和话题决策等层面的创意。

由于市场竞争激烈，在互动网络营销传播时代，坚持做统一整合的品牌形象非常重要。品牌在互动网络平台上的争夺，往往已经超越了产品品类的竞争，而成为争夺消费者互动参与和协同创意之战。对消费者来说，他们不再有意识地将品牌按照产品品类去划分，无论什么品类，品牌发出的声音最大、最深入人心、品牌传播形式最酷，就是他们会关注和参与互动的品牌。在这种情况下创意显得尤为重要。在创意传播的执行层面，创意涉及的层级也越来越多，首先是将传播策略与目标消费者进行链接，接着是找到核心的“沟通元”，让“沟通元”成为消费者参与再次传播的种子，让互动网络平台成为消费者协同创意、进行品牌建构的舞台。

媒体创新也包括在创意这个大概念中。在执行层面，媒体创新包括内容创意、话题点的寻找、水军的支持等各方创意的立体化传播架构。这一立体的内容传播体系聚焦到创意的核心“沟通元”，形成品牌传播的合力，最终获得客户层面的品牌价值的沟通和认同。

由于互动网络营销传播的创意存在于品牌传播过程的任何一个环节，因此创意决定互动传播品牌建构的成败。然而，互动网络的创意传播的运作流程和执行把握依然处于探索阶段。关于创意的问题，已经超越了广告营销传播行业和学界认定的范畴，无论是传播实践还是理论研究，一切都刚刚开始，都需要经验的积累和时间的验证。

三、协同时代来临

互动网络平台是协同创意的大舞台。消费者协同创意不仅有机会为品牌建构带来创新的传播形态，实现品牌与消费者关系的协同发展，而且这种协同发展终将带来品牌价值体系的充实和完善。消费者自愿参与品牌传播的过程，实际是品牌与消费者价值协商的过程。在大众传播时代，企业通过广告发布将自己的品牌核心价值推向消费者，消费者只有接受或是拒绝两种选择；而在互动传播平台上，品牌将自己的价值呈现给消费者的同时，也使消费者有足够的空间在参与品牌互动传播的过程中将自己的价值赋予品牌，在与品牌的协商过程中达成新的品牌价值共识。这种品牌共建的过程就是协同创意的本质。

品牌与消费者的协同创意，带来广告传播体系的协同发展，其中广告主、广告媒体、广告人和消费者四个元素形成一个互动协同的传播体系，在互动网络平台上形成动态的联合力量，为品牌建构的最终实现发挥着作用。其中消费者在传播体系中的变化，决定了传播体系的互动性质。当广告主提供品牌、媒体提供平台、广告人进行传播管理之时，消费者成为传播体系中积极活跃的因素。

在三网融合后，互联网、手机和电视三个不同的终端将会产生更大范围的、立体化的传播效果，消费者可以在不同时间、不同地点与不同终端接触，实现品牌的互动传播。比如，互动网络为自媒体的出现提供了契机，每个人都是单独、完整的媒体，每个人都能成为品牌传播的渠道。自媒体的发展对品牌协同创意的深化有着重要的作用。目前个人博客、个人微博都有商业广告呈现，自媒体拥有者可以决定在自己的个人媒体上以各种可以利用的形式发布品牌信息和内容创意等。以鱼顺顺为例，她几年前还是一名普通的家庭主妇，因其长期坚持写博客（http：//yushunshun. blog. sohu. com/）并回答网友提出的感情问题，从2005年至今，她的搜狐博客从一名不文发展到每日上万的浏览量，最近她被潍坊电台聘为晚间情感节目主持人，还受中央电视台的《半边天》栏目邀请作特约节目主持人。她的博客上链接了不少品牌信息，因为一群消费者已经建立了对她的信任，她的自媒体成了某种意义上的公众传播媒体，以另外一种形式加入了品牌协同创意。

“协同”是一种不可逆转的趋势。世界正以一种不可逆转的趋势协商认同着。不同民族的人类社会生活的各个方面都在走向一个全面协同的时代，无论是经济文化，还是政治外交。相比整个人类发展趋势和社会经济文化的协同，品牌价值与消费者价值的协同创意是协同海洋中的一粒砂石，它属于营销创意传播又超越了营销创意传播，让品牌与消费者真正联合起来，共同利用多元化的互动网络传播平台建立品牌，最终达成协商认同。但关于品牌与消费者的协同创意还刚刚开始，还有漫长的路要走。

四、技术举足轻重

在互动营销传播时代，一个创意——无论是广告表现创意还是新的营销模式，甚至媒体创新，都发源于一个简单的想法，一个存在于头脑中的计划，而这个创造性的想法要成为实际操作中的可行之道，就必须依托一定的技术手段实现转化，因此技术在整个营销传播过程中起到举足轻重的作用。比如传播策略本身包含着技术的应用，而在创意传播中技术的应用更为突出，大多数公司在创意部的人员构成中加入了技术人员，笔者访问了很多互动网络营销创意传播公司的创意总监，发现他们中有不少是技术人员出身。这说明互动技术已经对营销创意传播行业的创意人员结构产生了影响，技术成为创意传播中一个重要的因素，打破了原来广告公司的创意部只有美术和文案人员的传统。技术不是技术，是创意的扳机。一项新的创意是否能够实现，在最终的创意执行中，决定权不在创意总监，也不在文案美术，决定权在于技术。再完美的想法，无法通过技术的认定也是枉然。很多时候，网络传播的执行制胜取决于技术的应用。很多成功的网络营销传播案例也是新技术运用的典范。这样的例子比比皆是，特别是在互联网和手机平台上应用得较多。比如 QR Code（二维码）、AR（实景增强）技术，在技术应用和品牌营销传播层面找到很好的结合点，因此很快被应用到互动网络营销传播中。

创意与技术的结合比大众传播时代更为紧密，可以说每一个互动网络营销传播创意，都是新技术的运用，技术发展是创意传播的物质前提。对于技术的重视，是目前互动网络营销传播公司的共同状态，也是互动网络创意传播的又一特点。日新月异、眼花缭乱的网络广告形式都是仰仗技术的不断支持，只有依托技术的创新才能够带来独一无二的品牌传播运动。

现在正是 Web2.0 到 Web3.0 的过渡阶段，2010 年中国微博的爆炸式发展更彰显了这一特点，Web3.0 时代是点对点、个人传播的时代。虽然现在说我们身处 Web3.0 也许还不是成熟的提法，因为大家的心理准备还不够，而且就操作层面和运作体系而言准备得也不是很充分，但是笔者相信，随着社会的发展、技术的进步，移动终端、电视终端和电脑终端的界线会越来越模糊，真正 Web3.0 时代的到来会给传播体系带来难以预料的变化。我们如何面对 Web3.0 时代的到来，这也是值得期待和共同探讨的问题。

五、效果经营模式

笔者把效果经营模式作为理想化的经营模式，认为这是营销传播在互动网络平台上发展的必然趋势。主要原因有以下三方面。

第一，互动网络传播技术的发展，已经为品牌传播的效果评估奠定了技术基础，效果评估的实现使得营销创意传播的每一个环节都可以获得更精准的测量和把握，为传播管理策略的制定提供依据；第二，效果经营模式使品牌营销传播体现了广告人与客户真正平等的合作模式，使得广告公司与客户实际上结成战略伙伴关系，它将品牌建构放在一种共同经营的层面上，而不是代理层面，让品牌传播处于更积极更具优势的良性发展状态；第三，营销创意传播的相关人员，广告人、广告媒体和客户都意识到以效果测评传播的收费模式是大势所趋。

但是笔者也不得不承认，要实现互动网络环境下创意传播管理服务模式和经营模式的转变，还需要整个行业的共同努力，这样才能一步步向前推进。因为正如前文所言，虽然整个行业对这样的发展趋势基本达成共识，现阶段技术支持也准备就绪，从传播为核心到以管理为核心是营销创意传播公司发展的必由之路，其创意传播管理服务模式和效果经营模式也将最终完成转变，但是因为各方面的心理准备不足，存在着排斥思想，在推行上存在各方面的阻碍，尤其是营销传播人员，心理上多少对广告营销传播的上百年的代理本质难以割舍。

关于效果经营模式的最终实现，笔者认为必须经历两个时期。

第一个时期，实现效果评估作为收费参照，让效果测评成为经营模式的一个部分。营销创意传播人站在行业发展的高度，放弃一时的既得利益带来的安逸心态，同时克服心理上的排斥情绪，主动实施效果评估，将效果评估纳入公司的经营管理流程，逐渐扩大效果评估的比重，向效果经营模式过渡。

第二个时期，在营销创意传播公司与客户的磨合过程中，他们都认识到效果评估是测评营销传播效果的科学手段，是品牌协同发展的必要元素。效果经营模式能让广告公司与品牌传播深度结合，只有在双方的战略和经营协同发展的基础上，才能真正地实现效果经营模式。营销创意传播公司也只有在实现效果经营模式的基础上，才能摆脱“代理”的历史痕迹，成为真正的创意传播管理公司。

六、研究思考

笔者在进行访谈和研究的过程中，对研究方法的应用有了更深一步的认识，同时也进行了反思。为了取得更好的研究效果，笔者将文献法、历史研究和比较研究的方法与深度访问法进行组合应用，研究过程中也有得有失。关于笔者的研究结果已在正文中加以论述，在此笔者就研究过程中存在的问题做出以下思考。

（一）关于深度访问的遗憾

在研究期间，笔者访问了中国、日本、韩国和美国的共87位各种身份的广告营销传播相关人员，包括广告主、广告人、互动媒体人和消费者，对其中的55位进行了深度访问。在国外的访谈中，由于笔者对当地营销创意传播的发展状况没有深入了解，对访谈问题设计的考虑不足，同时还因语言沟通的障碍，导致访谈深度不尽如人意。虽然在访谈的过程中笔者听取了西北大学专门做消费者洞察的教授的意见，对访谈提纲做了修正，然而回国后发现依然有遗漏的问题需要二次追问，进行更深入的挖掘，虽然通过 E－mail 取得了一定的效果，但难免留下遗憾。这也将成为笔者此后研究的起点。

（二）关于研究伦理问题

巴比在其《社会研究方法》一书中也提到这一定义很典型，“我们在日常生活中就把道德与伦理当成群体成员的共识”，[①] 他概括了一些社会研究中普遍流行的伦理准则：“自愿参与、对参与者无害、匿名与保密、不允许欺骗等”。[②] 但同时他也提出不同群体有不同的道德标准，要搞研究，了解那个社会的道德标准十分有用。笔者在研究中对于这一认识感触良多。

由于笔者的研究是针对整个广告行业的，因此除了要遵循普遍流行的伦理准则之外，还必须尊重广告行业的特殊性。在对营销创意传播公司的工作人员进行访问时，发现他们对商业安全问题很敏感，当被问到具体的服务模式和相关经营模式时，很难得到实质性的答案。他们对敏感问题的回答都很谨慎，即便涉及也都流于表面，不是太有深度。因此，做访谈时的技巧就很重要了，首先就要摆明态度，说明是为了研究所用；其次还得想方设法在不触犯研究伦理的前提下使用一些迂回战术。

所幸笔者在广告行业有近二十年的从业经验，因此作为身处其中的人与大家一起“聊天”还比较容易，这也是笔者做此研究的一个优势。比如 Apple 就是一个非常特殊的公司，由于笔者在 Apple 中国区的营销代理公司工作过，对其保密制度和严谨性深有体会。笔者几次以私人聚会为由，旁敲侧击地追问 Apple 大

---

① ［美］艾尔·巴比著，邱泽奇译，《社会研究方法》（第 10 版），华夏出版社，2005 年 6 月，第 62 页。

② ［美］艾尔·巴比著，邱泽奇译，《社会研究方法》（第 10 版），华夏出版社，2005 年 6 月，第 63—67 页。

中国区市场策略总监关于 In – house 公司的问题，在对方没有泄密的情况下，笔者对所需了解问题基本得到了一些答案，初步了解了其内部的运作方式，满足了研究需要。

（三）研究方向的启发

本书选取了一个崭新而全面的研究角度，从全球不同国家、地区的广告主、广告人、互动媒体人和消费者多范围多重角度，讨论、分析和研究互动网络环境下的创意传播管理服务模式和经营模式的变迁。消费者在互动网络上的主动传播和协同创意是打破传统信息传播模式的关键要素，也是营销创意传播从“传播”到“管理”的主要原因。循着这一路径，众多的营销传播问题需要重新定义和深入研究，研究角度也可以扩展到跨学科的心理、社会和文化等视角。

至此，本研究即将告一段落。本书的意义在于将营销创意传播的参与者——广告主、广告人、互动媒体人和消费者放到一个研究平台上，拓宽了互动网络营销传播的研究范围。本研究在抽样和访谈对象有限的条件下，试图在全球范围把握互动网络营销传播的发展，对未来创意传播管理的效果经营模式进行了开创性的探索，研究发现和结论还远远不够完善，但为今后的相关研究提供了多方面的研究思路，结论展望部分也有待进一步的探讨。由于时间和笔者个人能力的局限，本次研究留下了许多遗憾，笔者希望在今后的研究中能够弥补。

参考文献

一、专著

陈刚编著，《网络广告》，高等教育出版社，2010 年。

陈小云著，《泛广告时代的幻象》，复旦大学出版社，2006 年。

杜骏飞等著，《中国网络广告考察报告》，社会科学文献出版社，2007 年。

黄文博著，《关于创意我有意见》，台湾天下远见出版社，1998 年。

宋秩铭、庄淑芬等著，《奥美的观点》I，II，企业管理出版社，2000 年。

舒咏平著，《广告心理学教程》，北京大学出版社，2004 年。

屠志俊主编，《网络广告教程》，北京大学出版社，2004 年。

杨坚争、汪芳、李大鹏编著，《网络广告学》，电子工业出版社，2005 年。

叶万春主编，《服务营销学》，高等教育出版社，2001 年。

昝辉（Zac）著，《网络营销实战密码》，电子工业出版社，2009 年。

[美] 阿尔·里斯、劳拉·里斯（Al Ries & Laura Ries），罗汉、虞琦译，《公关第一，广告第二》（The Fall of Advertising &

The Rise of PR)，上海人民出版社，2004 年。

［英］爱德华·德·波诺（Ed De Bono）著，汪凯译，《横向思维》，新华出版社，2002 年。

［美］Avinnash Kaushik 著，杨艳、王春楠译，《精通 Web Analytics——来自专家的最佳 Web 分析策略》，清华大学出版社，2008 年。

［美］B. 约瑟夫·派恩二世（B. Joseph Pine II）、詹姆斯 H. 吉尔摩（James H. Gilmore）著，夏业良等译，《体验经济》，机械工业出版社，2008 年。

［美］鲍·吉尔（Bob Gill）著，邱顺应译，《不守规则创意》，台湾滚石文化出版社，2000 年。

［美］保罗 M·莱斯特著，霍文利等译，《视觉传播——形象载动信息》，中国传媒大学出版社，2006 年。

［美］布鲁斯·班德格（Bruce Bendinger）著，赵淑娟译，《广告文案》（“The Copy Workshop Workbook”），科技出版社，2001 年。

［美］克劳德·霍普金斯（Claude C. Hopkins）著，邱凯生译，《我的广告生涯·科学的广告》，中国人民大学出版社，2008 年。

［英］丹尼斯·麦奎尔（Denis McQuail）、斯文·温德尔（Sven Windahl）著，祝建华译，《大众传播模式论》（第二版），上海译文出版社，2008 年。

［美］戴维·怀斯（David A. Vise）等，张岩、魏平译，《撬动地球的 Google》，中信出版社，2006 年。

［美］大卫·艾克、爱里克·乔瑟米赛勒著，曾晶译，《品牌领导》，新华出版社，2001 年。

［美］大卫·奥格威（David Ogilvy）著，麦慧芬译，《奥格威自传》（An Autobiograghy），台湾商周出版社，1997 年。

［美］唐·E·舒尔茨（Don E Schultz）等著，吴仪国等译，《整合行销传播》，中国物价出版社，2002 年

［美］艾尔·巴比（Earl Babbie）著，邱泽奇译，《社会研究方法》（第 10 版），华夏出版社，2007 年。

［美］乔治·路易斯（George Lois），比尔·匹兹（Bill Pitts）著，刘家训译，《蔚蓝诡计——颠覆市场的广告创意智库》，海南出版社，1996 年。

［美］杰克·福斯特（Jack Foster）著，邓以萍译，《如何激发大创意：Jack Foster 的创意奇想法》，台湾滚石文化，1997 年。

［美］杰克·特劳特（Jack Trout）等著，王恩冕等译，《定位》、李正栓等译《新定位》，中国财政经济出版社，2002 年。

［美］杰克逊·李尔斯（Jackson Lears）著，任海龙译，《丰裕的寓言——美国广告文化史》，上海人民出版社，2005 年。

［法］雅克·塞盖拉（Jacques Seguela）著，李玫译，《快乐广告人生》，中国友谊出版公司，2000 年。

［美］詹姆斯·特威切尔著，屈晓丽译，《美国的广告》（Ad Cult USA），凤凰出版传媒集团，2006 年。

［澳］约翰·哈特利（John Hartley）编著，曹书乐等译，《创意产业读本》（Creative Industries），清华大学出版社，2007 年。

［英］约翰·霍金斯（John Howkins）著，《创意经济》，上海三联书店，2006 年。

［美］肯特·沃泰姆（Kent Wertime）、伊恩·芬威克（Ian Fenwick）著，台湾奥美互动营销公司译，《奥美的数字营销观点》，中信出版社，2009 年。

［美］凯文·罗伯茨（Kevin Roberts）著，丁俊杰等译，《至爱品牌》，中国人民大学出版社，2005 年。

［美］科特勒（Kotler，P.）、阿姆斯特朗（Armstrong，G.）

著，俞利军译，《市场营销导论》，华夏出版社，2001 年。

［美］劳伦斯·明斯基（Laurence Minsky）等访问并撰稿，《如何做创意——十三位美国杰出艺术指导和文案撰稿人的创意观念、方法与作品》，钱锋译，企业管理出版社，2000 年。

［美］路克·苏立文（Luke Sullivan）著，徐凤兰译，《文案发烧》（“Hey，Whipple，Squeeze This”），中国财政经济出版社，2004 年。

［美］尼尔·波兹曼著，章艳、吴燕莛译，《娱乐致死》，广西师范大学出版社，2004 年。

［英］齐格蒙特·鲍曼著，郭国良、徐建华译，《全球化——人类的后果》，商务印书馆，2004 年。

［日］仁科贞文、田中洋、丸冈吉人著，《广告心理》，外语教学与研究出版社，2008 年。

［美］理查德·弗罗里达（Richard Florida）著，方海萍译，《创意经济》（The Flight of the Creative Class），中国人民大学出版社，2006 年。

［日］深川英雄著，谭琦译，《创意思路》，中国电影出版社，1999 年。

［美］斯蒂芬·李特约翰（Stephen W. Little John）著，史安斌译，《人类传播理论》，清华大学出版社，2004 年。

［美］Steve Krug 著，De Dream’译，《点石成金：访客至上的网页设计秘笈（Don’t Make Me Think）》，机械工业出版社，2009 年。

［美］汤·狄龙等著，刘毅志译，《怎样创作广告》，中国友谊出版公司，1991 年。［美］威廉·阿伦斯（Williarm Arens）著，丁俊杰等译，《当代广告学》，华夏出版社，2001 年。

［英］“The Copy Book”（《创意之道——32 位全球顶尖广告人的创作之道》），British Design & Art Direction（D& AD）出版，

1995 年。

Adrian J. Slywotzky& David J. Morrison, *How Digital is your Business?*, 2000, Crown Business, New York.

Anders Hansen, Simon Cottle, Ralph Negrine, Chris Newbold, *Mass Communication Research Methods*, 1998, New York University Press.

Andy Sernovitz, *Word of Mouth Marketing : How Smart Companies Get People Talking*, Dearborn Trade, 2006, A Kaplan Professional Company.

Chris Brogan, *Social Media* 101: *Tactics and Tips to Develop Your Business Online*, 2010, Wiley.

Christopher Lovelock, Jochen Wirtz, *Services Marketing - People, Technology, Strategy*, Seventh Edition, 2010, Prentice Hall, USA.

David Ogilvy, *Confessions of an Advertising Man*, 1971, New York: Ballantine Books.

Don E. Schultz, Heidi Schultz, *IMC, The Next Generation*, (2003) McGraw – Hill Professional

Don E. Schultz, Stanley I. Tannenbaum, and Robert F. Lauterborn, *Integrated Marketing Communications: Putting It Together and Making It Work*, 1993, NTC Business Books, Lincolnwood, IL.

Earl Babbie, *The Practice of Social Research*（第 11 版），清华大学出版社影印版，2007 年。Greg Jarboe, *YouTube and Video Marketing: An Hour a Day*, 2009, Sybex.

Hollis Thomases, *Twitter Marketing: An Hour a Day*, 2010, Sybex.

Jan Zimmerman, *Marketing on the Internet: Your Seven Step Plan for Succeeding in e – Business Now That the Hype is Over*, 2002, Maximum Press.

Jeremy Wright, *Blog Marketing*, 2005, The McGraw – Hill Companies.

Jerri L. Ledford, *SEO: Search Engine Optimization Bible*, 2008, John Wiley & Sons.

Kristopher B. Jones, *Search Engine Optimization : Your Visual Blueprint to Effective Internet Marketing*, 2008, Visual.

Lois Kelly, *Beyond Buzz: The Next Generation of Word – of – Mouth Marketing*, 2007, AMACOM.

Martin P. Block, Don E. Schultz&BIGresearch, *Media Generations — Media Allocation in a Consumer – Controlled Marketplace*, 2009, Prosper Publishing, USA.

Mary Christensen, Wayne Christensen, *Be a Network Marketing Superstar : The One Book You Need to Make More Money Than You Ever Thought Possible*, 2007, AMACOM.

Meyers, Herbert M. Gerstman, Richard, *Branding @ the Digital Age*, 2002, Palgrave Macmillan.

Michael Gerber, *The E – Myth Mastery*, 2005, Harper Business.

Mick P. Couper and Peter V. Miller, Editors, *Web Survey Methods*, Special Issue 2008 Volume 72/Number5, Pulblic Opinion / Quarterly.

Robert F. Lusch, Stephen L. Vargo (ed), *The Service – Dominant Logic of Marketing*, 2006, M. E. Sharpe, Inc.

Robert S. Weiss, *Learning From Strangers: The Art and Method of Qualitative Interview Studies*, 1994, The Free Press.

Stephen W. LittleJohn & Karen A. Foss, *Theories of Human Com-*

munication（《人类传播理论》），清华大学出版社影印版，2009 年。

Susan Sweeney, Andy MacLellan, Dorey (ed), *3G Marketing on the Internet: Third Generation Internet Marketing Strategies for Online Success*, 2007, Maximum Press.

二、期刊论文

陈刚，《创意传播管理》，《广告大观（综合版）》，2008 年第 5 期。

陈培爱，《多媒体时代的广告创意思考》，《新闻大学》，2001 年 第 1 期 。

陈培爱，《新的媒体生态与媒体创意及策略手法》，《厦门大学学报哲学社会科学版》，2004 年第一期。

褚伶利、卢宝岩，《创意的网络广告给促销带来的影响》，《商业研究》，2005 年第 18 期。

段淳林、廖善恩，《中国广告创意发展的新趋势》，《中国广告》，2009 年第 8 期。

高海波，《拉斯韦尔 5W 模式探源》，《国际新闻界》，2008 年第 10 期。

黄建远，《3G 时代手机报的机遇与挑战》，《当代传播》2010 年 06 期。

匡文波，《网络广告的监管和发展策略》，《国际商业技术》，2001 年第 4 期。

李程骅，《创意时代——传统媒体变革的新机遇》，《传媒观察》（Media observer），2006 年第 8 期。

李华强，《数字化时代的创意新概念》，《新闻大学》，2007 年 第 4 期 。

刘大忠、陈安、黄琨，《服务营销研究综述》，《内蒙古科技与经济》2006 年第 9 期。

刘大忠、陈安、黄琨，《服务营销研究综述》，《内蒙古科技与经济》，2006 年第 9 期。

刘向阳，《西方服务营销研究的世纪回眸》，《荆州师范学院学报》，2002 年第 4 期

吕静，《文化创意产业背景下的互联网创新途径》，[D] 西南政法大学，2008 年。

孟凡东，《互动广告的创意策略研究》，《电影评介》，2007 年第 7 期。

舒咏平，《基于网络的品牌传播“长尾化”》，《国际新闻界》，2007 年第 6 期。

文卫平，《网络广告探秘》，《湖南大众传媒职业技术学院学报》，2008 年第 5 期。

吴红晓，《手机媒体改变的移动新世界》，《传媒 Media》，2010 年 12 期。

徐光翔，《互联网平台上的媒体创新与广告价值研究》，[D] 南京师范大学，2007 年。

许颖，《从 5W 模式看媒体融合的“融合”与“细分”》，《国际新闻界》，2008 年第 6 期。

许波，《3G 时代手机视频广告发展初探》，《新闻爱好者》2010 年 12（下半月）。

薛媛，《以“互动”为核心取向的网络广告创意策略分析》，《广告大观（理论版）》，2005 年第 5 期。

薛媛，《 从受众接受心理谈网络广告形式创意 》，《当代传播》，2007 年第 6 期 。

薛媛，《基于整合营销传播理论的网络广告创意策略》，《传媒观察》（Media observer），2007 年第 9 期。

于潇，《网络广告的口碑传播策略分析》，《新闻界》，2007年第3期。

于潇，《Web2.0时代下的网络广告创意策略》，《现代服务中国科技信息》，2007年第15期。

燕道成，《用拉斯韦尔的5W模式解读科技传播》，《湖南科技学院学报》，2009年1月，第30卷，第1期。

曾静平、申卉，《网络广告的形式变化与创意空间》，《现代传播（中国传媒大学学报）》，2009年第1期。

张信和，《 网络广告传播的互动策略》，《学术交流》（社会科学版），2003年第7期。

张向东，《手机：大互联网时代的核心终端》，《传媒Media》，2010年12期。

中华人民共和国年鉴社编，《搜索2009》，新华出版社，2009年。

Adrian F. Payne, Kaj Stobacks and Pennie Frow, *Managing the Co - creation of Value*, J. of the Acad. Mark. Sci (2008) 36: 83 - 96.

Ajit Kambil, G. Bruce Friesen and Arul Sundaram, *Co - creation: A new source of value*, Outlook 1999, Number 2.

Chang - Hoan Cho and Hongsik John Cheon, *Why Do People Avoid Advertising on the Internet*? Journal of Advertising, vol. 33, no. 4 (Winter 2004).

Charles R. Berger, *Effects of Interactive Technology Involvement on Face - to - Face Interaction: Benign Enablement or Insidious Insinuation*? Asian Communication Resaerch 3, (2005), vol. 2, no. 1.

Christoph Berger, Frank T. Piller, *Customers As Co - designers*, IEE Manufacturing Engineer, August/September 2003.

C. K. Prahalad, Venkatram Ramaswamy, *The Co - creation Connection*, Strategy + Business Issue 27, 2002.

C. K. Prahalad, Venkatram Ramaswamy, *Co - creating Unique Value with Customers*, Strategy & Leadership, Vol32 No. 3, 2004.

Daisy R. Lemus, David R. Seibold, Andrew J. Flanagin and Miriam J. Metzger, *Argument and Decision Making in Computer - Mediated Groups*, Journal of Communication, June 2004, vol. 54, no. 2.

Detlev Zwick, Samuel K. Bonsu, Aron Darmody, *Putting Consumers to Work: ' Co - Creation' and New Marketing Govern - mentality*, Forthcoming 2008 in the Journal of Consumer Culture, 8 (2).

Idil Yaveroglu and Naveen Donthu, *Advertising Repetiton and Placement Issues in On - line Environments*, Journal of Advertising, vol. 37, no. 2 (Summer 2008).

Juran Kim and Sally J. McMillan, *Evaluation of Internet Advertising Research_ A Bibliometric Analysis of Citations from Key Sources*, Journal of Advertising, vol. 37, no. 1 (Spring 2008).

Katarina Wetter *Edman*, *Exploring Overlaps and Differences in Service Dominant Logic and Design Thinking*, First Nordic Conference on Service Design and Service Innovation, Oslo 24th - 26th November 2009.

Micael Dahlen, Lars Friberg and Erik Nilsson, *Long Live Creative Media Choice_ The Medium as a Persistent Brand Cue*, Journal of Advertising, vol. 38, no. 2 (Summer 2009).

Paul M. Haridakis and Evonne H. Whitmore, *Understanding Electric Media Audiences: The Pioneering Research of Alan M. Rubin*, Journal of Broadcasting & Electric Media 50 (4), December 2006.

Robert F. Lusch, Stephen L. Vargo, *What S - D Logic Might Be*, Presentation for the Otago Forum on Service - Dominant Logic, November 23, 2005.

Robert F. Lusch, Stephen L. Vargo, *The Service Ecosystem*, 19th

Annual Frontiers in Service Conference, Karlstad, Sweden, June 11 – 13, 2010.

Ronald Bishop, *The World's Nicest Grown – up: A Fantasy Theme Analysis of News Media Coverage of Fred Rogers*, Journal of Communication, March 2003, vol. 53, no. 1.

Sang Hee Kweon, *Society, Technology, and Internet Evolution: Creating Model of News Framing in New Media Development and Empirical Test*, Asian Communication Resaerch 9, (2004), vol. 1, no. 2.

Stephen A. Rains & Valerie Young, *A Meta – Analysis of Research on Formal Computer – Mediated Support Groups: Examining Group Characteristics and Health Outcomes*, Human Communication Research 35 (2009), no. 3, July 2009.

Stephen L. Vargo, Robert F. Lusch, *Evolving to a New Dominant Logic for Marketing*, The Journal of Marketing, Vol. 68, No. 1 (Jan., 2004), P1 – 17.

William P. Eveland, *A 'Mix of Attributes' Approach to the Study of Media Effects and New Communication Technologies*, Journal of Communication, September 2003, vol. 53, no. 3.

附　录

一、访谈提纲

1. 国内部分

(1) 针对广告主的访谈提纲

与传统营销传播相比，您觉得利用互动网络进行品牌传播有什么不同？你们与广告传播公司和互动媒体是一种怎样的关系？运作流程和付费系统是怎样的？

在互动媒体环境下，您的品牌较常运用哪些创意形式来做广告？您觉得品牌的传播理念有什么改变吗？为什么？

您觉得现在在互动媒体环境下的广告创意形式和过去有哪些差别？

您认为从传统市场营销到互动网络营销面临最大的挑战是什么？

你认为互动网络传播对品牌塑造有怎样的影响力？

作为广告主，您认为网络使用者和大众媒体传播时代的受众有什么不同吗？

关于您的品牌网络营销的市场背景和传播策略是怎样形成的？互动网络营销传播对于品牌的整体运作影响如何？

您觉得您的品牌有哪些互动网络营销方案是成功的？为什么？

(2) 针对广告人的访谈提纲

目前贵公司的基本结构和运作流程是怎样的?

你们与客户和互动媒体是一种怎样的关系?服务体系和内容怎样?付费模式呢?

在互动网络环境下你们较常运用哪些创意形式来做广告?您觉得品牌传播理念和创意手段有什么改变吗?为什么?

您觉得现在在互动网络环境下的广告创意形式和过去有哪些差别?

您认为从传统广告人到互动网络媒体广告人面临最大的挑战是什么?

互动网络传播对品牌塑造有怎样的影响力?

作为广告人,您认为网络使用者和大众媒体传播时代的受众有什么不同吗?

您觉得自己做过的最喜欢的广告是哪些?为什么特别喜欢这几个广告?

您最欣赏哪个互动广告,为什么?

(3) 针对互联网媒体经营者的访谈提纲

目前贵公司的基本结构和运作流程是怎样的?

你们与客户和广告传播公司是一种怎样的关系?服务体系和内容怎样?付费模式呢?

您认为哪类品牌常常利用互动网络做品牌传播?较常运用的形式有哪些?

您觉得品牌的传播理念在互动网络传播中有什么改变吗?为什么?

您觉得现在互动网络环境下的广告创意形式和传统媒体有哪些差别?

您认为传统媒体经营者与互动网络媒体经营者有什么不同?最大的挑战是什么?

站在媒体角度看，互动网络传播对品牌塑造有怎样的影响力？

您认为网络使用者和大众媒体传播时代的受众有什么不同吗？

通常你们平台是如何支持品牌创意传播的？您如何看待互动网络平台不断创造新媒体的说法？

你们的哪些创意传播推广值得称道？为什么？

(4) 针对网络使用者的访谈提纲

您在网上留意过广告吗？

您觉得什么样的形式才算得上广告？

您会主动在互联网或手机上去找广告看吗？

哪些广告让您留下比较深刻的印象？描述一下？

您会喜欢并接受什么样的互动网络宣传形式？

互动网络上的宣传会吸引并说服你产生购买行动或改变你的某些观念吗？

2. 国外部分

A Research Caving in from the entrences of Internet Medias, Agencies, clients, and of course consumers (maybe a properer appellation is to call "the Internet users")

I. To Client

Compare with traditional market, what is the difference when you lauch an internet marcom battle? What's the relationship with agency and internet media? What about the traffice and payment system?

What kind of types are you usually choose in the internet communication environment? Do you think the idea of branding management is changing? Why?

What are the difference between the new advertising types and mass medias' methods? /Or: What differences do you see between new advertising techniques and ones used in the past?

What's the biggest challenge from traditional marketer to internet marketer? /Or: what's the biggest challenge in making the transition from traditional to internet marketing?

How is the influence of internet marketing and communication to brand building?

From the sense of client, what's the key difference between the customer in the age of mass media and web user in the time of internet? / Or: From your sense as a client, what key differences do you see between customers in the age of mass media and today?

How do you develop your internet market communication strategy? What does it do to the integrated marketing communication of branding? / Or: Specifically, can you walk me through how you developed your internet marketing communication strategy?

Sample a successful case of your brand connecting with internet communication. Why do you think it is successful? /Or: Can you give me a specific example of a recent success case where you were able to?

II. To Agencies

What is the structure of your agency and what's the general traffic system when you lauch an internet marcom battle for a client?

What's the relationship with client and internet media? What's the service system and servive included to client? What's the payment system?

What kind of types are you usually choose in the internet communication environment? Do you think the brand and creative ideas are changing? Why?

What's the difference between the new creative types and mass media's methods? /Or: What differences do you see between new advertising techniques and ones used in the past?

What's the biggest challenge from traditional admen to internet admen? /Or: what's the biggest challenge in making the transition from traditional to internet marketing?

How is the influence of internet marketing and communication to brand building?

From the sense of agency, what's the key difference between the customer in the age of mass media and web user in the time of internet? / Or: From your sense as agency, what key differences do you see between customers in the age of mass media and today?

Sample a successful internet communication (strategy, creative or media format) you developed yourself? Why? / Or: Could you describe a specific recent success online? It could be a strategy, creative campaign, or even media format. Follow up with: What do you think made it so successful?

Which is your favorite internet communication? Why? / Or: In your opinion, what is the [most useful? Most successful? Most important?] internet communication [medium?] . Could you tell me a bit about what makes it so central in your opinion?

III. To Internet Media

What is the structure and the general traffic system when you lauch an internet marcom battle for a client?

What's the relationship with client and agency? What's the service system and servive included to client? What's the payment system?

What kind of categories usually choose internet to do brand communication? And what types are often used?

Do you think the brand idea is changing in internet marcom compare with traditional media? Why?

What's the difference between the new creative types and mass media's methods?

What's the key difference from traditional media people to internet media people? What's the biggest challenge?

How is the influence of internet marketing and communication to brand building?

From the sense of media, what's the key difference between the customer in the age of mass media and web user in the time of internet? / Or: From your sense as media, what key differences do you see between customers in the age of mass media and today?

How do you generally support creative marketing communication ideas? What's your opinion to the view that internet is a platform you can create medias on it endlessly?

Which is your favorite internet communication? Why? / Or: In your opinion, what is the [most useful? Most successful? Most important?] Internet communication [medium?] . Could you tell me a bit about what makes it so central in your opinion?

IV. To Consumer

Have you ever noticed the advertisement in internet? /Or: Tell me about a few internet advertisements that you recently came across. Follow up with: what did you like about them. What did you dislike about them?

How do you figure out it was an advertisement? / Or: "How did you know that it was as advertisement?"

Do you search for advertisement in internet voluntary? /Or: Do you ever look for internet ads on purpose?

What kind of internet advertisement may call your attention?

Please describe? / Or: What kinds of internet ads do you notice? Tell me more about that.

Which creative advertising type you are willing to accept in Internet? / Or: What types of creative ads do you like the best online? What do you like about them?

Do you believe an internet advertisement and even want to try the product? Why? / (I personally would sit down with someone while they were surfing the web and ask them to talk through some of the ads that they see and have them react on the spot.)

二、部分深度访谈摘要

在本书写作过程中，笔者共访问了 87 人，其中国内部分访问了 48 人，其中客户 8 人，广告人 19 人，互动媒体人 9 人，消费者 12 人。国外部分笔者共访问了 39 人，其中客户 8 人，广告人 17 人，互动媒体人 6 人，消费者 8 人。以下是部分深度访谈摘要。

1. 广告主，某手机品牌大中华区市场总监

• 关于病毒营销：

病毒营销是目前市场营销中很重要的模式。目前的网络媒体跟传统传播有一项不同就是 WOM（word of mouth）——口碑传播。以前你可能花很多钱在不同的媒体去买广告、去投放广告，但是怎么样它传播的都只是传达到一个点，而互联网却使每一个人都变成一个传播媒体，这样我们可以很快一个传一个、一个传一个地传播给很多人。或许我就放在我的博客上面，就有很多人看到。这真是说我们把每一个人当成一个传播媒体。

病毒营销通常是我们会先创造出一个看起来不是那么商业的

内容，那通常要有吸引人的点，很搞都行，很好笑或是很稀有。那网络使用者看了之后呢，他会传给朋友，现在年轻人的行为都是这样。从资源上看，可能只是我有这个创意，创造一个内容，一个 content。传播的力量全部来自互联网。我放上优酷或是放上土豆，对我来说没有什么成本，但它可以一直被传出去。这是一个病毒营销的方式。

另外一点，就包括 N5800 搞的互动音乐会这样的活动，我们把焦点放在消费者身上，放在每一个人身上。让他们自己主动跟我们有一些互动。这就不是一般传统的媒体。我们每一个大的战役都会有一个主角，就企业来讲，你自己做这样的东西，你一定要知道你背后的目的是什么。其中一个是品牌传播，这个比较大。我们希望每一次我们品牌传播出去，让消费者，尤其是年轻人觉得，“ok, It's a brand for me.”（啊，这就是我的品牌。）我们内部有共识，要顾及比较广泛的消费者的感受。不会是一个窄的消费群体，做一个特别另类的品牌定位。但我们也不希望年轻人觉得，“噢，这是商务品牌，成功商务人士用的”。所以我们希望有一些年轻人的活动在里面，让年轻人觉得“这也是我的品牌，是我认同的品牌”，所以我们透过一些活动的包装和策略，去跟他们走得更近。那通常会有一个主要跟他们沟通的产品，要看这个产品究竟有什么特色，使我们需要这个广告战役，就是说要将这个有特色的产品特性散布出去。我们用一个主要产品来发想，怎么样把产品的特色包装进去，让消费者觉得很有趣。

像 N5800 来讲，它是我们第一款全触控音乐手机，音乐就是特点。我们了解到现在年轻人不仅是单方面听音乐，他还想跟音乐互动，他们是“playing with music”（与音乐玩），而不仅是“playing music”（玩音乐），那我们要鼓励大家“playing with music”，可以怎么玩？一般的演唱会就是我唱你听，而比较 creative 的方式，也是产品的特色，就是我不要只是单方地把音乐传给你，而是跟你来个互动，互动式的传播。所以前期我们列出一些歌手让消费者自己去挑选演出者，然后这些歌手唱什么歌也让他们挑选，就等于音乐会的内容由你来参与决定。这个还不够，直播当天我们还不希望你只是坐在那边听，我们要你跟着持续互动。一般的音乐会会有一个限制，就算音乐厅有一万人，也只能跟一万人互动，如果我们再加上现场直播，也只是增加单向传播的人数。我们这次想让很多人直接跟我们互动，我不止是要直播，我还要坐在电脑前看的人跟我们有互动。所以我们就安排一些环节，比如我们利用视频，歌迷可以跟歌手直接聊天，你在家里就决定你希望哪个歌手唱返场曲，你在家里可以通过电脑给歌手掌声，还可以给鲜花。他在现场，但他真的可以感受得到。在现场可能只有几百人，但他可以感受得到透过电脑有数百万人在看他的演出。活动完了我们跟那些歌手聊，他们真的都能感受得到。其实在现场他们就能感觉得到他不是仅仅对着现场唱歌，而是在对着数百万人唱歌。

• 关于互联网营销传播的形式：

互联网营销已经不止是在电脑 internet 上了，随着 3G 时代的到来，mobile internet 也会成为飞速发展的形式。手机已经不是一个终端，我们现在开始做互联网服务，做 mobile internet，我们也在梳理我们的 digital marketing（数字营销），发展得非常快。我们有三个不同层面的网络营销方式。一个是 N96“李小龙绝密训练视频”的病毒营销，这个案例是在做品牌知名度，也让品牌形象变得更酷。但病毒传播是单向的，与网络使用者的互动不够。我们只是把视频放在网上，大部分人看到会觉得很好玩，少部分人会到相关的网站链接上看详细的产品信息。第二种就是 N5800 所采用的网络互动现场演唱会，它会与网络使用者有更直接的关联，他们可以在线登录、在线观看，实现很多互动，但这种互动是浅层次的。除了单向的病毒传播和浅层次的互动传播，更深一层的是长期的多频次的互动，比如我们正在进行的“互联网百万富翁”活动。网络使用者一旦注册了，在三个月中就会不断地收到手机报。互联网和手机的联合平台使沟通立体化。这三种形式是我们当前数字营销的主要形式，根据需要采用不同的方式获得的营销效果也就不同。

然而，目前85%的互联网营销还是在将互联网当作一个媒体做互联网广告，而不是把互联网当成一个传播平台。

以前是网络使用者来了，我们知道了但不管他们。以后我们做新媒体营销时，希望能够做到留下我们所接触到的网友的个人资料。但这些资料不是被强行留下来，而是在跟我们活动发生关系的时候自然而然地留下来的。然后关注我们企业的发展，跟品牌发生联系。我们希望可以通过无线平台跟会员进行真挚的沟通，增加网络使用者的品牌黏性。

- 从传统广告人到新媒体广告人面临的最大挑战是什么？

这一两年对市场营销的广告人来讲是一个更新换代的时期。大部分的传统营销是利用传统媒体，如电视、户外、平面、零售店广告，这些形式对从业人员把握目标消费者的要求并不高，但是新媒体的出现，尤其是在互联网营销成为整合各个媒体的润滑剂的现在，对各方面的市场营销传播人员的水平要求都越来越高。特别是中国网民的参与度、热情度、活跃度、表现力与其他国家相比都胜一筹。如此一来，我们不了解用户的需求，不投其所好，便不会得到任何回音。这就要求从业人员要了解最新的网络新事物，明白什么是潮流什么是老土。现在还是有网站在做上传图片赢得大奖这种活动，虽然网友会因为奖品的吸引力而参加活动，但同时他们会觉得品牌很老土。可见不是所有的营销团队和人员都有这种压力去学习，因为中国新媒体发展速度快，广告人的更新换代会在这一两年加快进行，过去的营销思路在今后的一两年一定会被淘汰。

直接与消费者沟通的市场销售人员用消费者不能接受的腔调或是用落后于消费者思想的方式跟消费者沟通，再怎么做，他们都觉得这个品牌不酷。新媒体营销对传统广告人的挑战是很大的。

传统广告形式说白了就是“店招”，最早的广告不就是吆喝么（“来买东西啦”），那个就叫广告，也叫 Marketing。Marketing 就是说把品牌利益传递出去，产品能销售出去。新媒体出现前的市场，我们的做法比较简单，拍个广告放在那儿就完事了，大家看到以后想买就买，这是店招式的广告，是被动式的广告，不管消费者，放在人多的地方，能被人看到就行了。现在不行，现在我们必须知道目标消费者去哪些网站，在网站上干什么，喜欢怎样的参与方式，参与之后会留下什么，参与者中有多少人会购买。要求整个沟通路径对消费者的追踪程度不断加深，从“店招”营销变成“贴身”营销，这是追踪式的营销方式。Nike、百事、可口可乐都是我的竞争对手，做市场的我们不仅是卖产品，而是卖品牌。要做出老板喜欢、用户买账的营销方案，需要不断地学习、学习。谁都在做网络营销，都在抢眼球，在这么多品牌竞争中，我怎样才能抢到眼球，在彻底的买方市场中与不同品类的商家抢占市场份额，是很大的挑战。我鼓励我的团队找到鲜活的营销案例，自己去体验，自己去看，自己去了解消费者，用消费者调查做 PPT 的日子一去不复返了。

原来，电视、户外、平面、店招、零售店、互联网，这些是并列的广告传播媒体，而 2009 年之后互联网变成中心，其他的围绕互联网营销进行，从互联网开始整合。

把这群人当成真正的目标消费者，现在一般不谈受众这个概念了，互联网传播中没有受众，他们一定是参与进来的。

- 关于销售支持、市场营销和品牌：

销售支持与市场营销这两样完全不是一回事。

N5800 这款手机的定位是专为年轻人打造的音乐手机。针对 20—35 岁，但也包含了心理年龄（跨出了实际年龄），这一心理年龄段的特征是爱互动、爱音乐，比较活跃的人。我们在内部做一些调研会说，我们现在的分类不是按照年龄，是按消费者划分，比方说他对手机的卷入较深，我们实际上是按功能和精神两个层面划分我们的消费群。我们会先界定目标消费群的行为，比如说他是一个时尚领导者，有的人会跟随时尚领导者，我没有那么走在尖端，但是他们的 taste（品位）影响我，就是所谓跟随者。我们定好了群之后，再看每个群的主要年龄落在哪里。所以说我们不是按年龄分，而是先有消费者行为和表现，然后再分，这群人中有 20%（最多的人）是落在 20 岁到 35 岁。现在消费群的划分更看重心理的表现、态度等，而不是仅仅界定于人口分析层面。

这个案例当初做的时候预期一百万，在现场已经是成功了。结果做了六百多万。做网络活动实际结果超出预期很多的例子是不是很多？

在做网络活动时，只要你的 idea 是好的，反馈往往会超出预期。网络的力量真的很大，网络使用者可以随时传播出去，可以告诉我很多朋友一起来参加活动。

现在我们谈的是大中国市场，网络是没有所谓的地域的限制的，只要能够连线就都能看得到。就像我们说的李小龙病毒营销的案例，它们后来也被放在 YouTube 上面，即便不懂中文，也可以从影像上看到，这是网络的特性。查看登录官方网站的商业页面浏览的网友来源是很广的，台湾、香港、大陆的网友可以连成串的。传播策略和主题是可以分享的，但是执行会具体的有些变化。文化是可以分享的，但是还是要因地制宜。长远来讲整个市场的覆盖范围会越来越大。我们希望全球的传播是统一的，所以我们有很多的传播战役的概念，手机的定位在全球看到的创意都是一样的感觉。所以我们全球的品牌发布都是统一的。我们希望成为大家最喜爱的品牌，不仅是一个手机品牌，而是包括全部的品类。我们品牌形象是全球统一的，不会让消费者产生迷惑。

2. 网络媒体人，某网站创始人

- 关于创意理念和广告形式：

互联网广告创意与传统广告相比改变很大，因为受众的接收和参与方式变了，太容易参与，太容易分享下载复制了。但最原始的部分的创意理念可能没什么变化。就是 concept（概念）可能没变，但从 idea 到表达方式变了，变得要让网民有更多发挥，更感兴趣。

新的广告形式可能性太多了，而且一直在刷新变化，没法下定论。一年前最有效的，现在说不定已经有新的更有效的了。变化是根本。我自己的感觉是广告主和广告公司依然喜欢用比较复杂的方式。但其实最有效的是最简单的，简单到几乎不需要用到广告公司创意部门。

复杂的是指，比如做个 minisite（微型网站），搞一堆很炫的效果。简单来说，有些品牌的推广就是用漫画、加好友、分享链接这些最简单的方式来做。开心网就是用好玩的应用加邮件强制性转发。看上去有点不像广告了，其实就是在做广告营销传播。而且基本上媒体投放的概念被淡化了，因为一个信息在不同的网站上转移太容易了，不是广告媒体形式了，与过去有很大差别。严格说不是媒体，而是网民的个人工具。

我觉得有些内容为什么传播快，就是因为传播的是一张非常容易转走的图，或只是一个符号，而不是像 minisite 这样可以无限复制，我们自己都不知道能传到哪去。

“囧”为什么成功，是因为连图都不是，而是每个人能打出来的特别的字而已。每个人传播的成本越低越容易越好。

• 关于品牌和消费者：

我觉得转型到新媒体广告人，就是要弱化广告，强调推广的最基本营销。互联网传播对品牌塑造的影响力就是从品牌形象变成品牌体验。不是塑造形象，而是引导交互体验。我常说一句话“品牌是半成品”，就是企业不要做完品牌的全部工作，品牌的一半是由每个用户自己发展出来的。每个完整的品牌体验，是企业做一半工作，每个个体用户完成另一半，留有空间给消费者去建设。

互联网与大众传播的传播模式不同导致大众媒体传播时代的受众变成网络使用者，即从受众转变为传播接受者和参与者（或者说是产消者，托夫勒的那个说法）的双重身份。

• 关于互联网与未来：

我现在关心 ARG 现实互动游戏，非常前沿。简单来讲，就是把现实世界当成游戏来玩，用网络做成游戏规则的平台，结合各种传播工具，但游戏是在现实中发生的。网络只是游戏玩家的聚合处，但游戏是发生在现实中的。这样一来，就会把虚拟和现实打通了，也能把传统企业更深地卷入互联网了。这听上去有点可怕，但这是未来互联网发展的必然之势。其实有时候我觉得互联网真是颗原子弹，一定有副作用。其实如何在短期造成大影响力和大的直接效果，即使在互联网上，或许还是广告管用。就是说，广告还是做大影响力和直接效果的最有效和可靠的方法，因为集中。偶尔会有某个不用广告特成功的案子，但都是特例，没法再复制。

3. 网络营销传播人，某国际营销传播公司首席执行官

• 网络营销传播公司的发展和架构：

从公司整个历程来看，1999 年的时候，因为有 IT 方面的客

户，IT 是互联网周边的产业，所以它最早有利用互联网营销的需求，我们就开始建团队来做这个互联网营销的工作。当时可以说是部门之间服务的尝试，还谈不到一个部门的概念，那时候主要以媒体为主，也就是说中国主流的 7 到 10 家媒体。

1999 年公司对它已经有预算的概念，1998 年还没有独立的概念，1999 年第一年大概有 700 多万的针对互联网的营业收入。1999 年开始，基于这个基础上，认为这还是一个比较特别的领域，其实，公司没看到它现在发展这么快的趋势，觉得它还是特别的，所以当时就成立了一个互动部门，从 1999 年开始就有这么一个互动部门，最早是在做媒介业务方面的处理，但是互联网特别特殊，光有媒介，一些媒介的方法、价格非常复杂、繁多，它不像电视或者报纸，它只有一个版、位置、包括版相关的内容，而网络比如新浪首页就有 180 多个位置，用哪个位置，怎么用，怎么用好这些位置？当时更大的挑战是来自于创意的，因为当时网络的创意差异太大了，比如二十几 K 的限制或者几 K 的、多少 K 的限制，我们当时所有电通的创意人员没做过，一下子做出几百 K 的创意。把动态什么都剪掉了，还有几十 K，根本不符合互联网的要求。当时我们也是找到了一个从美国回来的小姑娘，来中国研究传统的创意，她懂得一些技术上的格式，她来做，做得还不错。

所有的东西都是找互联网的人来执行。但是他们思维完全不一样，你想要的东西他都没有呈现。所以我们有一段时间都静帧了，就是我们达不到动态的情况，后来直到我们找到办法才突破了创意的瓶颈，客户这边才有更好的发展，就是这种契机。从那时候开始觉得一个部门去处理网络媒介，按照传统的方式已经不行了，很多东西全部都是新的，那时候已经开始技术突破了，如 Flash 技术。那时候我们已经跟媒体合作，媒体范围还不是那么大，但是尽量是目前看来主流的一些，跟新浪，跟搜狐，跟那时候的 Chinabet，然后跟百度合做。比如说像与新浪合作，我们客户的 Flash 后台，他们也有类似的有叫 User Intervistor，那时有一些比较前瞻性的设计师研究 Flash，我们第一个中国 Flash 网站也是和他们做的。后来发现开始探索这些东西以后涉及的领域越来越宽泛，然后我们在 2002 年开始成立了互动中心，介质也越来越全面了，相当于我们除了媒介以外，有营运、有创意、有创意策略计划、有技术，几乎是小而全的一个体制，雏形基本上就建起来了。那时候才是一个真正算是比较完善的，然后我们就开始各种平台的搭建，因为网络不能依赖外国的结构，我们的客户那时候比如在新浪上投广告，流量大的时候自己的主干支持不了。

中国的网民增长很快，所以我们当时投入了包括其实我们买的大部分的信息，帮他们做监测，然后做投送，包括还有自己当时服务器就买了 8 台，因为我们当时去做大的监测投送的时候，数据不能流失，所以都是 24 小时热备着。整个都是在我们这做的。

所有监测的东西都是，连这个系统都是我们自己买的，可能大概在中国唯一销售成功的案例就是我们，在 2003 年的时候。那时候，其实公司有一个特点，它是基于 4A 基础上发展起来的公司，它其实不太多注重经营的投资回报，可能短期来看，比如我一年不太注重这个。做投资，它主要还是从专业服务的角度去做的这种需求。

觉得必要的投入，有必要我们就去做。所以这一块积累的东西现在回头去看还是非常有价值的，因为那时候去做，很多东西没有市场的压力，做出来的事情都是按照客户的需求一步一步地发展起来，整个思路包括体系都相对健全，可以说是很好的……

我们现在监测各方面还是自己做。其实是两套。网站有一套监测，我们有一套辅助的，然后去看两套监测之间的差异，因为网站的数据是不同源的，我们的数据是同源的，所有网站的数据都是一样的，这个很有意义，因为不同源很难知道它的问题到底在哪。

就整个积累过程来看的话，一开始等于是跟传统媒体一起，流程也跟他们类似。现在其实从流程来讲，我觉得跟广告工作的流程没有太大的差异。如果是专业的广告公司，它一样从客户角度，比如说市场需求的分析，比如说找到沟通的概念，沟通的概念怎么适合。

我们在集团内部的时候是共同的客户，自从自己独立出来后，现在有一半基本上是我们自己的客户，相对独立。我们当时建立的互动中心基本上就是非常完善、全面了，大概分了三块，业务是一块，媒体是一块，技术是一块，我们叫它 solution（解决方案），到现在也是用的这样一种结构。媒体有媒体的部分，营业有营业的部分，客户服务有客户服务的部分，然后还有 solution 部分。

solution 包括创意。它提供创意、基础服务、公关服务、策划，包括我们所有的数据服务都在 solution 里。它可以说是资源品牌。甚至包括执行的东西也都在里面。我们还有一个 team（团队）专门做 IMC（整合营销传播），也是一个资源品牌，可能每个客户都会用到。

• 关于服务和收费：

在客户服务和客户关系上，其实没有太大的变化，我们还是专业公司，所以可能双方都要有一个认同，因为我觉得客户来之前他就很清楚了，因为他是要一个专业性的公司，那他要求的可能是更专业的视角，或者他想要的就是专业服务。

从盈利模式上看，或者是说收费模式上面，我们客户可能不同，根据媒介采购量，媒介采购量足够大的情况下，代理费实际上是成反比的。我们主要有几块服务，比如策略、策划、营业的服务很重的情况下，代理费包括月费就高；如果说营业不重，只是在媒介方面有些媒介采购，那么代理费相对比较低，但这样媒介采购量相对要大。

我们的收费比较灵活。客户如果只通过我们去做媒体，那客户的策略和媒体购买很多都是分开的。互联网这块比较特殊，实际上有一些客户是按照销售量来购买，所谓的 CPS 收费模式，有的是 CPA 的、CPC 的。我们的客户大概是两个类型，一类是品牌客户，一类就是 CPS 这种效果型的客户，现在这两类客户的交集越来越大，包括比如说 CPS 这种客户，他可能未来也有 branding（品牌）上的需求，品牌客户未来也越来越重视整体营销到最终的结果，这两个实际都是客户营销传播的需求。在我看来，一个公司的营销导向分析非常重要，比如说我们 80% 甚至 90% 以上还都是按照 CPS 包括 CPA 这种效果前端的营销去做的，但是我们其实也为客户准备后端，如果你要去做效果，那手段和媒体的选择完全是不同的。

- 关于效果评估：

现在一般就品牌来说，我们用的都是效果×效率×方式这么方式，比如说效果主要是 CPC，效果要曝光，因为品牌营销层次算是比较复杂的。比如我要去做一个品牌，可能要追求的是曝光的时间 CPT，追求的是 time（时间），曝光的量的长短和影响人的多少和时间是成比例的，不追求 CPC，总的来讲前台效果，无论是曝光量还是顶级效果，都是跟效果相关的。还有一个是效率问题，比如在后台停留的时间，他做过什么事情。

其实不应该这么简单地去看 CPC 这个事情，这要根据客户营销的目标，比如说他要做品牌，只是品牌，那可能通过一个广告，就可以让消费者记住这个品牌了，这跟曝光量有关系；但是如果要做一个新产品，在前台的广告太有限了，不可能让消费者了解全部，可能就要 click 进后台，如果你没有 click 的量，其实是没有什么效果的。

像 Lenovo 这个客户，我们就是要全程给他们做监测的。为什么有效果×效率，比如 KPI 怎么设定，都有设计。比如它的前台大部分是我们技术做的，在过程中我们也在给客户解决如何去看待评估的问题，怎么去定标准，我们有一个叫 media choose（媒体选择）的体系，就是说我们建议客户相对的对标评估，客户可能有 4 个 media unit（媒体小组），可能来自不同的产品部门，这 4 个部门是无法去比较的，因为每个人每次做事的市场目标是不同的，但是相对一个部门是可以比的，或者一个部门里不同的市场目标是可以比的，然后再去排部门。这两块第一次的标准可以作为未来优化的目标原点，这样去看他们的效果增长或者去管理效果。所谓的效果是多层面的，它一定跟营销目标相关。实际上，每个层面从互联网的数据监测来讲实际上都是不同的，但基本上也是可以做的。

客户收费倒不一定直接和它挂钩，现在的客户倒没有要求直接挂钩。因为不同的市场营销目标是无法都跟效果评估，不是都统一用这套方法去评估的，比如追求曝光量的时候他不追求 click，那你就不能按照这个取费。效果取决于媒介的报价，所以不存在评估和报价之间直接的关联。所以实际上维度比较多，我们不能拿一个 KPI 的指标倒算回来，它应该怎么跟价格有关系。

我们这套体系可以监测到客户所有的媒介行为，当然也是相对的，比如说联想的品牌部门在新浪上可以找出历史数据来，维度特别多，还有品牌跟创意相关，跟媒介位置相关，跟很多因素其实都相关，包括不同时期是不是媒体有什么样的特殊活动。实际上从理论上长远来看，如果所有的数据都是公开的话，是可以评估出来的。但是这种评估，已经不是客户要求的评估了。现在互联网的变化非常大，有很多媒体类型，曝光性的广告已经不是唯一的渠道手段。从前年开始，我们帮客户开始探讨内容行销，其实后期我们做了大量的策划，实际跟广告没多大关系了。

• 内容营销与品牌：

现在很多企业都以内容营销为主，强曝光为辅。举个例子，比如奇瑞汽车，品牌并不是很强，如果大量投广告，可能只能让人对这个品牌的好感度不高，消费者可能比较排斥或者反感强曝光的干扰。那么我们就给他用了一些非必要的位置，比如说我们就在跟汽车相关的一些位置上，像汽车频道造价图，主要的新闻包括一些排行榜，我们可能用一些包框的形式，在它的框上设计了一种框，让企业只有一个 LOGO、一款车、一句话，很简单，但是每天如影随形都在那儿，它不会打扰你，但是你可能去关注到它，会慢慢提高对它的认知度，品牌的好感度会比你强制曝光或更多的干扰强很多，所以就效果来讲，其实这就是内容营销的一部分，虽然它是以广告的手段去体现的，但是营销思维要有对客户现状的理解，包括对媒体的操作空间的理解，你怎么能从客户端去想到你应该用什么手段帮助客户在他目前的位置上去做一些更适合他的事情。

互联网提供给广告公司的空间实际上是非常大的，而且传播的形式是可以去创造的。我们说在互联网上其实每个人都是媒体的编辑。

对品牌，我觉得互联网是一个有效的工具，但是有它的局限，因为互联网上的网民和电视的受众是没法比的，我认为互联网只能起到一个补充和支持的作用，无法真正做到覆盖得很全面或者很完善，而且它的表现形式虽然现在有视频的形式，但是还是有局限。我觉得它的干扰度比电视要强很多，它的覆盖面不够，但是干扰度很强。

它的曝光的单纯性不够，比如我们一般做品牌很多都是用电视这种手段，电视受众的覆盖面强是一方面，另外电视的广告，比如央视《新闻联播》选了一个 15 秒的广告，那么这 15 秒的广告也许有10个15秒，广告都是一个一个的，你可以看完这个再看那个，网络不一样，10个全给你抬出来了，所以对你的记忆度和干扰度太大了，也许还不是一个广告，各种各样的广告，因为互联网最大的问题就是信息的并列性太强，而且消费者的耐心特别少，因为可选的太多了，满眼都是可以点击的信息，所以他的耐心是非常有限的。这种干扰是无法避免的。说白了就是传播环境太差了，覆盖也不够。

● 互联网媒体：

我们最近在提"Triple media"（三类媒体），实际上就是把social media（社会化媒体）这种可以互动的媒体都管理起来了，因为triple实际上指的是三类媒体，一类是Paid media，这是付费的，就是我们长期使用的像Search engine这种广告；还有一种是Owned media（自有媒体），因为现在可能很多企业都有自己的网站，都有自己相关的网页或者各种各样的活动或者任何以自己为主的信息持有形式；还有一类就是这种Social media，我们也叫它Earned media（可挣得媒体），它其实是可以产生溢价价值的。因为这三类媒体已经形成一个趋势了，那么这三类里面在消费者的角色过程中如何去协调、整合或者去应用，也就是媒体应用的一种新方法。从Social media来讲，这种人际传播的媒体类型其实说白了就是霸了一角，没有太好的或者新的定义。通过我们在日本东京包括在中国的研究，有一些不能叫tips（贴士）或者有一些guide（指导）的原则去营销应用，要营销传播，你可能要求企业从主人变成客人，比如你要从演讲台上下来到受众中去，那你要做非常有意思的一个话题而不是很多的话题，你可能要防范各种舆论引导的能力等，有七八个guide去指导你如何做成功的话题营销，现在基本上可以说是从这两个角度去做这块的内容。因为实际上受众的身份和参与的程度都更复杂了，从paid media来讲真的是一个接受者，我看了你们投的广告，然后我有兴趣我可能点到你们自己的网站上，然后再进一步的话可能会帮助你在 SNS 这种 Social media 上传播你们企业的一些信息。

• 彪悍的小 Y

我介绍一个我们给联想做的“彪悍的小 Y”案例。这个案例很有意思，它历时很久了，到现在还在做。这是一个很特别的案例，当时是在 2009 年 6、7 月份，这个 Y 产品系列在联想可以说是低端的产品线，它实际上追求的是性价比。

Y 系列是笔记本产品系列。当时从客户角度来讲，他在寻找性价比高的市场在哪，第一印象是大学生，大学生可能不会用很品牌的笔记本或者性能很高端的，作为学生来讲够用就可以了，所以这个笔记本有市场生命力。大学生的群体很庞大，而且经常会毕业生带着新生进来，所以我们就从这个角度去研究大学生市场。第一个你要做好互联网的营销，对大学生来讲，最有效的，除了他的应用需求以外是大家对它的口碑，那么到底口碑是什么，大家对于笔记本的应用需求是什么，我们不能闭门造车。既然你要做这个市场，我们就了解高校，了解大学生。我们组织了创意团队进行创意大赛，创意营销大赛，针对这款笔记本。大家也是不断地 PK、PK，不断地优胜劣汰，最后选出一个成功的营销团队，一个学校一个营销团队，大概是 6 个人一个团队。这起到了几个作用：第一就是对于笔记本的研究，我们回收了很多关于产品应用需求的很重要的信息；第二，这些团队对产品非常熟悉，为笔记本的营销铺垫了一个非常好的渠道，他们不是学生自发的，而是学生会、学生团体作为背后的支持力量，这个渠道目前我们还在使用；第三，通过营销创意大赛也给了企业和我们很多的启发，学生到底怎么看这个市场，他们用什么方法去营销这个市场。

他们找到了很多好的 ideas，我们整个互联网上校园营销都是按照他们的 idea 去做的，半年间这款产品的销量成了联想产品销量的冠军，是它所有产品线的冠军，成为他们年度的明星产品，这是企业本来没想到的。它为什么叫“小 Y”呢？最早它只有一个型号，很多笔记本产品都是这样，那么学生的反应是型号都很难记，希望它有一个名字。有一个成功的营销团队，方案挺有意思，他们给它起名叫“小 Y”，在学生的参与下，我们很多语音都换了，整个的营销语音都换了，什么彪悍啊、小 Y 你懂得的，都换成他们喜欢的，所以从第二次营销开始，就给它一个名字叫“彪悍的小 Y”，“小 Y”在校园里不仅做笔记本的营销，那它在校园里还做一些什么呢？包括新生入学，“小 Y”通过学生渠道、通过互联网渠道、销售网络渠道给大家去做一些指导。另外这个产品我们第一次营销以后又回到校园，把这个产品又给到了大学生，然后让他们来说一个大学生的笔记本究竟应该是什么样的。把权力给到他们，然后我们组织联想的工程师、他们的研发人员包括一群学生，做了很多的 workshop 来讨论这个产品，有很多好的建议，大家对学习中的要求，对游戏的要求，还有音乐啊，这些东西又给他们研发人员很多启发，重新去求证这个产品，本来一个很末端的产品一下就成了真正的明星产品。他们的研发人员参与了很多，包括它的速度、它的 CPU 的组合一下全都变了，学生觉得真的非常喜欢，非常好，而且在大家的参与下，它的口碑建立得非常好，这等于说是我们来年推广的一个新的准备。2010 年开始除推广产品外，其实我们还在做一件事，就是随时让大学生保持对它的关注和新鲜感。

当时我们策划了一个叫“鸡腿大战”的活动。我们在校园里也了解到学生除了 IT 电脑应用以外的需求，发现学生认为别的都可以，只是食堂太差了。我们都是从学生过来，都有这个体会，食堂太差怎么办？那好我们就发起一个活动，大家通过校内网——每个校园都有的，大家来顶这个“食堂太差了”，大家都去顶，联想说了，如果你们的帖子能排在第一位，我们联想就会赞助给你们多少个鸡腿，让大家来参与吧。这种校园大赛就喜欢做这些，每个学校都不同。天津大学当时是最高的，有四千多人，联想确实就准备了这么多鸡腿，跟学校的食堂合作，免费发鸡腿，非常有意思。这等于是“彪悍的小 Y”也有形象了。所以做广告不只在广告本身层面，它真的能渗透。因为这是互联网给的力量，这个别的媒体根本做不到的。各种各样的因素交汇在一起，没有互联网这个层面，活动也做不起来。网络就是一条非常重要的线，它把所有的事情都串在这上面，然后去做营销。现在我们还在往下推，还是会吸取前面的一些经验，把这个事推得更高。把学生生活的乐趣，包括生活的需求、对产品的需求形成一个很好的关系。这就是互联网的力量。

4. **网络营销传播人，某国际营销传播公司执行创意总监**

• 传统广告与网络营销传播

我在传统广告做了 12 年，转到网络广告八年。我觉得创意概念本身的差异不大，较大的思考点在于转换成表现。一来由于平台属性不同，更多的差异是互联网更贴近阅听群众。所以互联网的创意着力在互动性以及更多心理层面的理解。

我们很注重网络使用者的心理研究，这是成败的基础。至于选择哪些媒体形式来做广告，这个问题较为复杂。通常会看项目的目标、预算，再作选择。在新媒体环境下的广告媒体形式与传统广告最大的差异是能更直接地帮助客户完成营销目标。消费者能够透过互联网或手机等终端直接从接触信息一气呵成到 EC 购买，而传统媒体的任务是分开的。

因此从传统广告人到新媒体广告人面临着思考逻辑的改变。大众媒体注重的是创意的渲染力道，而网络营销传播是创意的深入网民心理。因为互联网创意等同一对一与消费者沟通。创意无法得到认同，立马走人。目标消费者就在眼前，你要跟他一对一地谈话。传统电视广告具备主动性，投放下得够，消费者不小心还是会看到几次。但我们无法一对一针对众多网民都量身定做一个广告，网络的选择性决定了广告人必须深入研究消费者心理。

所以最难的是找到大多数人都能认同的东西，再深挖。消费心理是其中一种，族群的情绪也是一种，还有一个是对流行趋势的关注。因特网由众多的非主流文化或小众文化聚集而成，都有可能成为某一时刻的流行趋势，对这些趋势关注度不高，就无法有引领风骚的创意。心理和流行趋势这两点永远是广告创意最难的。

• 互联网传播对品牌塑造的影响力：

敝公司有一个理论，以前的广告主是花钱买消费者时间，但现今可能性价比非常低，所以要创造出消费者愿意主动亲近品牌契机，而且自愿地给出时间。互联网有能力做后者。消费者自愿给时间，广告人就梦想成真了。就创意而言，互联网好玩多了。

网络使用者和大众媒体传播时代的受众其实是相同的，只是阅听行为受到科技工具影响，从而改变了他们的购买行为。现在的消费者，购物之前，能在互联网上找到成千上万的相关信息。所以光靠说服，非常困难。要创造出高于产品本身利益的东西，才能吸引他们，例如个性。

现在的互联网广告有些做得真的很好。

我来举个例子：http：//www. judgehere. com/crash/crash. html ，你看这个，非常棒。有互动，信息完全不需要文案说。一支汽车保险的 Banner，一辆坏车；你用键盘打电话号码，车就修好了，言简意赅。

5. 传统广告营销传播人，某国际广告营销传播公司创意总监

● 关于品牌活体与互动

什么叫活体？活体，就是有生命的，并且是和受众互动长大的。以前的品牌是雕像。如果没有人谈论你，那么你就不存在。我喜欢用雕像和活体这个说法来比较以前和现在的品牌。这是单纯互动广告，不说营销，营销太复杂。从哲学上讲是唯心主义、形而上学。谈互动，就是，如果你不喜欢，那你就可能看不见。

以前做广告有很多规则、要点。现在是海量信息，比传统多得多。要点现在单纯成一个了：让大家谈论你。无所谓形式，怎么都成。形式不是很重要。

因此传统广告人与网络营销传播人面临的最大挑战是如何激活“创意活体”，你得叫大家来和你一起玩。不是传统的，像广播，我说你听。一切都在坍塌，但却还看不清重建的秩序。

正如人性几乎从未有过改变，创意理念也不会轻易改变。被改变的，只是形式和技巧。

真正触摸人性，和受众彼此互动起来成为可能。不必拘泥于创意形式，而是把创意融入生活，感悟生活本身，形式也就变化万千。互联网的无限性，造就了新广告创意形式的无限性。而这种变化，将反向促进我们更深入了解人性，并推动我们去真实面对所在的世界与自身。

● 广告人的挑战：

最大的挑战是不去挑战。不作为，不思考，不行动——是每一次变化到来时，所有人的最大障碍。哭是没用的，不如一起跳舞吧。

人们不再只是被动接受品牌的声音，而是参与其中。如果说过去的品牌传播是一场演说，一次广播，现在则变化为一场对话，一次游戏。

而互联网把世界变平的同时，也将世界割裂为无数方寸之地。真正的细分人群成为可能，人们将创建无数的同道“社区”，集结全球的相投人群，并互相影响。

• 网络使用者：

广告人面对的网络使用者和大众媒体传播时代的受众，是主动 VS 被动和互动 VS 不动的区别。

网络使用者更主动去寻找信息，更喜欢交流和彼此影响。新时代和旧时代，并不简单只是个名词，而更多是由科技引发的意识形态的改变。他们变得更主动，更喜欢参与和体验。同时因为更多知识与经验的共享，他们的意志也必将影响世界。简单说，他们拥有了联合起来的势力，而非之前单个脆弱的个体。

我本人很喜欢优衣库的广告，远远超越了人们以往对广告的认知。创造了全新的媒介形式；创造了主动传播与使用的极致；创造了广告变身艺术存在的可能；创造了极简方式与极大力量的完美融合。这是一个能启发无数人灵感的伟大作品。

6. 韩国某网络营销传播公司客户总监

• 公司整体结构：

我们是韩国最大的互联网广告营销传播公司，在韩国从 2000 年开始建立，有十多年的历程，专注于网络营销，网络广告代理。2008 年 11 月进入中国，其实对中国网络营销的现状和特点还是在学习和总结中。我们的网络营销分得较细，比如说有制作、网页开发就是技术层面的，策划企划、广告是包括在我们的网络营销体系中的。所有部分我们都做。

公司部门分为策划企划一个组，设计制作开发一个组，经营支持一个组，还有专门的市场营销一个组，还包括财务之类。像跟广告主接触的都是在企划组，根据广告客户需求，进行战略制定，确认之后，跟进设计制作开发。如果是做一个 project（项目）的话，需要两者的配合，就是一个 team（团队）。另外，搜索引擎部门是单独列出来的。

市场营销部门的工作主要是分为两个部分，一个是前期的市场调查，针对不同的广告客户，做市场分析、产业分析，还有成功案例的分析，作为支持层面给策划组。另外线上调查，社会调查的工作都是市场部门在做的事情。除此之外，还有最新趋势调查，包括消费者最新变化。利用大学生调查，得到最新想法，根据要求出报告。

我们没有单独的客户服务部门。客户服务和客户关系一般是策划组做，比如有广告客户需要市场营销推广，就召集各个广告代理公司比稿。一般按年组织比稿，当然也有按广告客户的需求，按照季度之类的。这与传统广告公司比较相似。

- 收费模式：

一般来说，互联网广告代理公司收费的模式与传统广告代理公司也差不多，一般有两个部分，一个是广告执行的时候的代理费，按照媒介投入来收取，比如说有个 10%、20% 等。另外一个就是制作，比如说我要制作一个网页、页面什么的，制作费也是其中一部分。除了代理费和制作费之外，其他就没有什么收费服务了。制作费也会包括策划费用，除此之外就没有了。

但口碑营销、病毒营销性营销这一块的收费不太一样。我们也做了不少口碑营销的案例，一般情况下，总的来看就是一个人工费。当然这是有一定的选取标准的。其实是我们选择一个要传播的媒介，里面包括博客也好，BBS 也好，SNS，我们要算上传多少条内容，传播多少时间，比如说一个月我们要上传多少 BBS 稿件，要被多少人转帖，事先都有一个 KPI 的东西，然后用于媒介的钱和客户报的钱有一个差价在里面，就是我们可拿到的钱。

其实口碑营销和线上活动是不一样的。线上活动单独去测怎么收钱是比较困难的，因为在线上做一个活动要有许多跟进的东西。比如说要有广告的支持，告诉人们什么地方有个怎样的线上活动，另外可能还有口碑营销的支持。就是说把这三个加起来，包括广告、口碑和线上一起来收取费用。

还有按照效果收费的形式。网络广告的购买收费，有专业用语，比如说按点击购买（CPC），按行动购买（CPA），按销售购买（CPS），比如说我注册了，注册成为会员，这就是行动。一般来说这三种都称为按照效果收费，而不是按照一天多少钱来算。基本说来韩国有一些按照效果收费的广告模式。而且大部分情况下，在韩国，是按照效果收费。在中国，还是有一部分按照天来收费的，在韩国是和媒介商量，用哪种效果模式收费，没有按照天来收费的了。另外，CPS 这种方式，在韩国必胜客网络用得普遍，大家会在网上订购下单，比如 1000 个人订购，广告客户和代理公司提前约定好，其中百分之多少提取分成，类似于 CPS。卖一个，我们提取多少。用这种方式付费用给广告公司。

比起传统媒体，线上媒体有很大区别，按效果收费就是一大区别，一个长处。今后，广告客户在这个方面的要求会越来越多，不像原来就是砸广告费。现在是看到多少效果花多少钱，要求高了，会越来越认识到效果的重要性。所以代理公司的收入构造也会转，寻找新的收费模式。像 SEM 就是很典型的按照效果来收费。

- 互联网营销传播对品牌的影响：

在线上媒体出现前后对品牌的认知，影响是完全不同的。在互联网媒体出现之前，我们对品牌的了解都局限在传统的四大媒体上，范围小，得到的信息量、情报量很小，有了线上媒介之后，人们可以主动找相关的品牌信息，品牌信息也可以通过互联网影响到用户。和以前相比有很大的改变，人们在判断品牌价值的时候，也是根据这些信息，这些信息多了，可以通过这些信息去判断品牌价值。是完全不同的两个阶段，是两个层面的东西，一个是信息量，一个是消费者主动被动的问题。

说到消费者，原来我们用受众这个词，意味着他只是被动接受，现在用“互联网使用者”，意味着他可以主动寻求信息，还可以共同塑造品牌。当然现在这两个身份是可以重叠的，看电视报纸时是受众，用互联网时是使用者。

最大的区别就是使用四大媒介的受众是被动接受，互联网实现了双方向沟通。消费者得到品牌信息后，可能会利用网络，和属性相似的人分享，然后得到意见，再分析品牌，决定是否购买，或是选择别的品牌。其实这就是最大的区别。

在品牌建设中，离不开消费者，离不开受众。对传统媒体而言，对品牌的建设主要是三方面。一是品牌认知的提高，二是印象，三是喜好度。网络的兴起，让商家通过网络知道谁在用，谁参与品牌建设，谁在传递信息。对核心受众，就有交流的功能。这是对原有三方面的扩张。

2000—2006 年，线上广告都是代理公司做的，因为广告主没有线上的经验，因此是代理公司做。在韩国与中国差不多，4A 公司除了媒介负责组外，还分出来专门负责线上的组，因此一般情况下，基本是他们制定品牌战略。只是会分出线上、线下了。我们是专注于线上的代理公司，线上品牌的战略制定我们也会去做。比如说特殊广告的客户，购物网站、游戏类网站都需要品牌战略制定，就会让我们做，而不是那些发展了几十年的公司。传统的广告客户，知名度高的，比如汽车，丰田、宝马什么的，有 80% 的广告费用都用于传统媒体，只有很少的一部分是在网络这一块，我们的客户就不是这样的。我们的客户是大部分营销费用都用在网络上，比如购物网站、在线游戏网站，他们的费用只有 10% 或 20% 用于传统媒体，这样的企业就需要我们做品牌。

- 传统媒体与网络媒体：

刚才说到互联网最大的特点是双方互动、沟通，一个企业在品牌建构的过程中，可以线上线下互补。比如电视打广告，做的是品牌的方向，告诉消费者品牌的形象。和网络连接的时候，企业和企业，企业和顾客，顾客和顾客形成一种连接的关系，可以知道顾客的一些想法，和顾客共有产品和品牌上的一些东西，这在传统媒体上是很难实现的，所以说网络上和顾客沟通是一个明显的优势。最近的一些 SNS 网站、微博、开心网、人人网，好多企业都在里面建立自己的品牌专区，和顾客做到很好的互动。这就是互联网的优势。另外，互联网还有一大优势就是，有顾客的体验在里面。比如说，可口可乐，在电视上面简单地表现喝可口可乐的一种快乐的感觉，除此之外，按照这个基本方向，表现让人喝可乐很快乐的一种理念，在网上可以让顾客做一些体验的活动，喝可乐时易拉罐的拉环上有可以中奖的号码，可以把这个号码输入电脑，得到优惠券，积分什么的，可以去购物，让消费者体验。在电视上表现喝可乐很快乐，然后在互联网上就可以让顾客亲身去体验这种快乐。常用方式就是做线上线下整合式的营销。

● 新技术的应用：

在韩国，新技术的应用对广告传播影响很大。比如 QR CODE（二维码）用得很多，现在报纸等纸质媒体上凡是有广告的地方都有 QR CODE，来增加与消费者的互动。首先 QR CODE 必须有智能手机支持，要普遍使用，另外纸面看到的内容非常有限，但是要输入一个网址又很麻烦，所以用 QR CODE 一拍，直接就连接到网站，获取更多的信息，做到延伸阅读。在中国这边还比较少，终端还有问题。QR CODE 的起源是日本，是日本开发的标准，先是工业运用，现在商业用得也很多。

7. 某国际传播集团旗下网络营销传播公司执行副总

● 公司在集团中的定位：

我们是集团的一个组成部分，是一家全方位的互动直效传媒服务公司，专注于互联网创作、活动营销、网络媒介投放策划。我们的主业是渠道购买和策划，集团的客户都是我们来做互联网媒体的采买。他们做 CRM（客户关系 Customer Relationship Management）策略、整个网站的策略和一些客户的 digital marketing（数字营销）策略，然后我们帮他们补足 digital channel 的策略。我们也有一些自己的客户，是全案的。我们也做自己的客户服务。从定位来讲我们不是刻意要分为两家公司，还是取决于不同的客户群体，比如说 global（全球化）客户可能是需要 360 度甚至 global 的 network（网络）来整合，而偏 local 一点的或者偏 media 一点的由我们去进行整合更加顺畅一些。

我们这边对口的 vender（合作供应商）比较多，对口媒体有几百家媒体，集团其他公司对口媒体就没这么多，这也是一个区别，其他流程从 agency（代理公司）角度来讲不能说有太大的区别。

从传统模式来看，就是把 account（客户服务）和 media（媒体服务）剥离出来，我们集团的体系比较 integrated（整合的），所以公司所有的流程都是在一个 In－house（公司内部系统）里去做，包括前期的客户的订单、后期结账、财务体系是比较闭环的。

因为做 interactive（互动）业务，我们设有一些跟传统广告营销传播公司不同的部门，比如说 search（搜索）部门、IWOM（互联网口碑 Internet Word of Mouth）部门、手机部门，都是围绕着互联网专门产品化的部门。作业流程其实还是和以前一样，还是围绕 brand idea（品牌概念）来走，但是互联网要求 brand idea 应用的渠道、策划要更往前走，因为一定要搞清楚这个 idea

是不是能被互联网适配。

• 关于品牌传播与促销：

我们会发现很多 TVC（电视广告）都不适合搬到互联网上，因为它们没有关注，或者放到互联网上 5 秒钟就被关掉了，没人愿意看，这就典型的现象，很多我们认为传统媒体的 big idea（大创意）到互联网上没人去看，因为它是一个 push（推送）的过程，就像看电影，我在商场待在那，但在互联网上基本上是主动地搜索。但是我们的一个看法就是取决于你的 brand idea 够不够大，如果 brand idea 够大的话，实际上你讲求的是一些大理想，是大理想你就可以有效地应用到不同的包括互联网的平台环境里。

传统的模式更多的是做 branding（品牌）。做 branding，做线上线下的 action（行为），做 promotion（促销），按照专业化分工甚至按照不同的公司去操作；但是互联网上因为它是点击进去产生兴趣就会到网站上产生 engagement（交互），到最后下订单一瞬间就完成了，它需要更加整合的思考。实际上促销跟所谓的建立品牌的界限越来越模糊了，促销的成功就是消费者在网上下订单买东西，但是他可能是接受了你们的 branding idea（品牌理念），就是因为我们做了品牌形象与促销整合一体的传播，不是像原来的电视广告做一个促销广告就得使劲地卖产品，那么短 15 秒没办法做品牌形象，只能是很快地宣传促销信息。现在界限是越来越模糊，不管你做促销广告还是品牌广告，都有一部分人经历由不了解到了解品牌的一个过程，甚至有可能做了一次促销广告打击到了一部分人群，他可能之前并不知道你们的产品，有可能一个品牌广告触及了一些他现在可能不需要、不是因为折扣而被吸引的一部分人群，所以我觉得这种情况都会有可能，但更多的是通过互联网来进行分流，我们网站提供更多的接口点，用户进来之后他自己可以按照自己想要的东西进去，这是互联网的一个好处，传统媒体就不能进行有效的分离，我打一个广告就只能打一个广告。

还有一点就是这几年我觉得即使价格也是 brand 的一部分，整个经济危机之后可能社会对于价格还是蛮敏感的，比如最近谈论的团购，几个一系列的东西，消费者可能不会像以前一样，除了奢侈品，不会看重价钱，这是金字塔尖的问题。很多时候我们会发现价格敏感度在消费者决策过程里面变得越来越靠前，先是进入我设定好的一个需求范围，然后下一步直接去比价格，因为在我预设的需求范围内的品牌和产品品质差不多，最后的决定就在于去比一比不同品牌的价格，甚至预设的需求就是一个产品，我到不同的电商去比价。

• 客户关系：

客户关系我不认为有什么太大的变化，永远不会有什么变化。因为客户不能说是上帝，客户应该是衣食父母。客户参与度会越来越差，他没有办法参与全程，但实际上有需要他们参与全程。现在越是细枝末节的东西客户越难参与，他的知识技能越来越难去覆盖这些细致的领域，比如说 search（搜索），比如说技术，创意做一个 banner（展示类旗帜广告），很难设想客户按你这个代码去想，不可能。但是传统的文案客户可以占取，像比如说做一个 TVC 他可能有一些感觉，我觉得这说明互联网有好有不好，意味着客户对我们的依赖性越来越大。这要分几个角度去看，我认为首先是依赖度，因为客户自己没有能力去呈现这样一个东西，他没有这样的 system（系统）也没有这样的技能去判断这个东西，他必须要依赖 agency（代理公司）帮他去实现，但同时因为目前互联网评估效果还没有太透明，导致很多客户投资对还是存在疑惑，当然这是另外一个话题了。

客户的依赖度高有好有不好，好的地方就是客户只能依赖 agency 去做，那种 in - house（内部广告公司）的做法越来越不可信，它不可能雇佣所有的技术、创意、媒介、search、iwom 人员都在自己的公司里，这种模式会越来越少，在目前的互联网上只有一两家吧。我看到有一家公司 60 多人的团队，自己产出 iwom、自己产出 search，做得还不错。

● 关于收费

我们有技术部门，基本不外包。但是反观来讲，也有不好的地方，我们很多成本是没有办法 charge（收费）的。因为它太细枝末节了，比如说从传统媒体进入 buying（购买）之后，其实已经有些成本没有办法让客户去挑选。比如说审计的费用，我们的 buying system（购买系统），还有整个财务流程这些，我们无法收费，但它是公司的成本。

我们收费的方式多种多样。有项目服务费、有月费，也有按比例的代理费，但我们尽量避免按效果收费。这个过程是比较痛苦的。因为第一是我们目前活得还可以，就是说我没有必要一定要去捡那些小芝麻。第二还是由于模式不一样，我们做的工作还是偏重客户服务的品牌类型的，也有些 agency 可能就是“做芝麻酱”的，比较习惯捡那些芝麻，他的模式可能就是筛那些小芝麻，这也是一种模式上的差异。我们觉得目前实际上对公司来讲，前端的服务，比如说 idea 的提供，包括 develop creative（发展创意），然后到把它执行出来，实际上还是客户比较满意的合作，付钱也一样。我认为所谓按效果收费，比如说按照点击率、按照销售比例、按照消费者反应的那些模式都会有误差，我认为营销传播还是应该负责偏上游的，就是意识形态的东西！下游的一些基础建筑我觉得还是让销售部门、channel（渠道）去完成！

如果说，一个 marketing 部门能够解决所有的东西，我们去试想一下，可能十年之后所有的 channel 都会在互联网上实现！也许到了那天，我 marketing 部门就会把 sell 部门吞并掉，因为根本也不需要 one to one（一对一）的 sell，也不需要像家乐福、像国美、像大中这样去售卖东西，所有东西都可在网上购买。那我觉得是可以的！这可能是一种趋势，但在这个过程里，第一就是目前的监测手段还没有办法监测出我看了广告之后，我有没有点击，点击之后的效果又怎么样！第二对互联网不利的是互联网花费与整体的 media spending（媒体花费）相比还是占少数，目前许多品牌主要的花费还是在传统的大媒体，比如电视，在广告调研测试时，很多人回忆出的广告还是他们在电视上看到的。大众传播还是有一些影响的。

我们目前比较抵触按效果收费，因为有些客户现金流不是太好，我们不太接受这些电商。那种模式更偏向于数据分析，属于 research 调研的一个部分，作为 agency 你应该有这种能力来做，但这之前的 agency 布局更多的是创意导向、idea 导向、策略导向。反正我觉得不太靠谱，如果 agency 凭着目前的力量和结构，我不认为他有肩膀能担起来。还有，真的到那时客户那边也会有抵触情绪吧。如果要是做得好的话，他可能会觉得我给你的 share（分成）太多了，你已经进入我们的整个销售经营过程。结果是，不管做得好还是做得不好，都不会很有利，做得很好的话下一年他的目标会更高，早晚有一天你会扛不住的，做得不好这个路会越来越窄。而且把原来有优势的那种东西反而丢了，如果你还是一个 agency，不是一个渠道商的话，你看现在手里面可能有不仅控制互联网的销售渠道，还有控制其他的一些线下渠道，那我以后就变成一个渠道代理商了。

从效果评估层面来看，策略和创意永远是由效果案例评估的，但它需要一定的时间点，但是互联网目前的评估方法基本都是当时当下，我看目前电商的客户基本都是一个月，一个月产生的订单才算 agency 带来的，一个月、两个月、三个月、四个月之后，就难说了。但是很多的口碑、影响实际上是慢慢扩散出去的，这种像水波一样扩散的过程，我是没有办法监测的。

从互联网这个角度，建立一个更有效的评估平台，我觉得需要时间，一方面需要更多的仁人志士，用更加开放更加公开的心态来面对，比如说，底层的数据都公开；第二点，就是要有更多的人加入到数据分析工作中来，真正能把这些数据看懂；第三，随着互联网的发展，当渠道达到一定程度时，你看电商现在有些平台已经做得非常好了，未来的话，如果说所有的购买者都只能订到电子商务一个渠道，那我觉得也是可行的。我觉得现在做电商还是比较幸运的，互联网用户的成长，实际上是大大地拉高了整个注意力的分散量，会导致有很多冗余的注意力，它实际期望以比较低的价格把它售卖出去。

• 渠道的重要性：

互联网的变化很大，而且它总有一些新的东西，我认为在这种发展过程中，渠道在其间越来越重要。比如说，我现在想去讲水，那消费者可能是在一片绿油油的田地里面体会水的很清净的感觉，他肯定不是和我在当时当下可能非常繁忙地去赶飞机的过程中讲这个东西，讲得更加透彻。互联网其实就有这样一个好处，他可以更加好地去定向，因为好的渠道，精准的渠道，甚至精准渠道进入到手机后会变成 one to one，我知道沈虹是谁，多大年龄，她在什么样的工作单位，她之前访问过什么样的媒体，对她有充分的了解后，我知道她感兴趣的品牌是哪些，她以前点击过什么样的网站，抓取这样的数据之后，对她有一个标签，这个标签能够帮助我有更好的定向，所以未来的 marketing 肯定是 one to one 的。但到目前为止互联网的模式还是一个 group，但移动互联网正在迅速发展。

我看好手机，但是目前的这种格局还不太利于手机营销的一些方式，比如说一些底层数据没有办法开放化。还有对中国来讲，实际上有一大批人，比如说一些中老年以上的人，他可能不太用手机，他也不会去花很多时间去使用，但随着时间的推移，我们老了，下一代起来，人是在不断学习的，咱们现在用手机上网了，我父亲现在已经开始用电脑了，还会用 ipad 上网，我觉得就是一个时间问题。传统媒体发展了几十年才慢慢沉淀下来，互联网现在属于方兴未艾。

网络是一个通路。就是一条路，取决于你在路上要干嘛？是让他吃饭，还是让他睡觉，还是让他消费，还是让他去玩。

- 网络与品牌建构

我觉得互联网比较难塑造类似于像品牌积淀比较厚的，也就是它增值力非常强的这种品牌，它在这个层面上稍微有点欠缺。就是单独靠经典和历史慢慢沉淀的一些品牌，在互联网进行品牌塑造的时候稍微有点欠缺。

第一，互联网打破了之前人们选择品牌的一些判断方式，以前可能是通过口碑相传，通过人之间相互影响。竞争品牌把它拆散之后，你会发现爱玛仕其实以前是一个做皮具的，只不过多少年的历史制造出来的一个小厂，会了解它每年的发展是怎么样的，每年的经营额是多少，它在什么地方有多少个店，每个店其中有多少是在中国生产，当你了解得越多的时候，你会发现它跟中国自己的一个品牌没有什么大的区别。那种品牌的神秘感被打破了。信息已经平了，但是你看店面的一些广告，看爱玛仕，看 LV，都是很神秘啊，就是有很强的 sexy（性感）的吸引力。

第二，互联网已经打破了原来的那种品牌形象。人们判断一个品牌的价值，比如说它本来的根就是在互联网上的，比如 apple，它由于科技而引致的这种增值，我觉得有可能。新兴品牌，尤其是跟互联网有关系的品牌，如果要建立品牌的话，利用互联网实际上还是很有机会的。还包括它销售的渠道不同，比如凡客做这种方式是 OK，因为他之前是……没有渠道……没有拖着那条“烂腿”。但现在很多像联想、戴尔，在中国其实已经有一些自己累赘的东西，当它有一些新的模式进来的时候，它可能不会改变那么快，这就变成它的一个负累。

• 关于广告受众

实际上我觉得“受众”应该是 receiver，就是在大众传播时代我们经常用的，receiver 应该不会有什么变化，我们的终极目标还是我们的广告能够触及到他们，这是第一步。我看受众更多的是看一个结果，如果说广告没有办法有效地去打中他，这是一种失误。原来用 target audience（目标受众），这个“受众”永远是被动的。我们要怎么打广告去触及到他，我们现在要主动地触及他，让他们主动参与。让消费者主动参与，我们用一些方法，比如说 search，像有些微博、iwom，像这些参与度比较高的媒体可能要去考虑一下，不仅是单纯地让他去接触某些东西，而是通过有些有吸引力的东西，把品牌变成一个内核，让他加入进来去参与这种东西。

大部分活动都是 invite（邀请）式的，比如说用户可以 DIY 他自己的头像参与一些活动，或是去做一些 AR（Augmented Reality 增强现实）的游戏。

• 品牌共同创意

在整个品牌建构层面实现共同创意，确实是我的一个梦想，有用户参与去建立一个品牌，这是我一直倡导的，就是由 media2.0 往下再研发的话，实际上是 brand2.0 也就是品牌 2.0。就像比如 NIKE，以前我们以为 NIKE——Just do it，但你会发现大街上穿 NIKE 的人并不是都是具有这个品牌精髓的人，可能就是突然打了个折便宜，一些人觉得它是一个洋品牌，有些人可能觉得因为不喜欢别的品牌，还有人可能就是喜欢他的 Logo，每个人喜欢的品牌元素是不一样的，那在互联网上正是由于很多人聚集在这个层面上，一定要进行有效的包容。当然你如果还希望固守某一个非常细小的圈子也可以，但如果你的品牌想要去放大或者想要去包容更多的人，那你势必要让你的品牌包容性更强一些，那你怎么去有效地去 balance（平衡），一方面我的品牌是有精髓，同时精髓能够包容更多的人，其实是有比较大的一个定位。所以说，品牌 2.0 其实也涉及你有没有一个大的理想，这个 2.0 世界够不够大，需要包容每个人的拆解，可能我拆解的 idea 是这个部分，那个人是拆解另一个部分，每个人看到的可能只是大厦的一部分，这也就够了，因为它整个是一个大厦。这就是你一直强调的 co - creation（共同创意）这个概念。我认为再往下一步可能就是 co - production（共同生产），就是一起去完成一件商品的设计和生产。

就比如说你会发现手机永远不能完全满足自己的各种要求，这个手机为什么不能有一个录音的 system（系统），这个手机为什么拍照不能百分百地满足我的要求，这个手机为什么不能有一个投影仪，立马就可以有一些 presentation（提案）。所以很多时候你会发现在这个过程里面，如果说社会或者一个产品发展到一定程度，它的生产线，可能如果点选一个按钮，生产线立马就可以出来一个我想要的产品，这是一个比较美好的事情，自己产品的 DIY 设想就是参与生产商品的第一步，当然之后也会成为自己喜欢的品牌的一个参与用户。这个前景是很美好的。

有一个案例，是国外一个 vodka（伏特加）的，他邀请所有的网友一起来跟他 design，过程就是你自己可以画一个瓶子，但是其实你画的时候，画得不是很 prefect（完美），可能画的就是奇形怪状的，但是这个过程你会觉得很有趣，甚至因为有趣你可以传给你的朋友，所以你会发现：第一，在这个过程里你可以邀请人进来一起参加到这个世界里，其实就是在参与这个品牌的传播，帮助讲述这个品牌的故事，并展示这个产品的研发过程是非常 serious（严肃认真）的；第二，它通过体验的过程能让人知道 vodka 即使做一个瓶子也是非常 serious 的，对它的品牌会有一定的了解，会有一定的认知甚至认可、崇拜，然后再加上一些有趣的东西，就能帮助它进行二次扩散。通过这种共同创意，让用户参与进来有趣好玩，然后又能围绕品牌促进。这个还是比较难。其实互联网做创意比较难，一方面不能偏，就是有些时候就光是好玩，一大群露大腿的女孩倒是点击率很高，但你会发现跟我的品牌没有关系。品牌体验能不能围绕一个主题，就像地球能不能把万物吸进去，其实品牌也是一个很小的世界。

我们常做一些比较偏渠道的案例，比如说我们最近刚刚做的DHL的，它在地图上可以帮你挑选出来最短最节省时间的路径，DHL快递的，今年的campaign（广告战役）是“no one knows”，想传递没有人像DHL这样了解当地的细节情况，讲localization（位置）那些东西，这个campaign有效地、生动地展现在地图上，其实DHL更了解地方的线路。

8. 某网络营销传播公司执行创意总监

- 互联网媒体与创意：

我们的网络媒体购买量全国是排第一的。创意还是一个服务型的部门，创意是服务媒体的。目前来看是这样的。但是从趋势来讲，现在的很多创意——互联网创意，包括整合传播……整合传播我们也有，整合传播是基于互联网的传播。

就趋势来看，应该是互联网做360度的整合传播，就不单单是说，有一个框架以后，基于这个做360度传播，互联网是一个小的部分。我觉得现在的趋势是互联网有一个大的idea，传统媒体，还有PR（公关），各方面都是根据这个去服务品牌，来做整合传播。其实有很多国外成功的案例，就是这样来做的。

现在以互动为核心的创意，大环境变化了，大环境就是互联网的发展。从品牌的角度来看，已经发生了非常大的变化。广告已经被重新定义了，这不光是互联网的影响，但互联网在其中起到了关键的作用，用一句话来概括的话，就是“关系正在发生”，以前做广告就是我告诉你，我把广告打出去，也有互动，但是这个互动比较慢，现在的“关系正在发生”，就是它不断地在互动，就是进行时，而且还有一个非常大的特点，就是品牌给消费者留一个空间，就是我把一个广告做出去了，还要消费者去参与。留一个空间，就是不要特别完美，完美了消费者就参与不进去了。这就和讲故事一样，消费者会去参与，而且还会去传播，分享并且继续传递。消费者参与进去分享品牌，就是帮助做品牌。比如你看到一个好东西，你觉得这个东西太好玩了，你就会发给同事、朋友，你的朋友看了之后又会去转发，这样事情有了进展，有了一个变化，而且这个变化还可以一步一步地进行下去。相比传统广告传播，网络传播很大的一个区别就是它不断地在发生关系，来来回回的，就是关系正在发生，而不是说已经发生了就结束了，而是不断发生的，这就是创意上要考虑的问题。

- 内容创意与媒体创造：

执行上也有很大不一样。比如一个汽车广告，如果是传统的，我们首先要考虑的就是有一个大的 idea，然后表现形式就那么几种，包括平面啊，户外啊，杂志啊，这些东西就是我做完了我布置给别人就 OK 了，可能有一些 PR 活动，也是常规的一些传播形式。现在的互动传播就完全不同，很多时候是整合了这些东西，不管是在网络上也好，还是基于网络和线下的一些互动也好，我们现在想创意，不能说我就想一个核心的东西，我这个东西就这么表现，我们可能要想用很多种方式来完成我们这个 idea，比如病毒视频也好，视频广告也好，放到网络上也好，让别人去转发也好，或者说我们做一个活动，可能以前是 PR 的工作，现在我们做创意也会加入这样的一些事件，我们也是要基于这个活动，想办法让更多的人来参与。在网络上，用户贡献内容是很强大的，包括博客、微博，参与活动写评论什么的，或者说我上去发图片，这些其实都是终端的一些表现形式。我们之前给宝马做了一个博客，这个博客其实是个广告行为，以前可能是我要请你写一个博客，别人来看就 OK 了，可是现在是找了一些各个层面的人，比如建筑界，建筑设计界很有领导力量的这种人，还有比如说写作类的，比如摄影家，好多人一起来建这个博客，来发表他们对一些新潮的东西或者社会的观点，去完成这个博客，这其实是一个广告性质的，是宝马给 mini cooper 做的一个活动，但这种东西现在来看非常具有传播性，我看到会推荐给别人看，这么多人在上面提供内容，而且这些人也很符合它的品牌的调性。

互联网中内容创意是挺重要的。博客、微博其实都是内容创意。而且创意形式很好玩，还有一点就是不断有新的东西。现在一些网站的前台有可能发生一些新的东西，像前一段做那个 IQN 的浏览器，预热的时候我们像做一个行为艺术的东西，它的传播点就是你的私人浏览器是可以保护隐私的，IE 它有漏洞，是不能保护你的隐私的。我们就想做一个行为艺术，比如在东单也好，王府井也好，弄一个透明的盒子，找两个人在那里生活三天五天，视频可以直播，整个过程都可以直播，然后放在网上，完全是实时的，整个视频就可以当一个病毒去传播，很多人会去看，放到 YouTube、优酷、土豆、六间房，肯定会有很多人去关注这个事，就会形成讨论和评论，现在网络上发生的事，传统媒体看到这个事挺好玩，会反过来影响主流媒体。

有了这个创意以后，它好像是个引发点一样，所有的东西，包括事件营销也好，地面的 PR 也好，相当于在做一个“透明的盒子”的活动。网络又是一个技术层面的东西，人不用到现场，我也可以参与这个活动，有了事件以后，就属于病毒性的口碑传播了，而且会引发各种连锁反应，视频的东西不用广告主或者代理商去发，用户自己就会自发地去参与互动，传播转载到不同的视频网站。多芬的那个邻家女孩变超级名模，就是没有花一分钱的媒体费，拍摄制作费五万，结果有五亿多人都看了。

现在做创意和传统作法有很大的不同，就是我们要不断地去了解媒体新的技术和媒体新的表现形式，因为每天都会有新的东西给你，就是创造媒体，像 Facebook、人人网也好，你都想象不到这个地方会是一个媒体平台，会有一个又一个媒体形式在这里出现。其实这也是相互的，在媒体里面，比如技术可能没想到会有这样一个媒体出现，创意的人会帮他想到，创造出新的媒体形式。比如开心网那个发现大家都送礼物，一看大家有这个需求，就可以在这里做广告。

现在还有一些比如说媒体创意，需要我们去参与。互联网广告创意和传统广告创意的本质区别在于创意与媒体的配合更紧密。以前我是创意，我做完这个创意我就直接给到媒介，他就直接给到电视台、杂志上去就 OK 了，我不需要了解，我就知道它实实在在存在就行了。但是做互动创意的人需要了解媒体的技术，需要针对互联网媒体进行创意，不断出新的创意。

- 关于创意理念：

互联网创意和传统创意在创意理念这一点上是一样的，就是它必须要有一个核心的概念，这一点是不可能改变的。多芬的那个用的也是这个，只是用的形式更加能互动，我觉得互联网创意在于它更重视创意的出发点，比如说我们刚刚提到的行为艺术那个创意，就是希望消费者能够更多地参与其中，给他空间去参与是一种手段，最后的传播效果其实跟传统广告传播还是一样的，没有方向，没有概念根本就不可能。

很多时候互联网传达出来的东西可能有表象上的可能，不像传统媒体，那个 idea 会很清晰地暴露给你，而网络广告的概念中途很可能被劫持。因为互联网本身变化的东西太多，传播过程中这个 idea 会被扭曲。这是两个问题，一个就是这个 idea 的坚持，另一个就是这个 idea 会不会被扭曲。当然我觉得核心创意是肯定不会变的，大的概念不变，下面那些创意的点可以有很多种，这和传统是一样的，问题是传统广告传播可能不管那个点是什么样的，最终表现电视还是电视，平面还是平面，但是基于互联网这个点下面可以有不同的形式，也可以说这个点用这一种形式，这个点用另一种形式也是可能的，但是最终走向品牌建立，和传统广告传播是没有变化的，还是要为这个品牌来服务的，而消费者可能会在这个传播的接受和再传播过程中有偏差。因为互联网的自发性会比较强，但是对广告代理商来讲这正是需要他们做管理的。比如做口碑营销，不是要他自发地去做口碑营销就完了，而是需要去管理，在这个过程中的创意管理是非常重要的，比如我们公司现在有专门的团队是做内容营销的，而且现在还有做搜索营销的，内容营销就包括很多，除了论坛里的炒作，还要有引导性地让网民去做一些事情。搜索其实是关键词优化营销，比如我输入一个“鲜花”，我的客户出来是什么样子，他现在的活动为什么会排在第一位，用什么样的关键词让更多的用户看到这些内容，怎样在第一时间看到，是需要不停地去优化的。

- 内部作业流程：

涉及整个流程层面，像刚刚提到的内容营销、搜索营销，在整个作业流程上，与传统广告传播相比变化不是很大。但是说句实话，现在做互联网营销传播，包括创意，对网络营销传播公司而言，大家都还在摸索。很多时候就是没有谁的标准是对的，包括4A国际公司，他们高层是希望改变的，包括新媒体这个领域和以后传播的核心可能都会转变，他们希望有改变，但是船大难掉头，从全球范围看，无论在美国还是在中国，传统媒体的广告媒体花费的钱还是最多的，而且做互联网创意上的基本还是从传统转过去的多。从互联网开始做起的广告创意人反而不具备优势，他们可能更注重技术和形式的东西，但是互联网创意和传统创意在本质上还是一样的，传统的广告创意毕竟有那么多年的积累，出了很多的大师。互联网开始就是作为其中的一小部分存在，这么多年的发展终于变成了主流媒体，其实金融危机对现在互联网来说也是一个比较大的机会，经济危机的时候企业在传统媒体上会减少预算，而互联网它本来的比例就不是很多，或者说它比较灵活，份额就不大，经济环境不好之后，大家可能会更多地上网，这可能正好是一个机会。

互联网以后肯定还是整合的一部分，但是我大胆地预测，互联网必将是一个颠覆，会有一个大的变化，比如消费者和品牌，传统创意特别注重塑造品牌，互联网创意和它其实是没有本质区别的，但是因为消费者和品牌之间的关系发生了变化，消费者更注重我参与到品牌中去，我参与到品牌的建设中去，就是消费者不光和品牌发生关系，还有消费者和消费者之间，不像传统创意我就是传递给你了。而互联网一样是要做品牌，但它会把你拽过来，让你参加，这样印象更深，品牌更丰满，更觉得有生命，觉得离我很近。所以我认为以后的创意理念更可能是由互联网而起的。你会发现传统的东西慢慢也会重视互动，重视与互动的结合。基于互联网我有一个大的 idea，然后再去做传播，线下的跟它去配合。

可能有一天互联网反而成了主角，现在互联网在整合传播的过程中感觉只是一部分，4A 知道这个很有前途，他有单独的一个部门。

金字塔最顶端是不会变的，但是下面的互联网可能会往上走了。现在的变化是如果消费者要和品牌发生关系，那可能更多就是要互动，所以考虑创意的时候也是不一样的，传统也是会增加互动的东西。这也就是我们和 WPP 分开的原因，在他的概念里，我们应该是在他们下面的，但是我们老板就认为应该是在上面，其实这样有利于我们的发展，互联网正往上走呢。它是一个新生的东西，但是生命力很强。平台在不断变化，形式更加丰富多彩。

传统的传播形式是可数的，互联网上形式是可变的。不断创新，用户以不同方式不断参与。你看到的一个病毒视频可能是用户自己去发的，这个东西有可能是帮助到客户的品牌了。我们看到网上的拜金女，车展美女什么的都是有人去策划的，他让你看不出来是一个广告，都模糊了，可能也是由于网络传播的门槛很低，可以全民参与。以前做创意就需要了解 TVC，现在我可能所有的东西都要了解。

说到从传统广告人到互动营销传播广告人的变化，那就是必须要了解更多新的东西，对新技术一定要敏感，原来做文案就不需要了解那么多，现在你要自觉了解很多东西，要让你的创意更抓人，比如文字链必须有一些抓人的东西，病毒也是需要抓人的东西，尤其是内容营销，它的限制很少，空间更大，要做到如何吸引人，那就得懂得更多了。

其实互联网广告大部分都是要让消费者主动参与的，你不喜欢，它不吸引你，你始终是看不到的，是选择性的浏览，这个不像电视，当然就更具有挑战性，不会有很长的文案，你要一下子打动他，他才会更深了解它。现在很多消费者的消费习惯都变了，以前是在电视上看到它，然后了解它，最后购买它，现在是在电视上看到后，我会到网上查一下，判断一下，觉得好我就直接到卖场去拿，或在网上淘一下，比价后直接购买。

● 技术上的局限与网络副作用：

我刚才说了空间很大，另一方面限制也很多，网络营销传播要考虑很多技术的限制，比如会慢，会卡住，格式的问题。比如视频会受到带宽的限制，现在做的广告可能会受到一些尺寸的限制，可能给你的表现空间小。但确实更有挑战性，为什么要具有互动性，是因为你不互动别人根本就不看的。

这就涉及另一个问题，就网民中的主流消费群体来讲，已经偏年轻了，都谈“90 后”，整个目标市场都已经发生了变化，最主要的是这部分人很多已经不看电视了，很可能黄金时段他们在上网，而且这些人在工作的时候可能也是在看媒体的，在上网，媒体消费习惯改变了，这就决定了这些人用什么样的渠道去了解这些东西，了解品牌，了解产品，从而改变消费习惯，比如很多人在网上买东西，即使不在网上买东西，他也会在网上了解那些东西，然后直接到卖场去拿，消费习惯会改变，比如淘宝的成功，交友、沟通方式的改变，比如 SNS，朋友找朋友，直接的交流会越来越少。在微博这样的媒体上“90 后”年轻人会更加活跃。什么火星文都是这样，我也是不得不做，我就是要比他们了解得更多。有时我琢磨网络的力量太强大了，肯定会有一些副作用的。

首先是现在价值观的改变，网络的教育就很有作用，比如什么芙蓉姐姐，互联网太功利了，但是会引导小孩，会改变他们的价值观，比如什么一夜情的网站。

无论怎样，网络营销传播是一个不断出新的平台，也是一种不可抵挡的趋势。戛纳广告奖把病毒传播单独拿出来，就是认定这是一种趋势。

9. 网络使用者朱某访谈

朱某，在公司从事采购工作。31 岁，大学文化，有一个一岁的孩子，月收入 3500 元。平时工作不忙，喜欢网上购物，喜欢通过搜索引擎和论坛找自己需要的东西。有孩子后更为关注网上销售的儿童用品。

网络访谈记录摘要如下：

:）你的宝宝多大了？

现在 11 个月，还有 3 周就 1 岁了。

我在你的网上空间里看到了小家伙的好多照片，好可爱呀。

没有找人专门带？

白天日托。周末就自己带。

那也挺辛苦的。你在网上留意过广告吗？

有。

哪个广告让你留下比较深刻的印象？描述一下？

没有特别多印象深刻的；就是百度或 google 上面在搜索的时候会出一些广告，很容易引人注意。多看几眼的话就是有的网站打开的时候会出视频……我觉得网上广告不像传统广告那么吸引我。

为什么呢？

因为传统广告比较有情节，创意上好像更能展开；网络广告比较直接；没有那么多创意诉求。我觉得互联网广告很难有好的创意。

那就很难说服你产生购买行动或观念上的改变了吧？因为你根本没有兴趣去看。

不一定要好创意啊。比如上面我说的，搜索时会出现相关广告；我可能就会看看；因为我有需要就会看。改变购买观念，我觉得还是传统广告比较有效；或者电子邮件的促销方式，好多产品靠电子邮件发送促销消息，其实现在很流行博客推广，博客虽然不是一种广告形式，但实际上就是在做营销。而 E－mail 是一种直接传播，可能会很有效。现在博客、微博也很流行。互联网广告的形式已经超越了传统的广告形式。

平时你看广告还是关注内容多些？

貌似是的……电视上广告会看看有趣的；其他就看宣传内容了。我不会被互联网上的那些很炫的外在形式所蛊惑。不过我对促销广告比较没有抵抗力……呵呵。女性就是喜欢占便宜，尤其生小孩后。

你网购厉害吗？

恩，很厉害。化妆品基本上全部在网上买。我通常看论坛找我要的东西。看大家在论坛上讨论的化妆品，然后决定买什么+等待优惠促销。我在很多网站买。论坛有时也是广告，是安排好的。但我不是看论坛的广告，我是关注论坛上一些人。

10. 网络使用者杨×访谈

消费者杨×，21岁，大三学生。平时喜欢在网上寻找趣味视频观看，在购物网看流行趋势，也喜欢看明星逸事。对于广告也持同样的态度，被娱乐或有“实用价值”的广告吸引，认为形式恶俗是网络广告的最大缺陷。使用语言现代，比如，“有些广告很‘雷人’”。

网络访谈记录摘要如下：

你在网上留意过广告吗？

恩，会看的。

你注意到主要有哪些广告形式呢？

恩……有网页上的广告，还有就是专门分个区，里面有广告；有浮动的，飘来飘去的很讨厌的；还有弹出来的，比如126邮箱一关闭就出来；还有什么网络电视的缓冲广告之类的……最主要的就是这些。当然还有一些很隐晦的，比如人人网送礼物，比如游戏里的装备，比如qq的衣服牌子等。

哪个广告让你留下比较深刻的印象？描述一下？

网络电视缓冲广告，周杰伦做的那个，你是我的优乐美……太雷人了!! 还有就是上网很累的时候润洁的滴眼露广告，一看就让我想去滴眼药水。周杰伦那个广告之所以被记住一个是因为他是明星，还有一个是因为那个广告词有点酸，如果不酸、不雷人的话，我还是会记得的，因为他是明星。那些能雷到被我很讨厌的广告比较少，因为我可以不去看而去看别的页面，所以基本上没怎么记过。相比于表现的雷，我更讨厌的是一些直接发到邮箱的广告，还有一些自己弹出来，或者浮动的，干扰我上网的广告。就是说我现在记住的广告里面分为好的和坏的两种。凡是我记住的让我喜欢的，都是那些内容吸引我的，而凡是我记住的让我讨厌的都是那些形式讨厌的，如浮动广告以及诱惑你去关其实是点开一个新网页这样的（这一类的内容我们并不记得）。有时我也会故意找广告看，比如运动品牌的，比如明星的。其实形式的恶俗是最不好的。我觉得那些明星的广告会很吸引人。一方面是因为本身我对明星比较喜欢，另一方面也是因为在上网的环境下，有时看娱乐新闻和看明星广告所获得的是一致的，都是为了搜集娱乐八卦。所以网上的明星广告会比网上其他广告更隐藏了广告的身份。形式有趣的广告也会吸引我，比如人人网礼物和虚拟的衣服，当然了这些大部分是免费的，所以也有占便宜的心理在里面，其实我就是想从广告里面获得什么。每个我喜欢的广告都给我带来一些东西，比如我会故意看服装类广告，为了让自己赶上潮流，为了有谈资。我喜欢的广告常常能让我想去买产品。成功的互联网广告对我来说是很有效的。!! 哈哈……

相比传统广告形式呢？比如电视、报纸、杂志、广播什么的？

我觉得有一个比较大的前提是如果这个广告不是非常轰动的话，对于一个新产品（如果不是网络类的而是实体类的），仅仅依靠网络还是不够的，要与其他形式配合。因为上网环境本身就是一个很复杂、信息很多的环境，远比逛商场、看电视的信息多。所以很容易当时高兴，后来就忘了。网络广告环境太过拥挤。

你网购吗？

没有网购过。其实我平时虽然不网购，但有时也会跑到淘宝上去欣赏 pp 的衣服，别人是店里看好了网上买。因为我身材独特，嘻嘻…… 另外上网看东东主要是学习累了以后看点儿好玩的 和看视频看电影一个性质。

后　记

在本书杀青之际，笔者对北京大学四年博士生活依依不舍。当我在北京大学新闻与传播学院作为客座教师十年之后，我自己变成了这里的一名攻读博士学位的研究生。当同门的师弟师妹叫我师姐时，我觉得自己非常受用地成了一个真正的“刚门弟子”。

在这又一次行将告别学生生活之际，需要感谢的人实在太多，我恐怕在此难以一一列举，在此首先对我博士学位学习期间所有关心和帮助过我的每一个人表示由衷的感谢！

感谢陈刚老师的悉心指导和超乎寻常的耐心。我在广告实践行业多年，思维方式和行文规范都距离学术高度甚远，从论文选题到大纲再到写作过程，陈刚老师都作出耳提面命的指导，增添了本书的学理性和学术性。陈刚老师要求非常严格，比如大纲形成后，他认为我的访谈中对广告经营模式的问题追问不够，虽然当时我已经对近 80 人进行了访谈，他建议我对近 10 位典型的互动传播公司的高层再次进行访问。当时已近新年，各公司的领导都非常忙碌，很难约到他们。陈刚老师的要求近乎残忍，但最终我还是克服了重重困难，完成了访谈。现在看来，如果没有那些补充访问，本次研究最后结论部分的论证显然有所缺憾。谢谢陈刚老师的严格要求和超耐心指导！

感谢远在美国西北大学的唐·舒尔茨教授，与他老人家的学术机缘给我带来了更全球化的研究视野。受他之邀在美国访学期间，西北大学的图书馆给我带来了丰厚的英文文献研究资源。舒尔茨教授亲自对我的访谈大纲提出建议并举荐西北大学 IMC 的定性研究专家 Micheal F. Weinberger 教授为我修改访谈大纲，以更符合美国消费者接受习惯的形式和语言呈现。他还热情地为我联系美国各种类别的互动营销公司和网络媒体，保证了我在美国的访谈顺利进行。也正是由于他的推荐，西北大学邀请我成为 IMC 研究生亚洲访问的带队老师，有幸在 20 多天内，访问了日本和韩国 18 家公司，完成了我所有的国际部分的访谈。

感谢所有接受我访问的 87 位中外广告相关行业的专业人士和消费者，如果没有你们提供真实的想法和观点，本次研究的任务便难以完成。

感谢北京大学新闻与传播学院的所有老师的谆谆教导，特别是杨伯溆、刘德寰在研究方法上的指导和启迪，感谢丁俊杰、倪宁、刘德寰、谢新洲、张翔、陆绍阳、余露、徐金灿等老师对论文的修改建议，感谢五位匿名审阅老师提出的宝贵建议。感谢张蓉丁老师四年来的无私支持。感谢新传学院 2007 级富有生气的集体。感谢郭嘉师妹的大力协助，从访谈到论文写作过程到准备答辩，你帮我做的太多太多，感谢尽在不言中。感谢邓广梼、刘立丰师兄和李欣频、安珊珊师妹的一路相互鼓励，让我有了一起加油的动力。

感谢父母这四年来的遥遥关切，感谢我所在的大家族的长辈们的理解，感谢老公田林在论文写作期间的默默支持，感谢女儿田元为我的论文录入和校对付出的努力，你们的无私支持让我的研究没有后顾之忧。谢谢你们！

从博士论文到成书，时隔两年。笔者成为中央民族大学文学与新闻传播学院的专职教师。本书的出版，得到了中央民族大学相关部门和中央民族大学出版社的大力支持，在此，我要特别感谢本书的责任编辑杨爱新，你的认真和精益求精，使得一篇博士论文变成了更多读者能够分享的书籍。

最后，再次感谢我的导师陈刚教授和两位论文答辩老师丁俊杰教授和倪宁教授为我的书写序，我依然记得两年前在论文答辩会上你们苛刻的考问和对学术的严谨态度。是你们让我从一个广告人变成了一个广告人+广告学人。